D1723595

Das Buch

Der russische Regisseur Andrej Tarkowskij gehört zu den bedeutendsten Filmemachern unserer Zeit. Seine Werke, die durch die rätselhafte Poesie ihrer Bildersprache faszinieren, wurden auch in Deutschland zu vieldiskutierten Kultfilmen, denn ihre visionär-moralischen und zugleich fast naturreligiösen Bilder treffen den Nerv einer Zeit, die vom grenzenlosen Fortschrittsoptimismus Abschied genommen hat. In metaphysischen Traumsequenzen suchen Tarkowskijs Bilder nach der verlorenen Spiritualität unserer Welt. In diesem Buch äußert sich der ungewöhnliche Regisseur zur Entstehungsgeschichte seiner Filme, zu Problemen der cineastischen Gestaltung und zu seinen künstlerischen Zielen. Die Texte stellen auch philosophisch-ethische Fragen und entwickeln oft eine leidenschaftliche Polemik, die das Buch zu einer provozierenden und bewegenden Streitschrift machen. »Der beharrliche Wunsch der Zuschauer, das filmische Erlebnis, das ihnen meine Arbeit vermittelte, zu begreifen und Antwort auf ihre zahllosen Fragen zu finden, veranlaßten mich, meine widersprüchlichen und ungeordneten Gedanken über den Film und über die Kunst schlechthin auf einen Nenner zu bringen.«

Der Autor

Andrej Tarkowskij, geboren am 4. April 1932 in Shawroshje, wuchs im Künstlerdorf Peredelkino bei Moskau auf. 1954 ging er an die Moskauer Filmhochschule und studierte u. a. bei Michael Romm. Mit Filmen wie *Iwans Kindheit, Andrej Rubljow, Solaris, Der Spiegel, Stalker, Nostalghia* und *Das Opfer* erlangte er internationale Bedeutung – seine Werke wurden mehrfach preisgekrönt und weltweit gefeiert. 1984 verließ Tarkowskij die Sowjetunion und starb am 28. Dezember 1986 im Pariser Exil an Krebs.

Andrej Tarkowskij

Die versiegelte Zeit

Gedanken zur Kunst, zur Ästhetik und Poetik des Films

Aus dem Russischen
von Hans-Joachim Schlegel

Ullstein

Ullstein Taschenbuchverlag
Der Ullstein Taschenbuchverlag ist ein Unternehmen der
Econ Ullstein List Verlag GmbH & Co. KG, München
Neuausgabe 2000 von ISBN 3-548-35640-0
2. Auflage 2002
© 1984 für die Übersetzung by
Verlag Ullstein GmbH, Frankfurt/M. – Berlin
© 1984 by Andrej Tarkowskij und Olga Surkowa
Titel des russischen Originals *Sapetschatljonnoje Wremja*

Übersetzung: Hans-Joachim Schlegel
Umschlagkonzept: Lohmüller Werbeagentur
Umschlaggestaltung: christof berndt & simone fischer
Titelabbildung: Filmfoto aus *Nostalghia*
Druck und Bindearbeiten: Ebner & Spiegel, Ulm
Printed in Germany

ISBN 3-548-35931-0

Porträt S. 6: Andrej Reiser/Bilderberg

Inhalt

Einleitung

Als ich mich vor etwa fünfzehn Jahren an die ersten Skizzen zu diesem Buch machte, überfielen mich immer wieder Zweifel: Lohnt diese Mühe überhaupt? Wäre es nicht viel besser, einfach einen Film nach dem anderen abzudrehen und dabei, sozusagen nebenher, die auftauchenden theoretischen Probleme für mich selbst in der Praxis zu lösen?

Nun aber kam es in meiner Arbeitsbiographie viele Jahre hindurch immer wieder zu quälend langen Pausen zwischen den einzelnen Filmen. Und so hatte ich genügend Muße, über das Ziel nachzudenken, das ich in meinem Schaffen verfolge, über das, was die Filmkunst von anderen Kunstarten unterscheidet, worin ich ihre spezifischen Möglichkeiten sehe. Ich hatte Zeit und Gelegenheit, eigene Erfahrungen mit den Erkenntnissen meiner Kollegen zu vergleichen. Ich las zahlreiche filmtheoretische Arbeiten und fand sie wenig befriedigend; ja im Gegenteil, diese Lektüre weckte in mir den Wunsch zum Widerspruch, zur Verteidigung meiner eigenen Auffassung von den Aufgaben, Zielen und Problemen der Filmkunst. Je mehr mir die Prinzipien meiner Arbeit bewußt wurden, um so entschiedener setzte ich mich von den mir bekannten Filmtheorien ab; gleichzeitig wurde in mir das Verlangen immer stärker, meine Sicht jener grundlegenden künstlerischen Gesetze darzulegen, denen ich mich für mein ganzes Leben verpflichtet fühle.

Immer häufigere Begegnungen mit dem Publikum meiner Filme machten mir zudem die Notwendigkeit deutlich, mich einmal so eingehend wie nur möglich über meine Berufsauffassung und Arbeitsweise zu äußern. Der beharrliche Wunsch der Zuschauer, das filmische Erlebnis, das ihnen meine Arbeit vermittelte, zu begreifen und Antwort auf ihre zahllosen Fragen zu finden, veranlaßten mich, meine widersprüchlichen und ungeordneten Gedanken über den Film und über die Kunst schlechthin auf einen Nenner zu bringen.

Ich muß bekennen, daß mich die Zuschauerpost, die ich in den Jahren meiner Arbeit erhielt und stets mit großer Aufmerksamkeit und großem Interesse las, zuweilen verärgerte. Oft aber war sie eine ganz außerordentliche Quelle der Inspiration, und auf jeden Fall bildete sie ein überaus anregendes Paket von Fragen und Gedanken unterschiedlichster Art.

Um die Art der – zuweilen auch von absolutem Mißverständnis bestimmten – Beziehungen zwischen mir und meinem Publikum deutlich werden zu lassen, möchte ich hier einige besonders typische Briefe anführen.

Da schrieb mir zum Beispiel eine Bauingenieurin aus Leningrad: »Ich habe Ihren Film ›Der Spiegel‹ gesehen. Und zwar bis zum Schluß, obwohl ich von meinem ehrlichen Bemühen, wenigstens etwas davon zu verstehen, die handelnden Personen, Ereignisse und Erinnerungen irgendwie miteinander zu verbinden, bereits nach einer halben Stunde Kopfschmerzen bekam... Wir armen Zuschauer bekommen gute, schlechte, oft sehr schlechte oder durchschnittliche, mitunter auch äußerst originelle Filme zu sehen. Doch jeden von ihnen kann man verstehen. Man kann sich für sie begeistern oder sie ablehnen. Doch diesen hier?...«

Und ein anderer Ingenieur, diesmal aus Swerdlowsk, sucht seinen heftigen Widerwillen gegen meinen Film erst gar nicht zu verbergen: »Was für ein abgeschmackter Quatsch! Pfui, das ist ja geradezu widerwärtig! Für mich ist Ihr Film ein Schuß ins Leere. Er erreicht den Zuschauer nicht, und der Zuschauer ist doch schließlich das Wichtigste.« Dieser Ingenieur ging sogar so weit, von den für das Filmwesen verantwortlichen Leitungskadern Rechenschaft zu fordern: »Man muß sich wundern, wie Leute, die bei uns in der UdSSR für den Filmvertrieb zuständig sind, solchen Bockmist durchgehen lassen konnten.« Zur Rechtfertigung meiner kinematographischen Leitungskader muß allerdings gesagt werden, daß sie solchen »Bockmist« nur äußerst selten durchgehen lassen. Im Durchschnitt einmal in fünf Jahren. Nach der Lektüre solcher Briefe fragte ich mich verzweifelt, für wen und wozu ich eigentlich arbeite.

Ein wenig Hoffnung brachte mir eine andere Art brieflicher Anfragen. Zwar zeugten auch diese von einem absoluten Unverständnis meiner Arbeit. Aber sie ließen doch wenigstens den aufrichtigen Wunsch erkennen, sich in dem auf der Leinwand Gesehenen zurechtzufinden. Solche Zuschauer schrieben zum Beispiel: »Ich bin davon überzeugt, daß ich nicht die erste und die letzte bin, die sich verständnislos an Sie um Hilfe wendet, um sich in Ihrem ›Spiegel‹ zurechtfinden zu können. Die einzelnen Episoden sind ja sehr schön. Aber wie soll man sie bloß zu einer Einheit verknüpfen?« Oder eine andere Zuschauerin aus Leningrad: »Ich kann mit Ihrem Film nichts anfangen, weder mit seinem Inhalt noch mit seiner Form. Wie läßt sich das erklären? Man kann nicht gerade sagen, daß ich mich mit Filmen überhaupt nicht auskenne... Ich sah Ihre früheren Arbeiten ›Iwans Kindheit‹ und ›Andrej Rubljow‹. Da war alles verständlich. Aber hier ist das nun ganz und gar nicht der Fall... Vor jeder Filmvorführung sollte man eigentlich den Zuschauer auf das vorbereiten, was ihn erwartet. Sonst bleibt in ihm nämlich nur ein schales Gefühl von Verdrossenheit über die eigene Hilflosigkeit und Tumbheit zurück. Verehrter Andrej! Falls Sie auf meinen Brief nicht antworten können, so teilen Sie mir doch, bitte, zumindest mit, wo ich etwas über Ihren Film nachlesen kann!«...

Zu meinem Bedauern konnte ich dieser Briefschreiberin überhaupt keinen Rat geben: Zum »Spiegel« waren nämlich keinerlei Publikationen erschienen, von den öffentlichen Beschuldigungen meiner Kollegen einmal abgesehen, die meinem Film auf Goskino- und Filmverbandssitzungen[1] vorwarfen, unzulässig »elitär« zu sein, und dies dann auch in der Zeitschrift »Iskusstwo kino«[2] verbreiteten. Allerdings brachte mich das nicht sonderlich aus der Fassung, weil ich mich immer mehr davon zu überzeugen begann, daß ein Publikum für meine Filme vorhanden war, daß es Menschen gab, die meine Filme besuchten und sie liebten.

Ein Mitarbeiter des Physikalischen Instituts der Akademie der Wissenschaften schickte mir eine Notiz zu, die an der Wandzeitung dieses Instituts ausgehangen hatte:

»Die Vorführung des Tarkowskij-Filmes ›Der Spiegel‹ rief im Physikalischen Institut der Akademie der Wissenschaften ein ebenso großes Interesse wie in ganz Moskau hervor.

Den Wunsch nach einer persönlichen Begegnung mit dem Regisseur dieses Films konnten sich leider nur wenige erfüllen (dem Autor dieser Notiz gelang das leider auch nicht). Es bleibt uns unbegreiflich, wie Tarkowskij mit filmischen Mitteln ein philosophisch derart tiefgründiges Werk zustande bringen konnte. Der Kinogänger hat sich daran gewöhnt, von einem Film eine Fabel, eine Handlung, Helden und für gewöhnlich ein ›Happy End‹ zu erwarten. Deshalb sucht er nun auch in Tarkowskijs Filmen nach derlei Elementen und geht dann häufig genug enttäuscht nach Hause, weil er diese darin überhaupt nicht findet.

Wovon handelt dieser Film? Vom Menschen. Natürlich nicht

von jenem konkreten Menschen, dessen Stimme im Off Inokentij Smoktunowskij[3] übernommen hat. Nein, das ist vielmehr ein Film über dich selbst, über deinen Vater und Großvater. Ein Film über den Menschen, der nach dir leben wird, dennoch aber ein »Du« ist. Dies ist ein Film über den Menschen, der auf dieser Erde lebt und ein Teil dieser Erde ist, die zugleich auch wiederum ein Teil von ihm, von diesem Menschen, ist. Ein Film darüber, daß der Mensch mit seinem Leben gegenüber der Vergangenheit und gegenüber der Zukunft einzustehen hat. Diesen Film muß man sich ganz schlicht und einfach ansehen und dabei der Musik von Bach und den Gedichten von Arsenij Tarkowskij[4] lauschen. Und zwar muß man ihn sich so ansehen, wie man die Sterne, das Meer oder eine schöne Landschaft betrachtet. Mathematische Logik wird man hier vermissen. Aber schließlich erklärt diese ja auch nicht, was nun eigentlich der Mensch ist und worin der Sinn seines Lebens besteht.«

Ich muß gestehen, daß mich die Ausführungen und Interpretationen professioneller Kritiker zu meinen Filmen selbst dann immer wieder enttäuschen, wenn sie meine Arbeiten loben. Jedenfalls habe ich häufig genug den Eindruck, daß diese Kritiker meiner Arbeit letztlich gleichgültig oder auch hilflos gegenüberstehen. Daß sie die Unmittelbarkeit ihrer lebendigen Wahrnehmung immer wieder gegen Klischees gängiger filmwissenschaftlicher Ansichten und Definitionen eintauschen. Wofür ich tatsächlich arbeite, begreife ich dann, wenn ich auf Zuschauer treffe, die noch unmittelbar unter dem Eindruck meiner Filme stehen, wenn ich Beichtbriefe fremder Leben lese. Gerade dann spüre ich wirkliche Anerkennung. Aber – wenn man so will – auch meine Pflicht und Verantwortung den Menschen gegenüber... Niemals wollte es mir in den Sinn, daß ein Künstler ausschließlich für sich selbst schaffen könne. In der Überzeugung, daß sein Werk niemals von irgend jemandem gebraucht werden wird... Doch darüber an späterer Stelle mehr...

Eine Zuschauerin aus Gorkij schrieb mir: »Haben Sie Dank für den ›Spiegel‹. Ganz genauso sah meine Kindheit aus... Nur – wie haben Sie davon erfahren können? Genau so einen Wind gab es damals und so ein Gewitter... ›Galka, jag die Katze hinaus‹ – schreit die Großmutter... Im Zimmer ist es dunkel... Auch die Petroleumlampe verlösche damals, und die Seele war erfüllt vom Warten auf die Mutter. ... Und wie wunderbar in Ihrem Film das Erwachen kindlichen Bewußtseins gezeigt wird! ... Mein Gott, wie wahr das alles ist... wir kennen ja in der Tat die Gesichter unserer Mütter nicht. Und wie einfach, wie natürlich. Wissen Sie, als ich im dunklen Kinosaal auf ein von Ihrem Talent ausgeleuchtetes Stück Leinwand schaute, da fühlte ich zum ersten Mal in meinem Leben, daß ich nicht allein bin.«

Man hatte mir so lange eingeredet, daß niemand meine Filme brauche und verstehe, daß solche Bekenntnisse meine Seele geradezu wärmten, meinem Tun Sinn verliehen und mich in der Überzeugung bestärkten, daß der von mir ganz sicher nicht zufällig eingeschlagene Weg der richtige sei.

Ein Leningrader Arbeiter schrieb mir: »Der Grund meines Briefes ist ›Der Spiegel‹. Ein Film, von dem ich noch nicht einmal zu schreiben vermag, von dem ich aber lebe.

Die Fähigkeit, zuzuhören und zu verstehen, ist von hohem Wert... Wenn zwei Menschen zumindest ein einziges Mal ein und dasselbe zu empfinden vermögen, dann werden sie einander immer verstehen können. Sogar dann, wenn der eine in der Eiszeit und der andere im Atomzeitalter leben sollte. Gebe Gott, daß die Menschen wenigstens die grundlegenden humanen Impulse verstehen und empfinden können – die eigenen wie die fremden.«

Zuschauer verteidigten und ermunterten mich: »Ich schreibe Ihnen auf Empfehlung und im Namen einer Gruppe von Zuschauern unterschiedlicher Berufe, denen ich durch Bekanntschaft oder Freundschaft verbunden bin.

Zunächst einmal möchte ich Ihnen mitteilen, daß der Kreis der Verehrer und Bewunderer Ihres Talents, der Kreis derer, die sich alle Ihre in den Kinos gezeigten Filme anschauen, erheblich größer ist, als dies nach den statistischen Angaben in der Zeitschrift »Sowjetskij Ekran«[5] scheinen könnte. Zwar stehen mir keine genaueren Angaben zur Verfügung, denn niemand aus meinem Freundes- und Bekanntenkreis hat irgendwann einmal Angaben zu derlei speziellen Umfragen eingeschickt. Ins Kino jedoch gehen sie aber alle. Sicher nicht allzu häufig. In jedem Fall aber gern in Tarkowskij-Filme. Schade nur, daß so selten Filme von Ihnen herauskommen.«

Aus Nowosibirsk schrieb mir eine Lehrerin: »Film- und Buchautoren habe ich bislang noch niemals meine Eindrücke mitgeteilt. Doch hier handelt es sich um einen Sonderfall: Dieser Film erlöst den Menschen vom Fluch der Sprachlosigkeit, damit er seine Seele und sein Denken von der Last der Ruhelosigkeit und der eitlen Gedanken zu befreien vermag. Ich wohnte einer Filmdiskussion bei. Physiker und Lyriker waren da ein und derselben Meinung: Dies ist ein humaner, ehrlicher und notwendiger Film, für den seinem Autor Dank gebührt. Jeder, der hier in dieser Diskussion das Wort ergriff, sagte: ›Das ist ein Film über mich selbst.‹«

Und noch ein Schreiben: »Hier schreibt Ihnen ein alter, bereits pensionierter Mann, der zwar beruflich – ich bin Radioingenieur – ziemlich weit weg von der Kunst lebt, der sich aber dennoch für die Filmkunst interessiert.

Ihr Film hat mich erschüttert. Sie haben die Gabe, in die Gefühlswelt von Erwachsenen wie von Kindern einzudringen. Ein Gespür für die Schönheiten der uns umgebenden Welt zu wecken, die tatsächlichen und nicht die vermeintlichen Werte dieser Welt aufzuzeigen. Jede Sache zum Klingen zu bringen, jedes Detail im Film zu einem Symbol werden zu lassen. Mit Hilfe sparsamster Gestaltungsmittel zu philosophischer Verallgemeinerung vorzustoßen, jeder einzelnen Einstellung Poesie und Musik zu verleihen... All das sind Qualitäten, die Ihrer und ausschließlich Ihrer Darstellungsart eigen sind...«

Ehrlich gesagt rechne ich mich jener Gruppe von Menschen zu, die ihre Gedanken vor allem in der Polemik entwickeln (mit der Ansicht, daß die Wahrheit im Widerstreit geboren wird, bin ich absolut einverstanden). Allein mit mir, neige ich zu jener Betrachtungsweise, die der metaphysischen Veranlagung meines Wesens entspricht und jedem energischen kreativen Denkprozeß entgegengesetzt ist, da sie ja lediglich emotionales Material für mehr oder weniger klare Konstruktionen zukünftiger Ideen und Konzepte liefert.

Es war also der schriftliche oder persönliche Kontakt mit dem Zuschauer, der den Anstoß gab zu diesem Buch. Doch wie auch immer: Ich werde niemandem Vorwürfe machen, der meinen Entschluß, mich mit abstrakten Problemen zu befassen, negativ beurteilt. Und ebensowenig werde ich überrascht sein, wenn ich auf wohlwollende Reaktionen anderer stoße.

Eine Arbeiterin schrieb mir: »Innerhalb einer einzigen Woche habe ich mir Ihren Film gleich viermal angesehen. Und ich bin nicht etwa bloß ins Kino gegangen, um ihn mir lediglich anzuschauen. Es ging mir vielmehr darum, wenigstens einige Stunden lang ein wirkliches Leben zu leben, es mit wirklichen Künstlern und Menschen zu verbringen... Alles, was mich quält und mir fehlt, wonach ich mich sehne, was mich empört und mir zuwider ist – all das sah ich wie in einem Spiegel in Ihrem Film. Das, was mich bedrückt und das, wovon mir hell und warm wird. All das, was mich leben macht, und all das, was mich zerstört. Zum ersten Mal wurde ein Film für mich zur *Realität*. Und genau dies ist der Grund, warum ich ihn mir immer wieder ansehe – nämlich um durch und in ihm *zu leben*.«

Es kann wohl keine größere Anerkennung der eigenen Arbeit geben: Ich hatte stets danach getrachtet, mich in meinen Filmen mit größtmöglicher Aufrichtigkeit und Konsequenz zu äußern, ohne dabei irgend jemandem meinen eigenen Standpunkt aufdrängen zu wollen. Und wenn dann dein Lebensgefühl auch von anderen Menschen als etwas Ureigenes, lediglich bislang noch niemals Ausgesprochenes wahrgenommen wird, dann bedeutet dies natürlich ein gewaltiges Stimulans für deine Arbeit. Eine Frau schickte mir einen Brief, den sie von ihrer Tochter erhalten hatte. Mir scheint, daß darin der ganze Sinn schöpferischen Tuns und seine kommunikativen Funktionen und Möglichkeiten erstaunlich umfassend und einfühlsam zum Ausdruck gebracht werden:

»Wie viele Wörter kennt eigentlich ein Mensch?« lautet ihre rhetorische Frage an die Mutter: »Wie viele Wörter kommen in seinem alltäglichen Vokabular vor? Hundert, zweihundert, dreihundert? Wir kleiden unsere Gefühle in Worte, versuchen mit ihnen Schmerz, Freude, jede innere Bewegung auszudrükken, also all das, was sich ja im Grunde genommen gar nicht ausdrücken läßt. Romeo sagte zu Julia wunderschöne Worte, sehr klare und ausdrucksstarke. Doch vermochten diese etwa auch nur die Hälfte all dessen auszudrücken, wovon ihm sein Herz am liebsten aus der Brust gesprungen wäre? All das, was ihm den Atem stocken und Julia an nichts anderes als an Liebe denken ließ?

Es gibt noch eine ganz andere Sprache, eine ganz andere Form der Verständigung... durch Gefühle und Bilder. Ein solcher Kontakt überwindet Trennendes, reißt Grenzen nieder.

Wille, Gefühl, Emotionen räumen die Barrieren zwischen den Menschen hinweg, die bislang diesseits und jenseits des Spiegelglases, hinter dieser und jener Seite der Tür standen... Der Rahmen der Leinwand erweitert sich, vor uns tut sich eine Welt auf, die uns bisher verschlossen war, und wird nunmehr zu einer neuen Realität... All das geschieht jetzt bereits nicht mehr nur durch Vermittlung des kleinen Aleksej: Hier wendet sich bereits Tarkowskij selbst unmittelbar an die *jenseits* der Leinwand sitzenden Zuschauer. Es gibt keinen Tod mehr, aber es gibt die Unsterblichkeit. Die Zeit ist eine einzige und unaufhebbare Einheit. So, wie es auch im Gedicht heißt: ›Ein einziger Tisch für Ahnen und Enkel...‹ Ich bin an diesen Film übrigens eher gefühlsmäßig herangegangen, obwohl man sicher auch ganz anders an ihn herangehen könnte. Wie war das denn bei Dir? Schreib mir doch bitte.«...

Mit dem hier vorgelegten Buch, das vor allem während jener langen Zeit entstand, in der ich zur Untätigkeit verdammt war (einer Zeit, die ich jetzt mit Gewalt unterbreche, indem ich mein Schicksal zu ändern suche), will ich niemanden belehren, niemandem meinen eigenen Standpunkt aufdrängen. Es verdankt seine Entstehung der Notwendigkeit, mich selbst im Dschungel der Möglichkeiten zurechtzufinden, die diese junge, wunderbare Kunst des Films bietet und die eigentlich noch immer kaum erforscht sind. Dieses Buch ist für mich deshalb eine Art Suche nach einem umfassenden, unabhängigen Selbst. Denn schöpferisches Tun unterliegt keinen absoluten Normen. Es hat schließlich etwas mit der allgemeinen Notwendigkeit der Weltaneignung zu tun, also mit jenen zahllosen Aspekten, die den Menschen mit der lebendigen Realität verbinden.

Zu ergänzen bleibt nur noch, daß dieses Buch auf eigenen tagebuchartigen Aufzeichnungen, auf Vorträgen und Gesprächen mit der Filmkritikerin Olga Surkowa beruht, die bereits als Studentin bei unseren Dreharbeiten zu »Andrej Rubljow« dabei war und dann auch in den folgenden Jahren, als sie schon als Kritikerin arbeitete, engen Kontakt zu uns hielt. Ihr möchte ich für die Hilfe danken, die sie mir während jener Zeit angedeihen ließ, als ich an diesem Buch arbeitete.

Der Beginn

Ein ganzer Lebensabschnitt ist beendet. Ein Prozeß abgeschlossen, den man vielleicht als Selbstfindung bezeichnen könnte. Er bestand aus dem Studium am VGIK[6], aus der Diplomarbeit an einem Kurzfilm[7] und schließlich aus acht Monaten Arbeit an meinem ersten langen Spielfilm.

Für meine weitere Arbeit halte ich es für unerläßlich, meine Erfahrung mit »Iwans Kindheit« zu analysieren, in der Notwendigkeit, eine – zumindest vorläufig – eindeutige filmästhetische Position zu beziehen und mir schließlich über jene Aufgaben Klarheit zu verschaffen, die ich während meines nächsten Films zu lösen haben werde. All das könnte natürlich gedanklich-spekulativ geschehen. Doch dann bestünde die Gefahr letztlich unverbindlicher Schlußfolgerungen, beziehungsweise eines Verwechselns logischer Kettenglieder mit intuitiven, spontanen Verknüpfungen.

Der Wunsch, derlei überflüssigen Aufwand bei meinen Überlegungen zu vermeiden, half mir bei meinem Entschluß, zu Papier und Stift zu greifen.

Was zog mich an der Erzählung von Wladimir Bogomolow[8] an?

Bevor ich diese Frage beantworte, sei auf die Tatsache hingewiesen, daß sich keinesfalls jede Prosaerzählung verfilmen läßt.

Es gibt Werke, an deren Verfilmung nur jemand denken kann, der Film und Prosa gleichermaßen verachtet. Ich meine jene Meisterwerke, die durch die Einheit aller ihrer Komponenten, durch die Präzision und Eigenwilligkeit ihrer Bilder, durch eine unglaubliche Tiefe verbal veranschaulichter Charaktere sowie durch ihre phantastische Komposition und literarische Überzeugungskraft die unbestreitbare Einmaligkeit ihres Autors beweisen.

Es wird endlich einmal Zeit, Literatur und Film voneinander abzukoppeln.

Es gibt Prosaerzählungen, deren Stärke im Ideenentwurf, in einem konkreten und klaren Aufbau oder aber in der Spezifik ihres Themas liegt. Derlei Literatur scheint sich um eine künstlerische Gestaltung der in ihr enthaltenen Ideen überhaupt nicht zu kümmern.

Meiner Meinung nach gehört auch Wladimir Bogomolows »Iwan« zu dieser Art von Literatur.

Rein künstlerisch ließ mich seine trockene, detailgenaue und langatmige Erzählweise mit lyrischen Abschweifungen zur Charakterisierung von Oberleutnant Galzew, dem Helden der Novelle, ziemlich kalt. Zumal Bogomolow großen Wert auf eine penibel genaue Schilderung des Kriegsmilieus legt und immer wieder hervorhebt, daß er all das persönlich bezeugen könne, wovon in der Erzählung die Rede ist.

Das half mir aber zugleich, in dieser Novelle ein Stück Prosa zu erkennen, das sich durchaus verfilmen läßt.

Ja, mehr noch: In der Verfilmung würde diese Erzählung schließlich sogar jene ästhetisch-emotionale Spannung entwickeln, die ihrer Idee eine vom Leben bestätigte Wahrhaftigkeit verleihen könnte.

Bogomolows Erzählung prägte sich meinem Gedächtnis beim Lesen ein.

Einige ihrer Besonderheiten faszinierten mich sogar.

Das gilt vor allem für das Schicksal ihres Helden, das hier bis zu dessen Tod hin verfolgt wird. Sicher ist das keinesfalls eine neue Sujetstruktur. Nur wurde diese bislang äußerst selten von einer inneren Idee derart bewegt, von einer streng gesetzmäßigen Entwicklung des Entwurfs dermaßen konsequent motiviert wie hier in dieser »Iwan«-Novelle.

Der Tod des Helden hat in ihr einen besonderen Sinn.

Dort, wo bei anderen Autoren vergleichbarer literarischer Situationen ein tröstender Ausgang folgt, wird hier der Schlußpunkt gesetzt. Es folgt darauf nichts mehr nach.

Gewöhnlich setzen Autoren derartiger Sujets der kriegerischen Heldentat ihrer Hauptperson einen Glorienschein auf. Das Schwere und Grausame tritt in die Vergangenheit zurück und erweist sich so lediglich als eine leidvolle Lebensetappe.

In Bogomolows Erzählung bleibt diese vom Tod jäh beendete Lebensetappe die einzige und letztgültige. In ihr konzentriert sich der gesamte Inhalt, das tragische Pathos von Iwans Leben. Und genau dadurch ließ sie den Wahnwitz des Krieges mit unerwarteter Kraft spüren und begreifen.

Das Zweite, was mich hier fesselte, war die Tatsache, daß in dieser Kriegserzählung weder gefährliche militärische Zusammenstöße noch komplizierte Frontoperationen vorkommen. Wir finden darin keine Schilderungen von Heldentaten. Das Material dieser Erzählung bildete nicht das Heroische von Aufklärungsoperationen, sondern die Pause zwischen zwei solchen

Aktionen. Der Autor verlieh dieser Pause eine aufwühlende, bewegende Spannung, die mit rein äußerlichen Mitteln nicht ausgedrückt werden kann. Es war dies eine Spannung, die an die erstarrte Spannung einer bis zum Anschlag aufgezogenen Grammophon-Spirale erinnert.

Eine solche Darstellung des Krieges bestach durch die in ihr verborgenen filmischen Möglichkeiten. Hier eröffnete sich ein Weg, die tatsächliche Atmosphäre des Krieges auf neue Weise wiederzugeben. Mit all ihrer Überreiztheit, ihrer ungeheuren nervlichen Anspannung, die unsichtbar unter der Oberfläche der Ereignisse vorhanden ist und bestenfalls wie ein unterirdisches Grollen wahrgenommen wird.

Und drittens bewegte mich bis tief in meine Seele hinein die Gestalt dieses kleinen Jungen. Er stellte sich mir von allem Anfang an als ein vom Krieg aus seiner normalen Bahn herausgeworfener, zerstörter Charakter dar. Unendlich vieles, ja eigentlich alles, was zum Kindheitsalter dieses Iwans gehört, ist hier ein für allemal verloren. Und all das, was er anstelle des Verlorenen als verhängnisvolle Gabe des Krieges erhielt, erzeugte in ihm höchste Spannungszustände.

Diese Figur berührte mich durch ihre innere Dramatik weit mehr als jene Charaktere, die in zugespitzten Konfliktsituationen und prinzipiellen menschlichen Konfrontationen einen allmählichen Entwicklungsprozeß durchmachen.

In einem sich nicht entwickelnden, gleichsam statischen Charakter wird der Druck der Leidenschaft extrem komprimiert und damit erheblich deutlicher und überzeugender als bei allmählichen Veränderungen. Genau wegen dieser Art Leidenschaftlichkeit liebe ich auch Dostojewskij. Mein Interesse gilt eher äußerlich statischen Charakteren, die jedoch dank der sie beherrschenden Leidenschaften voller innerer Spannung sind.

Der Iwan aus der zitierten Novelle gehört zu solchen Charakteren. Und genau diese Eigenart der Bogomolowschen Erzählung entzündete auch meine Phantasie.

Doch im übrigen konnte ich Bogomolow nicht folgen. Die emotionale Anlage dieser Erzählung blieb mir fremd. Die Ereignisse wurden hier bewußt distanziert, ja sogar protokollarisch dargestellt. So etwas hätte ich nicht auf die Leinwand übertragen können; es würde meinen Überzeugungen widersprechen.

Wenn Autor und Regisseur unterschiedliche ästhetische Affinitäten haben, dann kann es keinen Kompromiß geben. Ein solcher Kompromiß würde die Idee der Verfilmung zerstören, und der Film käme nicht zustande.

Bei einem derartigen Konflikt zwischen Autor und Regisseur gibt es nur einen Ausweg: Das literarische Drehbuch muß zu einer neuen Struktur umgeformt werden, die man in einer bestimmten Arbeitsetappe als »Regiedrehbuch« bezeichnet. Und während der Arbeit an diesem Regiedrehbuch hat der Autor des künftigen Filmes (des Filmes und nicht etwa nur des Drehbuchs!) das Recht, das literarische Drehbuch nach seinen Vorstellungen umzugestalten. Wichtig ist nur, daß er dabei das Ganze im Auge hat und jedes Wort des Drehbuchs von seiner ureigenen schöpferischen Erfahrung bestimmt wird.

Denn für die vielen niedergeschriebenen Drehbuchseiten, für die Schauspieler, die ausgewählten Drehorte, für die Entwürfe der Filmarchitekten und sogar für den glänzendsten Dialog steht einzig und allein der Regisseur ein, der in letzter Instanz auch den gesamten schöpferischen Prozeß bestimmt.

Wenn Drehbuchautor und Regisseur nicht ein und dieselbe Person sind, werden wir deshalb auch immer wieder zu Zeugen eines durch nichts aufzuhebenden Widerspruchs. Selbstverständlich nur dann, wenn es sich hier um zwei prinzipienbewußte Künstler handelt.

Und genau aus diesem Grunde konnte der Inhalt der Bogomolowschen Erzählung für mich nicht mehr als eine mögliche Ausgangsbasis bilden, deren Gehalt von mir entsprechend meinen persönlichen Vorstellungen über den künftigen Film zum Leben gebracht werden mußte.

Doch hier erhebt sich die Frage, inwieweit es wünschenswert und berechtigt ist, daß ein Regisseur sein Drehbuch selbst verfaßt. Und die kann manchmal bis zu einer absoluten, diskussionslosen Ablehnung der schöpferisch-dramaturgischen Initiative des Regisseurs führen. Regisseure, die dazu neigen, ihr Drehbuch selbst zu verfassen, stoßen auf entschiedenen Widerstand.

Dabei ist es doch eine unbestrittene Tatsache, daß einige Schriftsteller sich viel weiter vom Film entfernt fühlen als Filmregisseure. Um so seltsamer nimmt sich folgende Situation aus: *Alle* Schriftsteller sind zur Filmdramaturgie berechtigt. Doch von den Filmregisseuren hat *kein einziger* ein Recht darauf.

Ergeben hat er sich mit der Drehbuchvorlage einverstanden zu erklären und sie durch Schnitte in ein Regiedrehbuch zu verwandeln.

Doch kehren wir zum Kern unserer Gedanken zurück.

Im Film reizen mich ganz außergewöhnlich poetische Verknüpfungen, die Logik des Poetischen. Dies entspricht meiner Meinung nach am besten den Möglichkeiten des Films als der wahrhaftigsten und poetischsten aller Künste.

Auf jeden Fall ist mir dies näher als eine traditionelle Dramaturgie, die die Bilder durch eine geradlinige, logisch-folgerichtige Sujetentwicklung miteinander verknüpft. Eine derart penibel »genaue« Ereignisverkettung entsteht gewöhnlich unter starkem Einfluß kühler Berechnung und spekulativer Überlegungen. Doch selbst, wenn dem nicht so ist und das Sujet von seinen Akteuren bestimmt wird, stellt sich doch immer wieder heraus, daß die Logik der Bilderabfolge auf einer Banalisierung der komplexen Lebensrealität beruht.

Doch es gibt auch eine andere Möglichkeit zur Synthese filmischer Materialien, bei der das Wichtigste die Darstellung der Logik menschlichen Denkens ist. Und in diesem Fall wird dann sie die Abfolge der Ereignisse und ihre Montage, die alles zu einem Ganzen zusammenfügt, bestimmen.

Die Entstehung und Entwicklung von Gedanken gehorchen besonderen Gesetzmäßigkeiten. Und um diese zum Ausdruck bringen zu können, bedarf es zuweilen Formen, die sich von logisch-spekulativen Strukturen deutlich unterscheiden. Meiner Meinung nach steht die poetische Logik den Gesetzmäßigkeiten der Gedankenentwicklung wie dem Leben überhaupt erheblich näher als die Logik der klassischen Dramaturgie. Doch jahrelang betrachtet man nun schon das klassische Drama als das einzige Vorbild, um dramatische Konflikte zum Ausdruck zu bringen.

Die poetische Verknüpfung bewirkt eine große Emotionalität und aktiviert den Zuschauer. Gerade sie beteiligt ihn am Erkennen des Lebens, weil sie sich weder auf vorgefertigte Schlußfolgerungen aus dem Sujet, noch auf starre Anweisungen des Autors stützt. Zur freien Verfügung steht lediglich das, was den tieferen Sinn der dargestellten Erscheinungen aufspüren hilft. Ein komplizierter Gedanke und eine poetische Weltsicht sollten keinesfalls um jeden Preis in den Rahmen einer gar zu deutli-

chen Offenkundigkeit hineingepreßt werden. Die Logik direkter, allgemein üblicher Folgerichtigkeit erinnert nämlich ver-
dächtig an die Beweisführungen für geometrische Theoreme.
Für die Kunst dagegen bieten jene assoziierbaren Verknüpfungen, in denen sich rationale und emotionale Wertungen des
Lebens miteinander verbinden, zweifellos viel reichere Möglichkeiten. Und es ist durchaus schade, daß der Film diese
Möglichkeiten so selten nutzt. Denn dieser Weg ist weit vielver-
sprechender. In ihm liegt eine innere Kraft, die das Material,
aus dem ein Bild gemacht ist, »aufzusprengen« vermag.

Wenn über einen Gegenstand nicht gleich alles gesagt wird,
dann besteht die Möglichkeit, selbst noch etwas hinzuzudenken. Denn sonst wird die Schlußfolgerung dem Zuschauer ohne
jede Denkarbeit präsentiert. Da er sie so mühelos serviert
bekommt, kann er mit dieser Folgerung gar nichts anfangen.
Vermag denn der Autor dem Zuschauer irgend etwas zu sagen,
wenn er mit ihm nicht die Mühe und die Freude der Erschaffung eines Bildes teilt?

Diese schöpferische Verfahrensweise besitzt noch einen Vorteil. Der einzige Weg, auf dem ein Künstler den Zuschauer im
Rezeptionsprozeß auf eine gleichberechtigte Ebene hebt, besteht darin, ihn die Einheit eines Films aus dessen Teilen selbst
konstituieren zu lassen und dabei Eigenes hinzuzudenken. Ja,
auch aus Gründen der gegenseitigen Achtung von Künstler und
Rezipient ist eine solche Beziehung die einzige angemessene
künstlerische Kommunikation.

Wenn ich hier von Poesie spreche, dann habe ich dabei kein
bestimmtes Genre im Sinn. Poesie – das ist für mich eine
Weltsicht, eine besondere Form des Verhältnisses zur Wirklichkeit.

So gesehen wird Poesie also zu einer Philosophie, die den
Menschen sein ganzes Leben lang begleitet. Erinnern wir uns
an das Schicksal und den Charakter solcher Künstler wie
Aleksandr Grin[9], der, bevor er hungers zu sterben drohte, mit
einem selbstgemachten Bogen in die Berge zog, um dort irgendein Wildbret zu erjagen. Wenn man sich die Zeit vergegenwärtigt, in der dieser Mensch lebte, dann enthüllt sich hier die
tragische Figur eines Träumers.

Man denke an das Schicksal van Goghs.

An das von Michail Prischwin[10], dessen Figur Züge jener

russischen Natur annahm, die er mit so unendlicher Liebe beschrieben hat.

Oder man denke an Mandelstam, an Pasternak, Chaplin, Dowshenko oder Mizoguchi.[11] Dann wird man die ungeheure emotionale Kraft dieser Bilder begreifen, die sich so stark über den Erdboden erheben, oder genauer: über diesem Erdboden schweben. Jener Bilder, in denen sich ein Künstler nicht etwa nur als ein Erforscher des Lebens erweist, sondern zugleich auch als ein Schöpfer hoher geistiger Werte und eben jener besonderen Schönheit, die nur der Poesie eigen ist.

Ein solcher Künstler vermag die Besonderheiten der poetischen Struktur des Seins zu erkennen. Er ist in der Lage, über die Grenzen der linearen Logik hinauszugehen und das besondere Wesen der subtilen Bezüge und geheimsten Phänomene des Lebens, dessen Komplexität und Wahrheit wiederzugeben.

Geschieht dies nicht, so nimmt sich das Leben sogar dann konventionell und einförmig aus, wenn es ein Autor mit dem Anspruch auf höchste Lebensnähe gestaltet. Denn auch die Illusion äußerer Lebendigkeit ist noch lange kein Beweis dafür, daß dieser Autor hier das Leben tatsächlich mit scharfem Blick erforscht und beobachtet hat.

Ich bin auch der Meinung, daß jenseits einer organischen Verbindung von subjektiven Autoreneindrücken und objektiver Wirklichkeitsdarstellung keinerlei Glaubwürdigkeit und innere Wahrheit, ja nicht einmal äußere Ähnlichkeit zu erreichen sind.

Man kann eine Szene dokumentarisch gestalten, ihre Personen mit naturalistischer Präzision kleiden und eine offenkundige Ähnlichkeit mit dem wirklichen Leben erzielen. Und trotzdem kommt dann dabei ein Film heraus, der von der Realität weit entfernt ist, der ausgesprochen konventionell wirkt, also in Wirklichkeit gar nicht ähnlich ist, obwohl der Autor dies doch so sehr wollte.

Seltsamerweise ist gerade das in der Kunst konventionell-gekünstelt, was zweifelsohne zu unserer ganz gewöhnlichen, alltäglichen Wahrnehmung gehört. Das erklärt sich daraus, daß das Leben eben erheblich poetischer organisiert ist, als sich das die Anhänger eines absoluten Naturalismus zuweilen vorstellen. So prägt sich vieles beispielsweise unseren Herzen und Gehirnen lediglich als bloßer Impuls ein. Und da in den besagten gutgemeinten, lebensnahen Filmen nicht nur ein Zu-

gang hierzu fehlt, sondern dieser auch noch von deutlich vorge-
gaukelten Darstellungen verstellt wird, kommt eben statt Authentizität lediglich – milde gesagt – Gekünsteltes heraus. Und
ich bin nun einmal dafür, daß das Kino so nahe wie möglich an
jenem Leben bleibt, das wir sonst gar nicht in seiner tatsächlichen Schönheit wahrnehmen können.

Ich habe bereits meiner Freude über die sich abzeichnende
Trennlinie zwischen Film und Literatur Ausdruck gegeben.
Über die Trennlinie zwischen jenen beiden Künsten, die sich
bislang scheinbar so fruchtbar ergänzt haben.

In seiner Weiterentwicklung wird sich der Film meiner Meinung nach nicht nur von der Literatur, sondern auch von den
anderen Künsten entfernen und auf diese Weise immer selb-
ständiger werden. Das geht keineswegs mit der gewünschten
Schnelligkeit vor sich. Hier vollzieht sich ein langwieriger Prozeß mit unterschiedlichen Etappen. Und dies erklärt auch die Tatsache, daß es im Film zu einer gewissen Stabilisierung jener
spezifischen Prinzipien gekommen ist, die eigentlich anderen
Kunstarten eigen sind, auf die sich aber dennoch immer wieder
auch Filmregisseure stützen. Doch allmählich beginnen diese
Prinzipien die Entwicklung der Eigenart des Films zu bremsen
und zu einem Hindernis für sie zu werden. Und dies hat unter
anderem zur Folge, daß der Film teilweise die Fähigkeit verloren hat, der Wirklichkeit mit seinen ureigenen Mitteln unmittelbare Gestalt zu geben, also ohne den Umweg über Literatur,
Malerei oder Theater.

Ebenso merklich ist der Einfluß der bildenden Kunst auf den
Film dort, wo man um eine unmittelbare Übertragung dieses
oder jenes Gemäldes auf die Kinoleinwand bemüht ist. Besonders häufig werden einzelne kompositorische oder – wenn es sich
um einen Farbfilm handelt – malerische Prinzipien transponiert.
Doch in jedem dieser Fälle fehlt dem künstlerischen Ergebnis
eine kreative Selbständigkeit: Es wird zu reiner Imitation.

Die Übertragung der Besonderheiten anderer Kunstarten auf
die Leinwand beraubt den Film seiner kinematographischen
Eigenart und macht es schwierig, Lösungen zu finden, die sich
auf die mächtigen Ressourcen des Kinos als einer eigenständigen Kunst stützen. Doch das Schlimmste dabei ist, daß in
solchen Fällen eine Kluft zwischen Filmautor und Leben entsteht. Zwischen beide schieben sich ständig Vermittler, Verfah-

rensweisen älterer Kunstformen. Und dies hindert dann vor allem daran, im Film das Leben in seiner Ursprünglichkeit wiederzugeben, so wie der Mensch es tatsächlich sieht und empfindet.

Wir erlebten einen Tag. Sagen wir, daß an diesem Tag etwas Wichtiges, Bedeutsames geschah. Etwas, das zum Ausgangspunkt eines Filmes werden könnte, etwas, das in sich den Keim zur Darstellung eines Ideenkonfliktes trägt. Doch wie hat sich dieser Tag nun unserem Gedächtnis eingeprägt?

Als etwas Amorphes, Fließendes, das noch kein Skelett, kein Schema hat. Lediglich das zentrale Ereignis dieses Tages ist zu protokollarischer Konkretheit geronnen, zu einem klaren Gedanken und zu einer bestimmten Form. Vor dem Hintergrund dieses ganzen Tages nimmt sich dieses Ereignis wie ein Baum im Nebel aus. Der Vergleich ist sicher ungenau, da alles, was ich als Nebel oder Wolke bezeichne, natürlich keinesfalls dasselbe ist. Einzelne Tageseindrücke weckten in uns innere Impulse, Assoziationen. Im Gedächtnis blieben die Gegenstände und Umstände als etwas zurück, das keine scharf umrissenen Konturen hat, das unvollendet, fließend, zufällig ist. Kann ein solches Empfinden mit filmischen Mitteln wiedergegeben werden? Ohne den geringsten Zweifel! Mehr noch: Dazu ist vor allem sie, diese realistischste aller Künste, imstande.

Ein solches Kopieren der Lebensempfindungen kann sicherlich kein Selbstzweck sein. Doch die Möglichkeit einer solchen Wiedergabe kann ästhetisch reflektiert und genutzt werden zur Darstellung großer idealler Verallgemeinerungen.

Wahrscheinlichkeit und innere Wahrheit liegen für mich nicht nur in Faktentreue, sondern auch in einer getreuen Wiedergabe von Empfindungen.

Man geht über die Straße und begegnet dort mit seinen Augen dem Blick eines vorübergehenden Menschen. Und dieser Blick trifft einen. Er ruft irgendein beunruhigendes Gefühl hervor. Er beeinflußt einen seelisch, erzeugt in einem eine bestimmte Stimmung.

Wenn man nun sämtliche Umstände dieser Begegnung mechanisch genau rekonstruiert, den Schauspieler dokumentarisch getreu kleidet und ebenso präzise den Aufnahmeort bestimmt, dann erzielt man ganz gewiß nicht mit dieser Aufnahme jenes Gefühl, das man bei der Begegnung selbst empfand.

Denn bei einem solchen Dreh läßt man die psychologische
Voraussetzung außer acht, die den eigenen seelischen Zustand
erklärt, aus dem heraus man dem Blick des Unbekannten ein
besonderes emotionales Gewicht beimaß. Und wenn nun der
Blick dieses Unbekannten den Zuschauer genauso treffen soll
wie seinerzeit einen selbst, dann muß neben allem übrigen im
Zuschauer auch eine Stimmung erzeugt werden, die der eigenen
realen Begegnung analog ist.

Das aber ist schon eine zusätzliche Regiearbeit, ein ergänzen-
des Drehbuchmaterial.

Auf der Basis jahrhundertelanger Theaterdramaturgie entwickelte sich eine Vielzahl von Schablonen, Schemata und
Allgemeinplätzen, die leider auch in den Film Eingang fanden.
Zu meinen Ansichten über Dramaturgie und Logik der Film-
erzählung habe ich mich bereits an früherer Stelle geäußert.
Um hier noch konkreter, beziehungsweise verständlicher zu
sein, muß ich jetzt noch den Begriff der Inszenierung näher
erläutern. Gerade an der Behandlung der Mise-en-scène wird
nämlich die trockene, formale Art, die Problematik des Ausdrucks und der Ausdruckshaftigkeit zu lösen, besonders deutlich. Übrigens macht ein Vergleich der filmischen Mise-en-
scène mit jener Mise-en-scène, wie sie einem Schriftsteller
vorschwebt, häufig sehr schnell verständlich, worin dieser For-
malismus der filmischen Inszenierung eigentlich besteht.

Man ist gewöhnlich um eine ausdrucksvollere Mise-en-scène
bemüht, weil man mit ihr die Idee, den Sinn der Szene und
ihren Subtext unmittelbar zum Ausdruck bringen will. Seinerzeit bestand auch Eisenstein darauf. Es wird überdies angenommen, daß auf diese Weise die Szene die nötige Tiefe, eine vom
Sinn diktierte Expressivität erhält.

Das ist eine primitive Auffassung, auf deren Grundlage viele
überflüssige Konventionen entstehen, die das lebendige Gewe-
be des künstlerischen Bildes zersetzen. Bekanntlich wird als
Mise-en-scène jene Skizze bezeichnet, die die Wechselbeziehung
von Schauspieler und äußerem Milieu festlegt. Häufig überrascht uns eine Episode aus dem Leben durch eine extrem
ausdrucksvolle Mise-en-scène. Sie reißt uns zu begeisterten
Ausrufen hin wie: »So etwas kann man sich gar nicht ausdenken!« Was ist es aber, das uns hier so besonders begeistert?
Doch wohl die Tatsache, daß hier der Sinn dieses Vorgangs

nicht mit der Mise-en-scène übereinstimmt. In gewissem Sinne überrascht und begeistert uns die Ungereimtheit der betreffenden Mise-en-scène. Doch es handelt sich dabei nur um eine vermeintliche Ungereimtheit, hinter der letztlich ein großer Sinn steckt. Und genau dieser gibt der Mise-en-scène ihre absolute Überzeugungskraft, die uns an die Wahrheit dieses Ereignisses glauben läßt.

Mit einem Wort: Man darf dem Komplizierten nicht aus dem Wege gehen und alles einfach banalisieren. Dafür aber ist es nötig, daß die Mise-en-scène nicht etwa bloß einen abgeleiteten Sinn illustriert, sondern dem Leben folgt – den Charakteren ihrer Personen und deren psychischen Zuständen. Und genau aus diesem Grunde kann es auch nicht die Aufgabe einer Mise-en-scène sein, lediglich bewußtes Nachdenken über den Dialog oder ein bestimmtes Handeln zu bewirken.

Im Film ist die Mise-en-scène dazu berufen, uns durch die Wahrscheinlichkeit der vorgeführten Aktionen, durch die Schönheit und die Tiefe ihrer Bilder, nicht aber durch ein aufdringliches Illustrieren des ihnen zugrunde liegenden Sinnes zu erschüttern, zu berühren. In diesen wie in anderen Fällen beschränkt eine akzentuierte Erläuterung des Sinnes nur die Phantasie des Zuschauers. Sie stellt ihm ein Ideengebäude hin, außerhalb dessen sich nur Leere ausbreitet. Sie schützt also nicht etwa die Grenzen eines Gedankens, sondern beschneidet die Möglichkeiten, in dessen Tiefe vorzudringen.

Beispiele hierfür sind nicht schwer zu finden. Man braucht nur an die endlosen Zäune, Gräben und Gitter zu denken, die Verliebte trennen. Eine andere Variante bedeutungsschwerer Mise-en-scènes sind gewaltige, lauttönende Panoramafahrten über Großbaustellen, die den aus der Reihe tanzenden Egoisten zur Vernunft bringen und ihm Liebe zur Arbeit und zur Arbeiterklasse einflößen sollen. Eine Mise-en-scène hat aber schon deswegen kein Recht auf Wiederholungen, weil es auch keine Protagonisten gibt, die sich wie ein Ei dem anderen gleichen. Wird die Mise-en-scène jedoch zu einem bloßen Zeichen, zu einer Schablone oder zu einem Begriff (und sei dieser noch so originell!), dann wird alles – die Charaktere, die Situationen und die Seelenzustände der Personen – zu einem verlogenen Schema.

Erinnern wir uns an den Schluß von Dostojewskijs Roman

Rogoshin und Myschkin, die hier auf Stühlen in einem riesengroßen Zimmer sitzen und einander mit den Knien berühren, machen uns gerade durch die äußerliche Ungereimtheit und Sinnlosigkeit dieser Mise-en-scène und die zugleich absolute Wahrheit ihres inneren Zustands betroffen.

Gerade der Verzicht auf Tiefsinn macht die Mise-en-scène hier so überzeugend wie das Leben selbst.

Oft ist das Scheitern eines Regisseurs vor allem der hemmungslosen und geschmacklosen Sucht nach Bedeutungsschwere zuzuschreiben, dem Bemühen, dem menschlichen Handeln nicht den ihm zukommenden, sondern einen erzwungenen, dem Regisseur nötig erscheinenden Sinn zu geben. Wenn man sich von der Richtigkeit meiner Worte überzeugen will, dann sollte man ganz einfach irgendwelche Freunde bitten, sagen wir zum Beispiel: vom Tod eines Menschen zu berichten, den sie miterlebt haben. Und ich bin davon überzeugt, daß man dann von den Umständen und Verhaltensweisen, von der Ungereimtheit und Expressivität solchen Sterbens überrascht und betroffen sein wird – verzeihen Sie bitte den unpassenden Ausdruck! Und deshalb sollte man auch Beobachtungen aus dem Leben sammeln und nicht etwa Schablonen und seelenlose Konstruktionen eines falschen, zum Zwecke filmischer Expressivität vorgetäuschten Lebens.

Meine innere polemische Auseinandersetzung mit der Pseudo-Ausdruckskraft gewisser Mises-en-scènes zwang mich, an zwei Episoden zu denken, von denen ich einst gehört hatte. Ausdenken kann man sich so etwas nicht; diese Vorfälle sind die reine Wahrheit und unterscheiden sich damit positiv von den Beispielen eines sogenannten »bildhaften Denkens«:

Eine Gruppe von Menschen soll wegen Verrats von einem Exekutionskommando erschossen werden. Sie warten vor der Mauer eines Krankenhauses, inmitten von Pfützen. Es ist Herbst. Man befiehlt den zum Tode Verurteilten, Mäntel und Schuhe auszuziehen. Einer von ihnen löst sich aus der Gruppe und durchwatet in seinen durchlöcherten Socken lange die Pfützen, um einen trockenen Platz für seinen Mantel und seine Stiefel zu finden, die er eine Minute später schon gar nicht mehr brauchen wird.

Und noch eine Episode: Ein Mensch gerät unter eine Straßenbahn, die ihm ein Bein abfährt. Man lehnt ihn mit dem Rücken an eine Hauswand, wo er unter den schamlosen Blicken von Neugierigen auf den Rettungswagen wartet. Schließlich hält er diese Situation nicht mehr aus, zieht aus seiner Hose ein Taschentuch hervor und bedeckt damit seinen Beinstumpf.

Ist das expressiv? Und wie! Ich bitte Sie nochmals um Vergebung. Natürlich kann es nicht um das willkürliche Zusammentragen verschiedener solcher Fälle gehen. Es geht vielmehr darum, der Wahrheit der Charaktere und Umstände statt einer oberflächlichen Schönheit »bildlicher« Lösungen zu folgen. Leider bildet sehr häufig eine Unzahl von terminologischen Aufklebern noch eine zusätzliche Schwierigkeit bei der theoretischen Beurteilung dieser Phänomene. Diese vernebeln nämlich nur den Sinn des Gesagten und verfestigen die Unordnung, die in der theoretischen Diskussion herrscht.

Ein Kunstwerk – das bedeutet in jedem Fall die organische Verknüpfung von Idee und Form.

An »Iwans Kindheit« ging ich noch nicht mit solchen Überlegungen heran. Die kamen bei mir erst als Resultat der Arbeit an diesem Film auf. Wie überhaupt vieles von dem, was mir jetzt klar ist, vor »Iwans Kindheit« keineswegs geklärt war.

Selbstverständlich ist mein Standpunkt subjektiv. Doch so ist das nun einmal in der Kunst: Im Werk eines Künstlers bricht sich das Leben im Prisma seiner persönlichen Wahrnehmung, zeigen sich in unwiederholbaren Einstellungen die verschiedenen Seiten der Wirklichkeit. Doch obwohl ich den subjektiven Vorstellungen eines Künstlers und seiner persönlichen Weltsicht große Bedeutung beimesse, bin ich gegen Willkür und Anarchie. Das Entscheidende sind *die Weltsicht und die ethische, ideelle Zielsetzung.*

Meisterwerke entstehen aus dem Bemühen, ethische Ideale zum Ausdruck zu bringen. Sie bestimmen die Imagination und das Empfinden eines Künstlers. Wenn er das Leben liebt, dann verspürt er auch die unbedingte Notwendigkeit, dieses Leben zu erkennen, es zu verändern, dazu beizutragen, daß es besser wird. Mit einem Wort: Wenn es dem Künstler darum geht, das Leben lebenswerter zu gestalten, dann kann es auch keine Gefahr sein, wenn die Wirklichkeit bei ihrer Darstellung den Filter seiner subjektiven Vorstellungen und seiner seelischen

Zustände durchläuft. Sein Werk ist dann immer das Resultat
einer geistigen Bemühung im Namen der menschlichen Vervollkommnung, Ausdruck einer Weltsicht, die uns durch die Harmonie von Empfinden und Denken, durch ihre Würde und ihre
Einfachheit gefangennimmt.

Meine Überlegungen laufen im allgemeinen auf folgendes
hinaus: Wenn man auf einer festen ethischen Grundlage steht,
dann braucht man sich auch nicht vor einer größeren Freiheit in
der Wahl seiner Mittel zu fürchten. Ja, mehr noch: Diese
Freiheit braucht noch nicht einmal immer von einem klaren
und eindeutigen Konzept beschränkt zu werden, das einen zur
Entscheidung zwischen dieser oder jener Lösung drängt. Unabdingbar ist allein, daß man spontan sich ergebenden Lösungen
auch tatsächlich vertraut. Wichtig ist natürlich auch, daß sie
den Zuschauer nicht durch überflüssige Kompliziertheit absto-
ßen. Doch das erreicht man eben keinesfalls mit Überlegungen,
die dieses oder jenes filmische Verfahren von vornherein aus-
schließen. Dazu muß man vielmehr die eigenen Erfahrungen in
den vorangegangenen Arbeiten auf jene tauben Stellen hin
abklopfen, die im natürlichen und spontanen Schaffensprozeß
zu überwinden sind.

Ehrlich gesagt, sollte mir die Erfahrung dieses ersten Films
auch die Frage klären helfen, ob ich überhaupt die Fähigkeiten
zu einem Filmregisseur hatte. Aus diesem Grunde lockerte ich
sozusagen die Zügel. Ich versuchte, mir keinerlei Zwänge auf-
zuerlegen, und brachte mich ganz in diesen Film ein. Damals
dachte ich: »Wenn dieser Film etwas wird, dann habe ich mir
das Recht erworben, Filme zu machen.« Gerade deshalb hatte
»Iwans Kindheit« eine besondere Bedeutung für mich. Ich
betrachtete diesen Film als ein Examen, das mein Recht auf
schöpferische Arbeit erweisen sollte.

Natürlich verliefen die Filmarbeiten keinesfalls anarchisch.
Ich bemühte mich nur, mir keinerlei Beschränkungen aufzuer-
legen. Ich hatte mich auf meinen eigenen Geschmack zu verlassen, der Kompetenz meiner ureigenen ästhetischen Affinitäten
zu vertrauen. Das Ergebnis dieser Filmarbeit sollte mir zeigen,
worauf ich mich in meinem weiteren Schaffen stützen konnte,
beziehungsweise das, was dieser Prüfung nicht standhielt.

Später stellte sich dann heraus, daß nur wenig von dem
damals Erarbeiteten tatsächlich lebensfähig blieb. Sehr lehr-

reich für das gesamte Filmteam war die Konzipierung der Faktur des Handlungsortes und der Landschaft, also die Umsetzung der nichtdialogischen Teile des Drehbuchs in ein konkretes Szenen- und Episodenmilieu. In der Erzählung hatte Bogomolow die Handlungsorte mit der beneidenswerten Gründlichkeit eines unmittelbaren Augenzeugen der seiner Novelle zugrunde liegenden Ereignisse geschildert. Das einzige Prinzip, von dem sich der Autor dabei leiten ließ, war die dokumentarische Rekonstruktion des seinerzeit mit eigenen Augen an der Front Gesehenen.

Von der Faktur her waren diese Handlungsorte für mich nichtssagende Bruchstücke: Gestrüpp am feindlichen Ufer, die dunkle Verschalung in Galzews Erdhütte, die dieser aufs Haar gleichende Sanitätsstation, der trostlose Beobachtungsstand am Flußufer, die Schützengräben. All das wurde genau beschrieben, weckte aber in mir keinerlei ästhetische Emotionen, ja war mir eher sogar irgendwie zuwider. In meinen Vorstellungen verband sich dieses Milieu mit nichts, was irgendwelche Gefühle hätte auslösen können, die der Geschichte dieses Iwan entsprochen hätten. Die ganze Zeit über erschien mir der Erfolg dieses Films auch von einer fesselnden Faktur der Handlungsorte und der Landschaft abzuhängen, die in mir bestimmte Erinnerungen und poetische Assoziationen wecken mußte. Jetzt, zwanzig Jahre später, bin ich von folgendem, nicht zu analysierendem Phänomen überzeugt: Wenn ein Filmer selbst von seinem ausgewählten Drehort berührt wird, wenn der sich ihm ins Gedächtnis einschreibt und Assoziationen vielleicht sogar höchst subjektiver Natur weckt, dann springt so etwas auch auf den Zuschauer über. In verschiedenen Episoden, die von subjektiven Stimmungen ihres Autors geprägt sind, kommen ein »Birkenwäldchen« vor, der aus Birkenstämmen gezimmerte Sanitätsunterstand, der Landschafts-Hintergrund des »letzten Traums«, der tote, von Wasser überflutete Wald.

Sämtliche Träume (es gibt deren vier) basieren ebenfalls auf ziemlich konkreten Assoziationen. Der erste Traum, zum Beispiel, stellt von Anfang bis Ende mit dem Ausruf: »Mama, dort ist ein Kuckuck!« eine meiner frühesten Kindheitserinnerungen vor. Das war die Zeit meiner ersten Bekanntschaft mit der Welt. Ich war damals vier Jahre alt.

Gewöhnlich sind einem Menschen seine Erinnerungen teuer.

Und so ist es sicher auch kein Zufall, daß er sie stets in poetischen Farben ausschmückt. Die schönsten Erinnerungen sind aber die Kindheitserinnerungen. Sicher muß dem Gedächtnis ein wenig nachgeholfen werden, bevor es die Grundlage einer künstlerischen Rekonstruktion bilden kann. Wichtig ist, daß dabei nicht jene spezifische emotionale Atmosphäre verlorengeht, ohne die eine solche Rekonstruktion mit all ihren naturalistischen Details in uns nur das bittere Gefühl der Enttäuschung hervorruft. Denn es ist schließlich ein großer Unterschied zwischen der eigenen Vorstellung von seinem Geburtshaus, das man viele Jahre lang nicht gesehen hat, und der unmittelbaren Wahrnehmung dieses Hauses nach einem längeren zeitlichen Zwischenraum. Gewöhnlich zerstört die Konfrontation mit der konkreten Quelle der Erinnerungen deren poetischen Charakter. Ich bin davon überzeugt, daß man hieraus ein überaus originelles Prinzip für einen in höchstem Maße interessanten Film ableiten kann: Die Logik der Ereignisse, der Verhaltens- und Handlungsweisen des Helden wird äußerlich gestört; daraus wird dann eine Erzählung über seine Gedanken, seine Erinnerungen und Träume. Und sogar in dem Fall, wo der Held gar nicht, beziehungsweise nicht so, wie das in der traditionellen Dramaturgie üblich ist, auftritt, kann man damit einen gewaltigen Sinn ausdrücken, einen sehr spezifischen Charakter gestalten, die innere Welt dieses Helden sichtbar werden lassen. Irgendwie deckt sich diese Verfahrensweise mit der literarischen, ja sogar der poetischen Darstellungsform des lyrischen Helden: Er selbst tritt gar nicht auf. Doch das, wie und worüber er nachdenkt, liefert eine klare und festumrissene Vorstellung von ihm. In der Folge wurde auch der »Spiegel« so konstruiert.

Auf dem Wege zu dieser Art poetischer Logik trifft man auf zahlreiche Hindernisse. Bei jedem Schritt lauern einem Gegner auf, obwohl doch das Prinzip der poetischen Logik ebenso gesetzmäßig ist wie das der Literatur und der theatralischen Dramaturgie, obgleich sich doch hier lediglich das Strukturprinzip von einem Bereich in den anderen verschiebt. Man denke dabei an die traurigen Worte Hermann Hesses: Dichter sein, ist etwas, das einem zu sein, aber nicht zu werden erlaubt ist. Und so ist es wahrhaftig!

Während der Arbeiten an »Iwans Kindheit« stießen wir

jedesmal, wenn wir Sujetverknüpfungen durch poetische Verknüpfungen zu ersetzen versuchten, auf unweigerliche Proteste
der Filmbehörden. Dabei gingen wir damals noch mit äußerster
Vorsicht an diese Methode heran und ertasteten uns lediglich
einen Weg. Ich war zu jener Zeit noch weit entfernt von einer
konsequenten Erneuerung meiner inszenatorischen Prinzipien.
Doch sobald auch nur kleinste innovatorische Ansätze in der
dramaturgischen Struktur auftauchten, ein freierer Umgang
mit der Logik des Milieus auszumachen war, führte dies unweigerlich zu Protesten. Dabei berief man sich besonders gern
immer wieder auf den Zuschauer: Der brauche doch schließlich
unbedingt eine sich bruchlos entwickelnde Fabel und könne
doch gar nicht einem sujetschwachen Film folgen. Sämtliche
abrupten Übergänge von Träumen zur Wirklichkeit, beziehungsweise umgekehrt, etwa die letzte Szene unseres Filmes,
wo aus dem Keller der Kirche unmittelbar zum Siegestag in
Berlin übergeleitet wird, erschienen vielen völlig unangemes-
sen. Doch zu meiner Freude konnte ich mich später davon
überzeugen, daß die Zuschauer keineswegs dieser Meinung
waren.

Schließlich gibt es Aspekte des menschlichen Lebens, die sich
nur mit poetischen Mitteln adäquat darstellen lassen. Dennoch
versuchen Filmregisseure häufig genug die poetische Logik
durch eine grobe Konventionalität technischer Verfahren zu
ersetzen. Träume verwandeln sich im Film häufig aus einem
konkreten Lebensphänomen in ein Sammelsurium altmodi-
scher filmischer Kunstkniffe.

Als wir in unserem Film Träume zu drehen hatten, mußten
wir die Frage entscheiden, wie und mit welchen Mitteln diese
poetische Konkretheit einzufangen war. Hierbei durfte es sich
nicht um spekulative Entscheidungen handeln. Um einen adäquaten Ausweg zu finden, unternahmen wir einige praktische
Versuche mit Assoziationen und vagen Ahnungen. So kamen
wir etwa beim dritten Traum auf die Idee mit den Negativbil-
dern. In unserer Vorstellung blitzten Lichtstrahlen einer dunklen Sonne durch die schneebedeckten Bäume, und es strömte
ein heller Regen herab. Das Aufleuchten von Blitzen bot sich als
technische Möglichkeit für einen Montageübergang aus Positiv-
in Negativmaterial an. Doch all dies schuf lediglich eine Atmosphäre des Irrealen. Und der Inhalt? Die Traumlogik? Die

entsprang hier schon den Erinnerungen. Irgendwo wurde nasses Gras sichtbar, ein Lastwagen voller Äpfel, regentriefende, in der Sonne dampfende Pferde. All das kam unmittelbar aus dem Leben ins Bild, also keinesfalls als ein aus der benachbarten bildenden Kunst übernommenes Material. Unsere Suche nach einfachen Lösungen zur Wiedergabe träumerischer Irrealität führte uns schließlich zu einem Panorama über die Negativ-Bilder der Bäume und dem vor deren Hintergrund dreimal auftauchenden Mädchengesicht, das dabei jedesmal seinen Ausdruck verändert. Mit dieser Einstellung wollten wir das Vorgefühl dieses Mädchens von der unausweichlichen Tragödie einfangen. Die letzte Einstellung dieses Traums sollte am Wasser, an einem Ufer gedreht werden, um sie auf solche Weise mit Iwans letztem Traum in Verbindung bringen zu können.

Doch zurück zum Problem der Drehortwahl: Es ist nicht zu übersehen, daß uns der Film an jenen Stellen mißlang, wo wir die von unseren lebendigen Empfindungen der konkreten Drehorte ausgelösten Assoziationen mit abstrakten Überlegungen oder Treue zum Drehbuch verdrängten. So war das etwa in der Szene mit dem niedergebrannten Gehöft und dem wahnsinnig gewordenen Alten. Ich denke dabei an den Inhalt dieser Szene, an die mißlungene plastische Expressivität dieses Milieus. Zunächst war diese Szene anders geplant worden.

Wir hatten uns ein verwildertes, regengepeitschtes Feld vorgestellt, das von einem schlammigen, zerfurchten Weg durchschnitten wird.

Diesen Weg sollten kurzgestutzte, herbstliche Weidenbäume säumen.

Ein niedergebranntes Gehöft kam hier gar nicht vor.

Nur am fernen Horizont ragte einsam ein Schornstein empor.

Das Gefühl der Einsamkeit sollte hier alles beherrschen. Vor den Leiterwagen, auf dem der wahnsinnige Alte und Iwan fuhren, war eine abgemagerte Kuh gespannt (man erinnere sich an die Frontaufzeichnungen von Effendi Kapijev).[12] Auf dem Boden des Wagens kauerte ein Huhn, und dann lag da irgend etwas ziemlich Großes, das in schmutziges Sackleinen eingewickelt war. Als das Auto des Obersten sichtbar wurde, rannte Iwan weit in das Feld hinein – bis zum Horizont. Cholin brauchte lange, bis er ihn einfing und konnte dabei seine schweren Stiefel nur mühsam aus dem Schlamm ziehen. Dann fuhr der »Dodge« wieder weg, und der Alte blieb allein zurück. Der Wind lüftete das Sackleinen, unter dem ein verrosteter Pflug sichtbar wurde.

Diese Szene sollte in langen, langsamen Einstellungen gedreht werden, also einen völlig anderen Rhythmus haben.

Nun sollte man aber nicht meinen, daß ich aus reinen Produktionszwängen bei der anderen Variante blieb. Nein, es gab hier einfach zwei Versionen dieser Szene, und ich habe nicht gleich gespürt, daß die schließlich gewählte die schlechtere war.

In diesem Film gibt es auch Stellen, die deshalb danebengingen, weil dort das bereits im Zusammenhang mit der Poetik der Erinnerung erwähnte Moment des Erkennens für die Schauspieler und daher auch für den Zuschauer ausblieb. Das ist so in der Einstellung, wo Iwan durch Soldatenkolonnen und Militärlastwagen zu den Partisanen flüchtet. Weder bei mir selbst, noch beim Zuschauer löste das irgendwelche Gefühle aus.

In diesem Sinne mißlungen ist auch die Szene, wo Iwan in der Aufklärungsabteilung mit Oberst Grjasnow redet. Obwohl die Erregung des Jungen hier auch eine äußerlich sichtbare Dynamik schafft, blieb das Interieur gleichgültig und neutral. Und nur im Hintergrund bringt ein hinter dem Fenster arbeitender Soldat ein gewisses lebendiges Element ein, das Anlaß zum Nachdenken und Assoziieren gibt.

Derlei Szenen, denen der innere Sinn, ein spezifischer Autorenstandpunkt fehlt, nimmt man sofort als etwas Fremdartiges wahr, weil sie aus der allgemeinen plastischen Anlage des Films herausfallen.

All dies zeigt noch einmal, daß der Film Autorenkunst ist, wie jede andere Kunst auch. Die Mitarbeiter des Filmteams können ihrem Regisseur unendlich viel geben. Doch einzig und allein dessen Imagination verleiht dem Film die endgültige Einheit. Nur das, was den Filter seiner alleinigen, subjektiven Vision passiert, bildet das künstlerische Material, aus dem dann jene unverwechselbare und komplexe Welt errichtet wird, die ein Reflex des Wirklichkeitsbildes ist. Natürlich hebt diese letzte Verantwortlichkeit des Regisseurs nicht die Bedeutung des kreativen Beitrages der übrigen Mitarbeiter auf. Aber eine wirkliche Bereicherung ergibt sich nur dann, wenn die entsprechenden Vorschläge vom Regisseur gewertet und entsprechend verarbeitet werden. Andernfalls wird die Geschlossenheit des Werkes zerstört.

Einen großen Anteil am Erfolg unseres Films hatten ganz zweifelsohne die Schauspieler. Vor allem Kolja Burljajew, Walja Maljawina, Shenja Sharikow, Valentin Subkow. Mehrere von ihnen standen das erste Mal vor der Kamera, waren aber ausnahmslos mit großem Ernst bei der Sache.

Kolja Burljajew[13], der künftige Iwan-Darsteller, war mir bereits aufgefallen, als ich noch am VGK studierte. Ohne Übertreibung kann ich sagen, daß meine Bekanntschaft mit ihm letztlich den Ausschlag für die Verfilmung von »Iwans Kindheit« gab. Die gesetzten Fristen waren so unerbittlich eng, daß eine ernsthafte Hauptdarsteller-Suche gar nicht möglich gewesen wäre, und auch das Budget war aufgrund des verunglückten ursprünglichen »Iwan«-Projekts, an dem ein anderes künstlerisches Kollektiv gearbeitet hatte, derart schmal bemessen, daß das Projekt nur unter bestimmten Garantien ganz anderer Art akzeptabel war. Und diese Garantien waren ... Kolja Burljajew, der Kameramann Vadim Jusow, Wjatscheslaw Owtschinnikow und der Filmarchitekt Jewgenij Tschernjajew.

Die Schauspielerin Walja Maljawina widersprach mit ihrem Äußeren sämtlichen Vorstellungen, die Bogomolow von dieser Krankenschwester hatte. Nach der Erzählung ist dies eine füllige Blondine mit großem Busen und blauen Augen.

Und da war auf einmal Walja Maljawina. Das glatte Gegenteil der Bogomolowschen Krankenschwester: eine Brünette mit kastanienbraunen Augen und einem knabenhaften Torso. Doch zusammen mit all dem brachte sie auch jenes Besondere, Individuelle und Unerwartete mit, das in der Erzählung selbst nicht angelegt war. Und das war erheblich wichtiger und komplexer, erklärte vieles in der Figur dieser Mascha und versprach vieles. Und so erhielten wir noch eine weitere moralische Garantie.

Die Maljawina war für diese Rolle äußerst geeignet. Sie wirkte derart naiv, unberührt und vertrauensvoll, daß von Anfang an klar wurde: Mascha/Maljawina war dem Krieg völlig hilflos ausgeliefert und hatte mit ihm nichts gemein. Das Pathos ihrer Natur und ihres Alters war die Hilflosigkeit. Das Aktive in ihr, das, was ihre Einstellung zum Leben bestimmen sollte, befand sich bei ihr noch in embryonalem Zustand. Dies bot die Möglichkeit, eine authentische Beziehung zu Hauptmann Cholin aufzubauen, den gerade ihre Hilflosigkeit entwaffnete. Auf diese Weise geriet Subkow, der Darsteller des Cholin, in völlige Abhängigkeit von seiner Partnerin und verhielt sich da genau richtig, wo er mit einer anderen Partnerin falsch und moralisierend gewirkt hätte.

All diese Ausführungen sollte man keinesfalls als Plattform, als Basis für die Entstehungsgeschichte von »Iwans Kindheit« betrachten. Es ist nur ein Versuch, mir selbst klarzumachen, welche Überlegungen im Prozeß dieser Filmarbeiten aufkamen und in welchem gedanklichen Kontext diese Überlegungen stehen. Die bei diesem Film gesammelten Erfahrungen bestärkten mich in meinen Überzeugungen. Und diese wiederum wurden bestätigt durch die Arbeit an dem Drehbuch »Leidenschaften um Andrej« und die Inszenierung des Films über das Leben Andrej Rubljows, den ich 1961 beendete.

Nach Fertigstellung des Drehbuchs hatte ich starke Zweifel daran gehegt, ob es mir tatsächlich bestimmt sein würde, meine Idee zu verwirklichen. Aber eines stand für mich fest: Falls mir diese Möglichkeit gegeben wurde, durfte der künftige Film keinesfalls im Stile eines historischen oder biographischen Genrefilms realisiert werden. Mich interessierte etwas ganz anderes – das Wesen des poetischen Talents dieses großen russischen Malers. Am Beispiel von Rubljow wollte ich die Psychologie des schöpferischen Tuns verfolgen und zugleich die seelische Verfassung und die gesellschaftlichen Emotionen eines Künstlers erforschen, der ethische Werte von so ungeheurer Bedeutung schuf.

Dieser Film sollte davon erzählen, wie in einer Epoche des Brudermordes und des Tatarenjochs eine nationale Sehnsucht nach Brüderlichkeit aufkam, die die geniale »Dreifaltigkeit« Andrej Rubljows, das heißt das Ideal der Brüderlichkeit, der Liebe und des versöhnenden Glaubens hervorbrachte. Genau dies bildete die Basis der ideo-ästhetischen Konzeption des Drehbuchs.

Dieses Drehbuch bestand aus einzelnen episodischen Novellen, in denen Rubljow selbst gar nicht immer auftaucht. Doch in solchen Fällen sollte dann die Lebendigkeit seines Geistes, der Atem jener Atmosphäre spürbar werden, die sein Verhältnis zur Welt bestimmte. Verbunden werden diese Novellen nicht etwa durch eine lineare Chronologie, sondern vielmehr durch die poetische Logik, die Rubljow zwang, seine berühmte »Drei-faltigkeit« zu schaffen. Genau diese Logik bedingt die Einheit der einzelnen Episoden, von denen jeder ein besonderes Thema und eine spezifische Idee zugeordnet ist. Diese Episoden setzen einander fort und geraten untereinander in Konfliktbezüge.

Doch in der vom Drehbuch vorgesehenen Abfolge sollten diese Episoden nach den Gesetzen der poetischen Logik aufein-anderstoßen. Gleichsam als eine bildliche Verkörperung der Widersprüche und Verschränkungen von Leben und kreativem Schaffen...

In historischer Hinsicht sollte der Film so angelegt sein, als würden wir über einen Zeitgenossen berichten. Deshalb durften die historischen Fakten, Persönlichkeiten und die Elemente der konkreten materiellen Kultur nicht etwa wie das Material künftiger Denkmäler ausfallen, sondern mußten ausgesprochen lebendig, voller Atem, ja sogar ganz alltäglich sein.

Details, Kostüme und Gerätschaften durften also nicht mit den Augen von Historikern, Archäologen oder Ethnographen gesehen werden, die Exponate fürs Museum sammeln. Ein Sessel sollte sich nicht wie eine museale Rarität ausnehmen, sondern wie ein konkreter Gegenstand, auf dem man sitzt.

Die Schauspieler mußten ihnen verständliche Menschen spielen, mit im Grunde genommen denselben Gefühlen, die auch dem modernen Menschen vertraut sind. Entschieden abzulehnen war die Tradition der Kothurne, auf die man gewöhnlich die Darsteller historischer Rollen stellt und die sich dann unmerklich gegen Filmende hin immer mehr in bloße Stelzen verwandeln. Wenn all das gelingt, dachte ich, dann kann es Hoffnung auf ein mehr oder minder optimales Resultat geben. Entschieden setzte ich darauf, diesen Film mit den Kräften eines freundschaftlich-kollegialen Teams zu verwirk-lichen. Mit einem »kampfbereiten« Team, zu dem der Kamera-mann Vadim Jusow, der Filmarchitekt Tschernjajew und der Komponist W. Owtschinnikow gehörten.

Ich verrate endlich die geheime Absicht, die ich mit diesem Buch verfolge: Es ist mein großer Wunsch, daß jene Leser, die ich mit diesem Aufsatz wenigstens teilweise überzeugen konnte, nun auch meine geistigen Parteigänger werden. Und sei es nur

40   aus Dankbarkeit dafür, daß ich keinerlei Geheimnisse vor ihnen
habe.

Dieser Aufsatz ist die erste größere Publikation Andrej Tarkowskijs und erschien 1964 in dem
vom Moskauer Verlag »Iskusstwo« herausgebrachten Sammelband »Wenn der Film fertig
ist«.

Die Kunst als
Sehnsucht
nach dem Idealen

Bevor ich auf besondere filmspezifische Probleme eingehe,
scheint es mir wichtig, meine Auffassung von Kunst darzulegen. Wozu existiert die Kunst? Wer braucht sie? Wird sie
überhaupt von irgend jemandem gebraucht? Alles das sind
Fragen, die sich nicht nur der Künstler, sondern jeder Mensch
stellt, der Kunst rezipiert beziehungsweise »konsumiert«, wie
man jetzt häufig mit einem Wort sagt, das leider das Wesen der
Kunst-Publikum-Beziehung im 20. Jahrhundert geradezu ent-
larvend bezeichnet.

Jedermann beschäftigt also diese Frage, und jeder mit Kunst
befaßte Mensch versucht auch eine Antwort hierauf zu finden.
Alexander Blok[14] sprach davon, daß »der Dichter Harmonie
aus dem Chaos« schaffe... Puschkin stattete den Dichter mit
prophetischen Gaben aus... Jeder Künstler wird von seinen
ureigenen Gesetzen bestimmt, die für eine anderen Künstler
völlig unverbindlich sind.

In jedem Fall steht für mich ganz außer Zweifel, daß es das
Ziel jedweder Kunst ist, die nicht bloß wie eine Ware »konsu-
miert« werden will, sich selbst und der Umwelt den Sinn des
Lebens und der menschlichen Existenz zu erklären. Also den
Menschen klarzumachen, was der Grund und das Ziel ihres
Seins auf unserem Planeten ist. Oder es ihnen vielleicht gar
nicht erklären, sondern sie nur vor diese Frage zu stellen.

Um mit dem Allgemeinsten zu beginnen: Die unbestreitbare
Funktion der Kunst liegt für mich in der Idee des *Erkennens,*
jener Form der Wirkung, die sich als Erschütterung, als Katharsis, äußert. Von jenem Augenblick an, als Eva den Apfel
vom Baum der Erkenntnis gegessen hatte, war die Menschheit
zu ewiger Wahrheitssuche verurteilt.

Bekanntlich erkannten Adam und Eva zuerst und vor allem,
daß sie nackt waren, und sie schämten sich dessen. Sie schämten sich, weil sie *begriffen,* und sie machten sich auf den Weg
gegenseitigen, lustvollen Erkennens. Das war der Anfang eines
Wegs ohne Ende. Durchaus verständlich die Tragödie jener, die
aus dem Zustand seliger Unwissenheit in die feindlichen und
unerklärlichen Gefilde des Irdischen geschleudert wurden.

»Im Schweiße Deines Angesichts sollst Du Dein Brot
essen...«

Und so erschien der Mensch, die »Krone der Schöpfung«, auf
der Erde und eignete sie sich an. Den Weg, den er seither ging,

bezeichnet man gewöhnlich als Evolution – ein Weg, der zugleich der qualvolle Prozeß menschlicher Selbsterkenntnis ist.

In gewissem Sinne erkennt der Mensch das Wesen des Lebens und sich selbst, seine Möglichkeiten und Ziele jeweils neu. Sicher nutzt er dabei auch die Summe des bereits vorhandenen menschlichen Wissens. Dennoch ist und bleibt die ethisch-sittliche Selbsterkenntnis die entscheidende Erfahrung jedes einzelnen, die er jedesmal erneut für sich machen muß. Immer wieder setzt sich der Mensch in Beziehung zur Welt, getrieben vom quälenden Verlangen, sich diese anzueignen, sie in Einklang zu bringen mit seinem intuitiv erspürten Ideal. Die Unerfüllbarkeit dieses Verlangens ist eine ewige Quelle der menschlichen Unzufriedenheit und des Leidens an der Unzulänglichkeit des eigenen Ich.

Kunst und Wissenschaft sind also Formen der Weltaneignung, Erkenntnisformen auf dem Wege des Menschen zur sogenannten »absoluten Wahrheit«.

Doch damit endet auch schon die Gemeinsamkeit dieser beiden Äußerungsformen des schöpferischen menschlichen Geistes, wobei – ich wage es, darauf zu bestehen – Schöpfertum nichts mit Entdecken, sondern mit Erschaffen zu tun hat. Hier, an dieser Stelle, kommt es vor allem auf den prinzipiellen Unterschied zwischen der wissenschaftlichen und der ästhetischen Form des Erkennens an.

In der Kunst eignet sich der Mensch die Wirklichkeit durch subjektives Erleben an. In der Wissenschaft folgt das menschliche Wissen den Stufen einer endlosen Treppe, wobei immer wieder neue Erkenntnisse über die Welt an die Stelle der alten treten. Dies ist also ein stufenförmiger Weg mit einander aufgrund objektiver Detailerkenntnisse folgerichtig aufhebenden Einsichten. Die künstlerische Einsicht und Entdeckung entsteht dagegen jedesmal als ein neues und einzigartiges Bild der Welt, als eine Hieroglyphe der absoluten Wahrheit. Sie präsentiert sich als eine Offenbarung, als ein jäh aufblitzender leidenschaftlicher Wunsch des Künstlers nach intuitivem Erfassen *sämtlicher* Gesetzmäßigkeiten der Welt – ihrer Schönheit und ihrer Häßlichkeit, ihrer Menschlichkeit und Grausamkeit, ihrer Unendlichkeit und ihrer Begrenztheit. Alles dies gibt der Künstler in der Schaffung eines Bildes wieder, das auf eigenständige Weise das Absolute einfängt. Mit Hilfe dieses Bildes wird die Empfindung des Unendlichen festgehalten, wo es durch Begrenzungen zum Ausdruck gebracht wird: das Geistige durch das Materielle und das Unendliche durch Endliches. Man könnte sagen, daß die Kunst ein Symbol dieser Welt ist, die mit jener absoluten geistigen Wahrheit verbunden ist, die eine positivistisch-pragmatische Praxis vor uns verborgen hält.

Wenn sich ein Mensch diesem oder jenem wissenschaftlichen System anschließen möchte, dann muß er sein logisches Denken aktivieren, er muß ein bestimmtes Bildungssystem beherrschen und *verstehen* können. Die Kunst wendet sich an *alle* in der Hoffnung, daß sie einen Eindruck hervorruft, daß sie vor allem *gefühlt* wird, daß sie eine emotionale Erschütterung auslöst und *angenommen* wird. Daß sie den Menschen nicht irgendwelchen unerbittlichen Verstandesargumenten unterwirft, sondern vielmehr jener geistigen Energie, die der Künstler ihnen vermittelt. Und statt einer Bildungsbasis auch in jenem positivistischen Sinne erfordert sie eine geistige Erfahrung.

Kunst entsteht und entwickelt sich dort, wo jene ewige, rastlose Sehnsucht nach Geistigkeit, nach einem Ideal herrscht, die die Menschen sich um die Kunst scharen läßt. Es ist ein falscher Weg, den die moderne Kunst eingeschlagen hat, die der Suche nach dem Sinn des Lebens im Namen bloßer Selbstbestätigung abgeschworen hat. So wird das sogenannte schöpferische Tun zu einer seltsamen Beschäftigung exzentrischer Personen, die nur die Rechtfertigung des einmaligen Wertes ihres ichbezogenen Handelns suchen. Doch in der Kunst bestätigt sich die Individualität nicht, sondern dient einer anderen, allgemeineren und höheren Idee. Der Künstler ist ein Diener, der sozusagen seinen Zoll für die Gabe entrichten muß, die ihm wie durch ein Wunder verliehen wurde. Der moderne Mensch aber will sich nicht opfern, obwohl wahre Individualität doch nur durch Opfer erreicht werden kann. Aber wir vergessen das allmählich und verlieren daher auch das Gefühl für unsere menschliche Bestimmung.

Wenn hier vom Streben nach dem Schönen die Rede ist, davon, daß das Ziel der aus Sehnsucht nach dem Idealen geborenen Kunst ebendieses Ideale ist, so will ich damit keinesfalls sagen, die Kunst soll dem »Schmutz« des Irdischen aus dem Weg gehen... Im Gegenteil, das künstlerische Bild ist stets ein Sinnbild, das das eine durch das andere, das Größere durch das Kleinere ersetzt. Um über Lebendiges zu berichten, präsentiert der Künstler Totes, um vom Unendlichen reden zu können, stellt er Endliches vor. Ein Ersatz! Das Unendliche kann man nicht materialisieren, man kann nur dessen Illusion, dessen *Bild* schaffen.

Das Schreckliche liegt ebenso im Schönen beschlossen wie das Schöne im Schrecklichen. Das Leben ist in diesen bis zum Absurden großartigen Widerspruch verwickelt, der in der Kunst als zugleich harmonische und dramatische Einheit auftaucht. Das Bild ermöglicht es, jene Einheit wahrzunehmen, wo alles einander benachbart ist, alles ineinander überfließt. Man kann von der Idee eines Bildes sprechen, sein Wesen mit Worten ausdrücken. Denn der Gedanke läßt sich verbal ausdrücken, formulieren. Doch diese Beschreibung wird ihm niemals gerecht werden. Ein Bild kann man erschaffen und fühlen, es akzeptieren oder ablehnen, aber nicht im rationalen Sinn dieser Handlung begreifen. Die Idee des Unendlichen kann man nicht mit Worten ausdrücken, nicht einmal beschreiben. Die Kunst jedoch verleiht diese Möglichkeit, sie macht das Unendliche erfahrbar. Das Absolute ist nur durch Glauben und schöpferisches Tun erreichbar. Unerläßliche Bedingungen für den Kampf des Künstlers um eine eigene Kunst sind der Glaube an sich selbst, die Bereitschaft zu dienen und die Kompromißlosigkeit.

Das künstlerische Schaffen fordert vom Künstler eine wahre »Selbstaufgabe« im tragischsten Sinne des Wortes. Wenn so die Kunst mit den Hieroglyphen der absoluten Wahrheit arbeitet, ist jede dieser Hieroglyphen ein Bild der ein und für allemal in das Kunstwerk eingebrachten Welt. Und ist das wissenschaftliche und kalte Erkennen der Wirklichkeit gleichsam ein Vorwärtsschreiten über die Stufen einer nie endenden Treppe, so erinnert das künstlerische Erkennen an ein unendliches System innerlich vollendeter, in sich geschlossener Sphären. Diese Sphären können einander ergänzen oder widersprechen, sich aber unter keinerlei Umständen gegenseitig ersetzen. Im Gegenteil, sie bereichern einander und bilden in ihrer Gesamtheit eine besondere übergreifende Sphäre, die ins Unendliche wächst. Diese poetischen Offenbarungen von in sich begründeter ewiger Gültigkeit legen Zeugnis davon ab, daß der Mensch zu erkennen und auszudrücken vermag, wessen Ebenbild er ist.

Überdies besitzt die Kunst eine zutiefst kommunikative Funktion, da die zwischenmenschliche Verständigung einen der wichtigsten Aspekte des kreativen Endziels bildet. Anders als die Wissenschaft verfolgt ein Kunstwerk auch keinerlei praktischen Zweck von materieller Bedeutung. Die Kunst ist eine Meta-Sprache, mit deren Hilfe die Menschen zueinander vorzustoßen versuchen, in der sie Mitteilungen über sich selbst machen und sich fremde Erfahrungen aneignen. Aber auch dies geschieht wieder keinesfalls eines praktischen Vorteils wegen, sondern um der Idee der Liebe willen, deren Sinn in einer dem Pragmatismus völlig entgegengesetzten Opferbereitschaft liegt. Ich kann einfach nicht glauben, daß ein Künstler imstande ist, nur aus Gründen seiner »Selbstverwirklichung« zu schaffen. Selbstverwirklichung ohne gegenseitiges Verstehen ist sinnlos. Selbstverwirklichung im Namen einer geistigen Verbindung mit den anderen ist etwas Quälendes, das keinen Nutzen bringt und letzten Endes große Opfer von einem fordert. Aber ist es denn schließlich nicht der Mühe wert, dem eigenen Echo zu lauschen?

Aber vielleicht bringt die Intuition Kunst und Wissenschaft, diese auf den ersten Blick hin so widersprüchlichen Formen der Realitätsaneignung, einander näher. Zweifelsohne spielt die Intuition in beiden Fällen eine große Rolle, obwohl sie im poetischen Schaffen natürlich etwas ganz anderes als in der Wissenschaft ist.

Ebenso bezeichnet der Begriff des *Verstehens* in beiden Sphären etwas völlig anderes. *Verstehen* im wissenschaftlichen Sinne bedeutet Einverständnis auf einer Ebene der Logik, der Vernunft; es ist ein intellektueller Akt, der der Beweisführung eines Theorems verwandt ist. Das *Verstehen* eines künstlerischen Bildes bedeutet dagegen die Rezeption des Kunstschönen auf emotionaler, zuweilen sogar auf einer »über«-emotionalen Basis.

Die Intuition des Wissenschaftlers ist dagegen sogar dann lediglich ein Synonym logischer Entwicklung, wenn sie sich wie eine Erleuchtung, eine Eingebung ausnimmt. Und zwar deshalb, weil die logischen Varianten auf der Grundlage gegebener Informationen nicht noch einmal von Anfang an durchlaufen, sondern vielmehr als eine Selbstverständlichkeit, nicht etwa als eine neue Etappe wahrgenommen werden. Das heißt, der bewußte Sprung im logischen Denken basiert auf der Kenntnis der Gesetze eines jeweiligen wissenschaftlichen Gebietes. Mag es auch scheinen, als sei die wissenschaftliche Entdeckung eine Folge der Eingebung, so hat doch die Eingebung des Gelehrten nichts gemein mit der Eingebung des Dichters. Denn die Entstehung eines künstlerischen Bildes – eines einzigartigen, in sich geschlossenen Bildes, das auf einer anderen, nicht-intellektuellen Ebene geschaffen wurde und existiert – kann nicht durch einen empirischen Erkenntnisprozeß mit Hilfe des Intellekts erklärt werden. Man muß sich einfach über den Terminus einigen.

Wenn ein Künstler sein Bild schafft, dann bezwingt er immer auch sein eigenes Denken, das ein Nichts ist gegenüber einem emotional wahrgenommenen Bild von der Welt, das für ihn eine Offenbarung ist. Denn der Gedanke ist kurzlebig, das Bild aber ist absolut. Daher kann auch von einer Parallele zwischen dem Eindruck, den ein spirituell empfänglicher Mensch von einem Kunstwerk erhält, und einer rein religiösen Erfahrung gesprochen werden. Die Kunst wirkt vor allem auf die Seele des Menschen und formt seine geistige Struktur.

Der Dichter ist ein Mensch mit der Vorstellungskraft und der Psychologie eines Kindes. Sein Eindruck von der Welt bleibt unvermittelt, von welch großen Weltideen er sich auch immer leiten läßt. Das heißt, er »beschreibt« die Welt nicht – die Welt ist sein.

Unabdingbare Voraussetzung für die Rezeption eines Kunstwerks ist die Bereitschaft und die Möglichkeit, einem Künstler zu vertrauen, ihm zu *glauben*. Aber manchmal ist es schwierig, jenen Grad an Unverständnis zu überwinden, der uns von einem rein gefühlsmäßig zu erfassenden poetischen Bild trennt. Ebenso wie beim wahren Glauben an Gott setzt auch dieser Glaube eine besondere seelische Haltung, ein spezielles, rein geistiges Potential voraus.

Hier kommt einem manchmal das Gespräch zwischen Stawrogin und Schatow in Dostojewskijs »Dämonen« in den Sinn:

»›Ich möchte nur erfahren, ob Sie selbst an Gott glauben oder nicht.‹ Nikolaj Wsewolodowitsch blickte ihn streng an.

›Ich glaube an Rußland und seine Rechtgläubigkeit... Ich glaube an Christi Leib... Ich glaube, daß seine Wiederkunft in Rußland stattfinden wird... Ich glaube‹, stammelte Schatow ganz außer sich.

›Und an Gott? An Gott?‹
          ›Ich ... ich werde an Gott glauben‹.«
Was ist dem noch hinzuzufügen? Auf geradezu geniale Weise
wurde hier jener verwirrte Seelenzustand eingefangen, jene
geistige Verarmung und Unzulänglichkeit, die immer mehr
zum unverbrüchlichen Merkmal des modernen Menschen wird,
den man als geistig impotent bezeichnen kann.

Das Schöne bleibt dem Auge jener verborgen, die die Wahrheit nicht suchen. Gerade die Geistlosigkeit dessen, der Kunst
aufnimmt und beurteilt, ohne bereit zu sein, über Sinn und
Zweck ihrer Existenz nachzudenken, verführt häufig genug zur
vulgär vereinfachten Formel »Das gefällt nicht!«, »Das ist unin-
teressant!« Das ist ein starkes Argument, aber es ist das Argument eines Blindgeborenen, der versucht, einen Regenbogen zu
beschreiben. Er bleibt einfach jenem Leiden gegenüber taub,
das ein Künstler durchmacht, um anderen die dadurch gewon-
nene Wahrheit mitzuteilen.

Doch was ist Wahrheit?

Eines der traurigsten Kennzeichen unserer Zeit ist meiner
Meinung nach die Tatsache, daß der Durchschnittsmensch
heute endgültig von all dem abgeschnitten wird, was mit einer
Reflexion des Schönen und Ewigen zusammenhängt. Die auf
den »Konsumenten« zugeschnittene moderne Massenkultur –
eine Zivilisation der Prothesen – verkrüppelt die Seelen, verstellt dem Menschen immer häufiger den Weg zu den Grundfra-
gen seiner Existenz, zu einer Bewußtwerdung seiner selbst als
eines geistigen Wesens. Doch der Künstler kann und darf nicht
taub bleiben gegenüber dem Ruf der Wahrheit, die einzig und
allein seinen schöpferischen Willen zu bestimmen und zu diszi-
plinieren vermag. Nur so gewinnt er die Fähigkeit, seinen
Glauben auch anderen weiterzugeben. Ein Künstler ohne diesen Glauben ist wie ein Maler, der blind geboren wurde.

Es wäre falsch zu sagen, ein Künstler »suche« sein Thema.
Das Thema reift in ihm wie eine Frucht heran und drängt auf
Gestaltung. Das ist wie mit einer Geburt. Der Dichter dagegen
hat nichts, worauf er stolz sein könnte. Er ist nicht Herr der
Lage, sondern deren Diener. Kreativität ist für ihn die einzige
mögliche Existenzform, und jedes seiner Werke bedeutet einen
Akt, den er freiwillig nicht verweigern kann. Das Gespür für die
Notwendigkeit bestimmter folgerichtiger Schritte und deren

Gesetzmäßigkeit stellt sich nur dann ein, wenn der Glaube an ein Ideal vorhanden ist – nur der Glaube stützt das System der Bilder (lies: das System des Lebens).

Der Sinn religiöser Wahrheit liegt in der *Hoffnung*. Die Philosophie sucht die Wahrheit, indem sie die Grenzen der menschlichen Vernunft, den Sinn menschlichen Handelns und der menschlichen Existenz bestimmt. (Dies gilt sogar, wenn ein Philosoph zu der Auffassung gelangt, das menschliche Sein und Handeln sei völlig sinnlos).

Anders als häufig angenommen liegt die funktionale Bestimmung der Kunst nun aber eben nicht darin, Gedanken anzuregen, Ideen zu vermitteln oder als Beispiel zu dienen. Nein, das Ziel der Kunst besteht vielmehr darin, den Menschen auf seinen Tod vorzubereiten, ihn in seinem tiefsten Inneren betroffen zu machen.

Begegnet der Mensch einem Meisterwerk, so beginnt er in sich jene Stimme zu vernehmen, die auch den Künstler inspirierte. Im Kontakt mit einem solchen Kunstwerk erfährt der Betrachter eine tiefe und reinigende Erschütterung. In jenem besonderen Spannungsfeld, das zwischen einem künstlerischen Meisterwerk und denjenigen, die es aufnehmen, entsteht, werden sich die Menschen der besten Seiten ihres Wesens bewußt, die nunmehr auf Freisetzung drängen. Wir erkennen und entdecken uns selbst in diesem Augenblick, in der Unerschöpflichkeit unserer Möglichkeiten, in der Tiefe unserer eigenen Gefühle.

Ein Meisterwerk – das ist ein in seiner absoluten Gültigkeit vollkommenes und vollendetes Urteil über die Realität, dessen Wert sich daran bemißt, wie umfassend es die menschliche Individualität im Zusammenspiel mit dem Geistigen auszudrücken vermag.

Wie schwierig ist es, über ein großes Werk zu sprechen! Zweifellos existieren außer einem sehr allgemeinen Empfinden von Harmonie auch einige eindeutige Kriterien, die es uns ermöglichen, ein Meisterwerk in der Masse anderer Arbeiten auszumachen. Zudem ist der Wert eines Kunstwerkes in bezug auf seinen jeweiligen Rezipienten relativ. Gewöhnlich meint man, die Bedeutung eines Kunstwerkes an der Reaktion der Menschen auf dieses Werk messen zu können, an der Beziehung, die sich zwischen ihm und der Gesellschaft ergibt. Ganz allgemein gesehen ist das sicher richtig. Paradox ist nur, daß das Kunstwerk in diesem Falle dann völlig von seinem Rezipienten abhängt. Davon, ob dieser Mensch nun fähig oder unfähig ist, das herauszuspüren, was das Werk mit der Welt als Ganzem wie auch mit einer gegebenen menschlichen Individualität verbindet, die ein Resultat ihrer eigenen Beziehungen zur Wirklichkeit ist. Goethe hat unendlich recht, wenn er davon spricht, es sei ebenso schwer, ein gutes Buch zu lesen, wie es zu schreiben. Es kann einfach keinen Anspruch auf eine Objektivität des eigenen Urteils, der eigenen Einschätzung geben. Jede auch nur relativ objektive Möglichkeit eines Urteils ist bedingt von einer Vielfalt von Interpretationen. Und wenn ein Kunstwerk in den Augen der Massen, der Mehrheit, hierarchische Wertigkeit hat, so ist das zumeist ein Ergebnis zufälliger Umstände, kommt beispielsweise daher, daß dieses Werk gerade Glück mit seinen Interpreten hatte. Andererseits sagen die ästhetischen Affinitäten eines Menschen bisweilen sehr viel mehr über ihn selbst als über das Kunstwerk an sich aus.

Der Deuter eines Kunstwerks wendet sich in der Regel einem bestimmten Gebiet zu, um hier die eigene Position zu einer bestimmten Frage zu illustrieren, wobei er allerdings nur selten von einem emotional lebendigen unmittelbaren Kontakt mit dem Werk selbst ausgeht. Für eine solche reine Rezeption wäre nämlich auch eine außergewöhnliche Fähigkeit zu originellem, unabhängigem, sozusagen »unschuldigem« Urteil nötig, während der Mensch gewöhnlich im Kontext ihm bereits bekannter Beispiele und Phänomene nach Bestätigung der eigenen Meinung sucht und Kunstwerke daher häufig analog zu subjektiven Vorstellungen oder persönlichen Erfahrungen beurteilt. Andererseits gewinnt ein Kunstwerk durch die Vielfalt seiner Beurteilungen sicher auch ein wechselhaftes, mannigfaltiges Leben, wird hiervon reicher und erreicht so eine gewisse Existenzfülle.

».... Die Werke der großen Dichter wurden noch nicht von der Menschheit gelesen – nur die großen Dichter vermögen sie zu lesen. Die Massen jedoch lesen sie, als würden sie aus den Sternen lesen – im besten Falle wie Astrologen und nicht wie Astronomen. Der Mehrzahl der Leute bringt man das Lesen nur zu ihrer Bequemlichkeit bei, als würde man ihnen das Rechnen beibringen, damit sie ihre Ausgaben überprüfen können, um so nicht übervorteilt zu werden. Aber vom Lesen als edle geistige Übung haben sie fast keine Ahnung, und außerdem ist nur eines Lesen im höchsten Sinne des Wortes – nämlich nicht das, was uns süß in den Schlaf wiegt, indem es unsere erhabensten Gefühle einschläfert, sondern das, dem man sich auf Zehenspitzen nähern muß, das, dem wir unsere besten Stunden des Wachseins widmen.«

Das sagte Thoreau auf einer der Seiten seines großartigen »Walden«.

Das Schöne und Vollendete in der Kunst, das Meisterhafte sehe ich dort, wo sich weder im ideellen, noch im ästhetischen Sinn etwas herauslösen oder hervorheben läßt, ohne daß das Ganze darunter leidet, Schaden nimmt. An einem Meisterwerk kann man unmöglich einige seiner Komponenten anderen vorziehen. Man kann seinen Schöpfer bei der Formulierung seiner letztgültigen Ziele und Aufgaben nicht sozusagen »an die Hand nehmen«. So schrieb Ovid, Kunst bestehe darin, daß man sie nicht bemerke, und Engels meinte: »Je verborgener die Ansichten eines Autors, um so besser ist es für die Kunst«...

Ähnlich wie jeder natürliche Organismus lebt und entwickelt sich auch die Kunst im Kampf widerstreitender Elemente. Die Gegensätze fließen hier ineinander über, perpetuieren also die Idee gleichsam ins Unendliche. Die Idee, die ein Werk zur Kunst erhebt, verbirgt sich im Gleichgewicht, in der Ausgewogenheit der sie konstituierenden Widersprüche. Ein endgültiger »Sieg« über das Kunstwerk, eine eindeutige Klärung seines Sinnes und seiner Aufgaben ist folglich unmöglich. Aus diesem Grunde bemerkte Goethe, daß ein Kunstwerk um so höher stehe, je weniger es einer Beurteilung zugänglich sei.

Ein Meisterwerk ist ein in sich geschlossener, weder unterkühlter noch überhitzter Raum. Das Schöne besteht in der Ausgewogenheit der Teile. Das Paradox liegt nun darin, daß diese Schöpfung um so weniger Assoziationen auslöst, je vollendeter sie ist. Das Vollendete ist etwas Einmaliges. Oder aber es ist in der Lage, eine gleichsam unendliche Menge von Assoziationen zu produzieren, was letzten Endes das gleiche ist.

Wieviel Zufälliges findet sich in den Aussagen von Kunstwissenschaftlern zur Bedeutung eines Kunstwerkes oder den Vorzügen eines Werkes gegenüber anderen.

In diesem Zusammenhang, natürlich ohne Anspruch auf ein objektives Urteil, möchte ich nur einige Beispiele aus der

Geschichte der Malerei, vor allem der italienischen Renaissance, anführen. Wie viele Urteile gibt es hierüber, die mich nur befremden können!

Wer schrieb eigentlich nicht über Raffael und seine »Sixtinische Madonna«? Man vertritt die Meinung, daß das Genie aus Urbino hier konsequent und vollendet die Idee des Menschen verkörperte, dessen Persönlichkeit jetzt gültig Gestalt gewann, der nun endlich die Welt und Gott in und um sich entdeckte, nach seinem jahrhundertelangen Kniefall vor dem mittelalterlichen Gott, auf den sein Blick bis dahin so starr gerichtet war, daß seine ethischen Kräfte nicht voll zur Entfaltung kommen konnten. Setzen wir zunächst einmal voraus, daß dem wirklich so ist. Denn in der Darstellung dieses Künstlers ist die Heilige Maria tatsächlich eine gewöhnliche Bürgersfrau, deren seelische Verfassung, wie sie auf der Leinwand erscheint, auf der Wahrheit des Lebens beruht. Sie ängstigt sich um das Schicksal ihres Sohnes, der den Menschen zum Opfer dargebracht wird. Auch wenn das zu deren Rettung geschieht, wenn er geopfert wird, um sie in ihrem Kampf gegen die Sünde zu entlasten.

Alles das ist in der Tat hier sehr deutlich »eingeschrieben«. Meiner Meinung nach sogar zu deutlich, weil die Idee des Künstlers dabei leider zu vordergründig bleibt. Man wird bei diesem Maler unangenehm berührt vom Hang zum Süßlich-Allegorischen, der die gesamte Form beherrscht und in deren Dienst auch die rein malerischen Qualitäten des Bildes stehen. Der Künstler konzentriert hier seine Absicht auf die Klärung eines Gedankens, auf ein spekulatives Konzept seiner Arbeit und bezahlt dafür mit der Oberflächlichkeit und Blutleere seiner Malerei.

Ich habe hier jenes Wollen, jene Energie und jenes Spannungsgesetz der Malerei im Auge, die mir unabdingbar scheinen. Ausgedrückt finde ich dieses Gesetz in der Malerei eines Zeitgenossen von Raffael, bei dem Venezianer Vittore Carpaccio.[15] In seinem Werk bewältigt er all jene moralischen Probleme, vor denen die Menschen der Renaissance standen, die durch die auf sie einströmende »humane« Realität verblendet wurden. Und zwar geschieht das mit rein malerischen und eben nicht literarischen Mitteln, im Unterschied zur »Sixtinischen Madonna«, die ein wenig nach Predigt, nach Erbaulichkeit riecht. Bei Carpaccio werden die neuen Wechselbeziehungen zwischen Individualität und materieller Realität mutig und würdig zum Ausdruck gebracht. Er verfällt nicht dem Extrem der Sentimentalität und vermag seine leidenschaftliche Parteilichkeit, seinen Enthusiasmus für den menschlichen Befreiungsprozeß zurückzuhalten.

Im Jahre 1848 schrieb Gogol an Shukowskij:[16] »... predigend zu belehren, ist nicht meine Sache. *Kunst ist ohnedies schon Belehrung.* Meine Sache ist es, in *lebendigen Bildern* zu sprechen, nicht etwa in Urteilen. Ich muß das *Leben* als solches gestalten und darf das Leben nicht etwa abhandeln.« Wie wahr das ist! Sonst zwingt der Künstler seine Gedanken dem Rezipienten auf. Wer aber sagt eigentlich, der Künstler sei klüger als derjenige, der da im Saal sitzt oder ein aufgeschlagenes Buch in den Händen hält? Nur denkt der Dichter eben in Bildern und kann im Unterschied zu seinem Leser seine Weltsicht mit Hilfe dieser Bilder organisieren. Sollte es denn immer noch nicht klar sein, daß die Kunst niemandem etwas beizubringen vermag, wo der Menschheit doch in viertausend Jahren nichts beizubringen war?!

Wenn wir fähig wären, uns die Erfahrungen der Kunst, die in ihr zum Ausdruck gebrachten Ideale, tatsächlich anzueignen, so hätte uns das zweifellos längst zu besseren Menschen gemacht. Doch leider vermag die Kunst die menschliche Seele nur durch Erschütterung, durch Katharsis zum Guten zu befähigen. Es wäre absurd, annehmen zu wollen, der Mensch könne lernen, gut zu sein. Das geht nicht, wie man schließlich auch nicht von dem »positiven« Beispiel der Puschkinschen Heldin Tatjana lernen kann, eine »treue« Frau zu werden, obgleich dies im sowjetischen Literaturunterricht behauptet wird.

Doch kehren wir noch einmal zurück in das Venedig der Renaissance. Die figurenreichen Kompositionen Carpaccios begeistern durch ihre märchenhafte Schönheit. Wenn man vor diesen Bildern steht, dann überkommt einen das aufregende Gefühl der Verheißung: Man glaubt, das Unerklärliche werde einem nun erklärt. Bislang blieb es mir unbegreiflich, was eigentlich jenes psychische Spannungsfeld heraufbeschwört, aus dessen Bann man sich einfach nicht befreien kann, weil einen diese Malerei fast bis zum Erschrecken erschüttert. Möglicherweise vergehen Stunden, bis man das Harmonieprinzip der Malerei Carpaccios zu erkennen beginnt. Doch hat man es endlich begriffen, dann bleibt man auch ein für allemal im Banne dieser Schönheit und des zuerst gewonnenen Eindrucks.

Dabei ist dieses Harmonieprinzip letztlich ganz außerordentlich einfach und manifestiert im höchsten Sinne den humanen Geist der Renaissancekunst – meiner Ansicht nach sogar noch erheblich mehr als bei Raffael. Ich meine hier die Tatsache, daß den Mittelpunkt, das Zentrum der figurenreichen Kompositionen Carpaccios *jede einzelne* dieser Figuren bildet. Konzentriert man sich hier auf *irgendeine* dieser Gestalten, so erkennt man sofort mit überraschender Klarheit, daß alles übrige, also Milieu und Umfeld, lediglich ein Postament dieser »zufälligen« Figur ist. Der Kreis schließt sich, und der kontemplative Wille des Betrachters folgt unbewußt und beharrlich dem Strom der vom Künstler intendierten Logik der Gefühle, schweift von dem einen, sich in der Menge verlierenden Gesicht zum anderen.

Ich bin weit davon entfernt, den Leser hier von meiner Sicht zweier großer Künstler überzeugen zu wollen, ihn dazu zu bringen, er solle Carpaccio gegenüber Raffael den Vorzug geben. Ich möchte lediglich sagen: Auch wenn jedwede Kunst letztlich tendenziös und schon der Stil nichts anderes als Tendenz ist, so kann diese Tendenz sich doch entweder in einer vielgestalten Tiefe der dargestellten Bilder verlieren oder aber bis zum Plakativen hin offensichtlich sein, wie das bei Raffaels »Sixtinischer Madonna« der Fall ist. Sogar Marx sprach davon, man müsse die Tendenz in der Kunst unbedingt verstecken, damit sie nicht wie eine Sprungfeder aus dem Sofa rage.

Wenden wir uns nun zur Klärung meiner Position gegenüber dem schöpferischen Tun einem der mir besonders nahestehenden Filmkünstler zu – Luis Buñuel. In seinen Filmen stoßen wir immer wieder auf das Pathos des Nonkonformismus. Buñuels leidenschaftlicher, unversöhnlicher und unerbittlicher Protest kommt vor allem in der emotionalen Struktur seiner gerade auch emotional ansteckenden Filme zum Ausdruck. Das ist kein berechneter, ausgeklügelter, intellektuell formulierter Protest. Buñuel verfügt über genügend künstlerisches Gespür, um nicht in rein politisches Pathos zu verfallen, das meiner Meinung nach stets verlogen ist, wenn es in einem Kunstwerk unmittelbar zum Ausdruck kommt. Doch der in Buñuels Filmen enthaltene politische und soziale Protest würde noch allemal für viele Regisseure weit geringeren Ranges ausreichen.

Buñuel aber ist vor allem von *poetischem* Bewußtsein bestimmt. Er weiß, daß eine ästhetische Struktur keinerlei Deklarationen bedarf. Daß die Stärke der Kunst vielmehr in etwas ganz anderem liegt, in ihrer emotionalen Überzeugungskraft, das heißt in jener einmaligen Lebendigkeit, von der Gogol in dem zitierten Brief sprach.

Buñuels Schaffen ist tief in der klassischen spanischen Kultur verwurzelt. Ohne leidenschaftlichen Bezug zu Cervantes und El Greco, zu Goya, Lorca und Picasso, zu Salvador Dalí und zu Arrabal ist er einfach nicht denkbar. Deren Schaffen voller wütender und zärtlicher, voll spannungsgeladener und protestierender Leidenschaften entspringt sowohl tiefster Heimatliebe als auch einem sie stets beherrschenden Haß auf lebensfeindliche Schablonen, auf ein herzloses und kaltes Ausquetschen der Gehirne. Aus ihrem Gesichtskreis verbannen sie, blind vor Haß und Verdacht, alles das, was ohne lebendigen Bezug zum Menschen, ohne göttlichen Funken und jenes gewohnte Leiden ist, das die steinige und glühendheiße spanische Erde jahrhundertelang in sich aufsog.

Die Treue gegenüber ihrer gleichsam prophetischen Berufung machte diese Spanier groß. Nicht von ungefähr kommt es zu dem spannungsgeladenen, aufrührerischen Pathos der Landschaftsbilder von El Greco, zur inbrünstigen Bewegtheit seiner Figuren, zur Dynamik seiner übertriebenen Proportionen und einem leidenschaftlich kalten Kolorit, das eigentlich seiner Zeit fremd und den Bewunderern moderner Malerei sehr viel näher ist, das sogar die Legende von einem Astigmatismus dieses Künstlers aufbrachte, der dessen Neigung zur Deformation gegenständlicher und räumlicher Proportionen erklären könnte. Meiner Meinung nach wäre das allerdings eine allzu banale Erklärung dieses Phänomens.

Goya tritt zum Einzelkampf gegen die grausame Anämie der Königsherrschaft an und wagt den Aufstand gegen die Inquisition. Seine unheimlichen »Caprichos« werden zu Verkörperungen jener dunklen Kräfte, die ihn zwischen wütendem Haß und Lebensangst, zwischen giftigem Verdacht und don-quijotischem Geplänkel mit Unverstand und Dunkelmännertum hin- und herwerfen.

Für das System des menschlichen Erkennens ist das Schicksal des Genies bemerkenswert und aufschlußreich. Diese gotterwählten Märtyrer, die um der Bewegung und Erneuerung willen zum Zerstören verurteilt sind, befinden sich im widersprüchlichen Zustand eines Schwankens zwischen dem Streben nach Glück und der Überzeugung, daß es dieses Glück als eine konkretisierbare Realität, als einen zu verwirklichenden Zustand überhaupt nicht geben kann. Denn Glück ist ein abstrakter, moralischer Begriff. Das reale Glück, das »glückliche« Glück dagegen liegt bekanntlich im *Streben* nach diesem Glück, das als Absolutum für den Menschen unerreichbar ist. Doch nehmen wir einmal an, daß dem Menschen das Glück zugänglich wäre, das Glück als Phänomen vollkommener menschlicher Willensfreiheit im weitesten Sinne des Wortes. In derselben Sekunde noch würde die Individualität des Menschen zugrunde gehen. Der Mensch würde einsam werden wie Beelzebub. Die Verbindung zur menschlichen Gesellschaft würde durchschnitten wie die Nabelschnur eines Neugeborenen, und so ginge denn folglich auch die Gesellschaft zugrunde.

Schwerlich wird man das Glück ein selbsterworbenes Ideal nennen können, das man in der Tasche hat. Wie sagt doch der Dichter: »Auf Erden gibt's kein Glück, aber doch Frieden und Freiheit!« Man braucht nur einmal die Meisterwerke aufmerksam zu betrachten, sich von ihrer stärkenden und geheimnisvollen Kraft durchdringen lassen, dann geht einem deren vertrackter und zugleich heiliger Sinn auf. Wie Wahrzeichen einer katastrophalen Gefahr stehen sie auf dem Wege der Menschen und verkünden: »Vorsicht! Keinen Schritt weiter in dieser Richtung!«

Die Dichter machen diese Gefahrenbarriere früher aus als ihre übrigen Zeitgenossen. Und je früher sie dieses tun, um so genialer sind sie. Deshalb bleiben sie oft auch so lange unverstanden, bis schließlich aus der Larve der Geschichte der Hegelsche Konflikt schlüpft. Und wenn es dann endlich zu diesem Konflikt kommt, dann errichten die erschütterten und gerührten Zeitgenossen dem ein Denkmal, der diese junge Entwicklungstendenz voller Kraft und Hoffnung bereits damals voraussagte, als er ihre siegreiche Vorwärtsentwicklung mit unmißverständlicher Klarheit symbolisierte.

Dann wird der Künstler und Denker zum Ideologen, zum Apologeten der Moderne, zu einem Katalysator des vorausgesagten Wechsels. Die Größe und die Zweideutigkeit der Kunst

besteht darin, daß sie sogar da nichts *belegt,* erklärt oder beantwortet, wo sie Warnschilder wie »Vorsicht, radioaktiv! Lebensgefahr!« aufstellt. Ihre Wirkung ist mit moralischen und ethischen Erschütterungen verknüpft. Wer nun ihren emotionalen
Argumenten gegenüber gleichgültig bleibt, ihnen keinen Glauben schenkt, der riskiert es, sich eine Strahlenkrankheit zu
holen – unbewußt, unmerklich für ihn selbst... Mit dem dum-
men Lächeln im friedlich breiten Gesicht eines Menschen, der
davon überzeugt ist, daß die Erde eine Scheibe ist und auf drei
Walfischen ruht.

Man erinnert sich daran, wie Buñuel nach der Vorführung
seines »Andalusischen Hundes« sich vor den Nachstellungen
erzürnter Bürger verstecken mußte und sein Haus nur mit
einem Revolver in der Gesäßtasche verlassen konnte. Das war
nur der Anfang, doch er begann sogleich von allem Anfang an,
gegen den Strich zu schreiben, wie man so schön sagt. Spieß-
bürger, die den Kinematographen gerade als Zivilisationsge-
schenk für ihre Unterhaltung zu akzeptieren begannen, erreg-
ten sich, waren entsetzt über die seelenaufwühlenden, ver-
schreckenden Bilder und Symbole dieses nun in der Tat schwer
erträglichen Films. Doch selbst hier, in diesem Film, blieb
Buñuel noch Künstler genug, um mit seinem Zuschauer nicht
in plakativer, sondern *emotional* aufwühlender Sprache zu reden.
Mit erstaunlicher Treffsicherheit vermerkte Leo Tolstoi am
21. März 1885 in seinem Tagebuch: »Das Politische schließt das
Künstlerische aus, da ersteres einseitig sein muß, um etwas
erreichen zu können!« Natürlich ist dem so. Das künstlerische
Bild kann aber nicht einseitig sein: Um sich tatsächlich wahrhaftig nennen zu können, muß es die dialektische Widersprüch-
lichkeit der Erscheinungen in sich vereinen.

Von daher ist es auch nicht verwunderlich, daß sogar Kunstwissenschaftler nicht in der Lage sind, für die Ideenanalyse
eines Werkes auch entsprechend taktvoll dessen poetische Bild-
haftigkeit zu untersuchen. Aber ein Gedanke existiert nun
einmal in der Kunst nicht außerhalb seines bildlichen Ausdrucks. Und das Bild wiederum ist eine willentlich bewußte
Aneignung der Wirklichkeit durch den Künstler, der dabei
entsprechend seinen eigenen Neigungen und seiner besonderen
Weltanschauung verfährt.

Tolstois Roman »Krieg und Frieden« gab mir zum erstenmal

meine Mutter zu lesen, als ich noch ein Kind war. In den späteren Jahren zitierte sie dann recht häufig längere Passagen daraus, um meine Aufmerksamkeit auf bestimmte Feinheiten und Details der Tolstoischen Prosa zu lenken. Auf diese Weise wurde »Krieg und Frieden« für mich zu einer Art Kunstschule, zu einem Kriterium für Geschmack und künstlerische Tiefe. Danach vermochte ich einfach keine Makulatur mehr zu lesen, die in mir ein ausgesprochenes Ekelgefühl hervorruft.

Mereshkowskij[17] hielt in seinem Buch über Tolstoi und Dostojewskij jene Tolstoi-Passagen für mißlungen, wo der Held ganz unverblümt offen philosophiert, wo er verbal gleichsam letztgültige Ideen über das Leben formuliert. Nun bin ich sicher absolut damit einverstanden, daß die Idee in einem poetischen Werk nicht nur rein verstandesmäßig, spekulativ vorgetragen werden sollte.

Mereshkowskijs Kritik scheint mir durchaus begründet. Dennoch beeinträchtigt das nicht meine Liebe für Tolstois »Krieg und Frieden«, es stört mich nicht einmal bei den »verfehlten« Passagen. Ein Genie manifestiert sich schließlich nicht in der absoluten Vollkommenheit eines Werkes, sondern in der absoluten Treue zu sich selbst, in der Konsequenz gegenüber der eigenen Leidenschaft. Leidenschaftliches Streben nach Wahrheit, nach Welt- und Selbsterkenntnis, verleiht sogar nicht sonderlich starken, ja selbst den sogenannten »mißlungenen« Passagen eines Werkes besondere Bedeutsamkeit.

Ja, mehr noch: Ich kenne kein einziges Meisterwerk, das ohne bestimmte Schwächen, völlig frei von Unzulänglichkeiten wäre. Die ganz persönlichen Leidenschaften, die Genies hervorbringen, das Besessensein von einer individuellen Schaffensidee bedingt nämlich nicht nur deren Größe, sondern auch deren Versagen. Nur kann man denn das, was nicht organisch in die gesamte Weltsicht eingeht, tatsächlich als »Versagen« qualifizieren? Das Genie ist unfrei. Thomas Mann schrieb einmal sinngemäß: Frei ist nur das Gleichgültige. Das, was Charakter hat, ist nicht frei, sondern vom eigenen Stempel geprägt, bedingt und befangen...

Die versiegelte Zeit

Stawrogin:	»... In der Apokalypse verkündet der Engel, daß es keine Zeit mehr geben werde.«
Kirillow:	»Ich weiß. Das steht dort sehr nachdrücklich, unmißverständlich und klar. Wenn jeder Mensch glücklich ist, dann wird es auch keine Zeit mehr geben, weil sie dann gar nicht mehr gebraucht werden wird. Ein sehr richtiger Gedanke.«
Stawrogin:	»Aber wo wird man sie dann verstecken?«
Kirillow:	»Man wird sie nirgends verstecken. Die Zeit ist schließlich kein Ding, sondern eine Idee. Sie wird im Verstand verlöschen.«[18]

Die Zeit ist eine an die Existenz unseres »Ich« gebundene Bedingung. Sie ist die uns nährende Atmosphäre, sie stirbt, wenn die Bindung zwischen Existenz und Existenzbedingung zerreißt, wenn das Individuum stirbt und damit auch die individuelle Zeit. Das aber heißt, daß das gestorbene Leben den Gefühlen der Überlebenden unzugänglich wird; es ist für sie tot.

Die Zeit ist den Menschen unabdingbar, um sich zu konstituieren, als Individualität zu verwirklichen. Dabei denke ich allerdings keinesfalls an die lineare Zeit, ohne die kein Tun geschehen, kein Schritt getan werden kann. Der Schritt selbst ist jedoch ein Resultat. Mir aber geht es hier um den Grund, der den Menschen ethisch speist.

Auch die Geschichte ist noch nicht die Zeit, ebensowenig die Entwicklung. Beides bezeichnet ein Nacheinander. Die Zeit ist jedoch ein Zustand, das lebensspendende Element der menschlichen Seele, in dem sie zu Hause ist wie der Salamander im Feuer.

Zeit und Erinnerung sind einander geöffnet, sind gleichsam zwei Seiten ein und derselben Medaille. Es ist vollkommen klar, daß es außerhalb der Zeit auch keinerlei Erinnerung geben kann. Und die Erinnerung wiederum ist ein äußerst komplexer Begriff. Selbst wenn man ihre sämtlichen Merkmale aufzählen wollte, könnte man damit noch nicht die Summe all jener Eindrücke erfassen, mit denen sie auf uns einwirkt. Erinnerung ist ein geistiger Begriff! Wenn einem beispielsweise irgend jemand von seinen Kindheitserinnerungen erzählt, dann hat man damit ganz bestimmt genügend Material in Händen, um einen umfassenden Eindruck von diesem Menschen zu gewinnen. Ein Mensch, der seine Erinnerung, sein Gedächtnis verloren hat, ist in einer illusorischen Existenz gefangen. Er fällt aus der Zeit heraus und verliert damit die Fähigkeit zu einer eigenen Bindung an die sichtbare Welt. Das heißt, daß er zum Wahnsinn verurteilt ist.

Als moralisches Wesen ist der Mensch mit einer Erinnerung begabt, die in ihm das Gefühl eigener Unzulänglichkeit weckt. Die Erinnerung macht uns verletzbar und leidensfähig.

Wenn Kunstwissenschaftler oder Kritiker die Zeit in der Literatur, Musik oder Malerei untersuchen, dann interessieren sie sich für die Art und Weise ihrer jeweiligen Fixierung. Untersuchen sie beispielsweise die Werke von Joyce oder Proust, so analysieren sie den ästhetischen Mechanismus der in ihnen vorkommenden Rückblenden, in denen eine Person Erinnerungen an die eigenen Erfahrungen festhält. Sie untersuchen jene Formen, in denen die Zeit in der Kunst fixiert wird. Mich aber interessieren nun gerade die inneren, moralischen Qualitäten, die der Zeit immanent sind.

In der Zeit, in der ein Mensch lebt, hat er die Möglichkeit, sich selbst als moralisches, zur Wahrheitssuche befähigtes Wesen zu erkennen. Mit der Zeit wurde dem Menschen ein zugleich bitteres und süßes Geschenk in die Hand gegeben. Das Leben ist nichts als eine dem Menschen zuerkannte Frist, in der er seinen Geist entsprechend den eigenen Zielvorstellungen von seiner menschlichen Existenz formen kann und muß. Der unerbittlich begrenzte Rahmen, in den unser Leben gepreßt ist, macht unsere Verantwortung gegenüber uns selbst und gegenüber unseren Mitmenschen überaus deutlich. Auch das menschliche Gewissen hängt von der Zeit ab und existiert durch sie allein.

Es heißt, die Zeit sei unwiederbringlich. Das ist insofern richtig, als man, wie man sagt, das Vergangene nicht zurückholen kann. Doch was bedeutet eigentlich »das Vergangene«, wenn für jedermann im Vergangenen die *unvergängliche* Realität des Gegenwärtigen, eines jeden vorübergehenden Moments beschlossen liegt? In einem bestimmten Sinne ist das Vergangene weit realer, zumindest aber stabiler und dauerhafter als das Gegenwärtige. Gegenwärtiges gleitet vorüber und verschwindet, zerrinnt wie Sand zwischen unseren Fingern. Sein materielles Gewicht erhält es erst in der Erinnerung. Auf Salomons Ring stand bekanntlich »Alles ist vergänglich.« Im Unterschied hierzu möchte ich auf die Umkehrbarkeit der Zeit in ihrer ethischen

Bedeutung aufmerksam machen. Für den Menschen kann die Zeit nämlich nicht einfach spurlos verschwinden, weil sie für ihn lediglich eine subjektiv geistige Kategorie ist. Die von uns durchlebte Zeit setzt sich in unseren Seelen als eine in der Zeit gemachte Erfahrung fest.

Ursachen und Folgen bedingen sich in ständig wechselnder Verknüpfung. Das eine bringt hervor und wird zugleich das andere mit einer unerbittlichen Bestimmtheit, die sich als Verhängnis darstellen würde, könnten wir sämtliche Verknüpfungen augenblicklich und vollständig erkennen. Die Verknüpfung von Ursache und Folge, das heißt, der Übergang von einem Zustand in einen anderen, ist zugleich auch eine Existenzform der Zeit, eine Materialisierung dieses Begriffes in der Alltagspraxis. Doch eine Ursache, die eine bestimmte Folge hat, wird keinesfalls abgestoßen wie eine Raketenstufe, die ihre Aufgabe erfüllt hat. Wenn wir es mit einer Folge zu tun haben, dann kehren wir doch auch zu deren Quellen, den Ursachen zurück, drehen also – formal gesprochen – mit Hilfe des Bewußtseins die Zeit zurück! Auch im moralischen Sinne können sich Ursache und Folge in dieser ständig wechselnden Verknüpfung bedingen – und in diesem Fall kehrt der Mensch gleichsam in seine Vergangenheit zurück.

Der sowjetische Journalist Owtschinnikow schreibt in seinen Japan-Erinnerungen: »Man meint hier, daß die Zeit an sich das Wesen der Dinge zutage fördere. Aus diesem Grunde sehen die Japaner in den Spuren des Wachstums einen besonderen Reiz. Deshalb fasziniert sie die dunkle Farbe eines alten Baumes, ein verwitterter Stein, ja sogar das Ausgefranste, das von den vielen Händen zeugt, die ein Bild an seinem Rande berührten. Diese Spuren des Alterns nennen sie *saba,* was wörtlich übersetzt ›Rost‹ heißt. Saba – das ist der nicht nachahmbare Rost, der Zauber des Alten, das Siegel, die ›Patina‹ der Zeit.«

Ein solches Element der Schönheit, wie es Saba ist, verkörpert die Verbindung von Kunst und Natur. In gewissem Sinne sind die Japaner auf diese Weise bestrebt, sich die Zeit als eine Art Kunstmaterial zu eigen zu machen.

In diesem Zusammenhang stellen sich unwillkürlich Assoziationen ein zu der Art, in der sich Marcel Proust seiner Großmutter erinnerte: »Sogar wenn sie jemandem ein sogenanntes praktisches Geschenk machen mußte, einen Sessel, ein Service oder einen Spazierstock zum Beispiel, wählte sie stets ›antike‹ Dinge aus. Solche, die möglichst lange nicht gebraucht worden waren und so ihren nützlichen Charakter verloren hatten, sich also eher zum Erzählen über das Leben vergangener Epochen als zur Befriedigung unserer Alltagsbedürfnisse eigneten.«[19]

»Beleben wir das Riesengebäude der Erinnerungen« – auch das sagte Proust. Und meiner Meinung nach hat in diesem Prozeß der »Belebung« die Filmkunst eine besondere Rolle zu spielen. Auf bestimmte Weise ist das »Saba«-Ideal der Japaner ausgesprochen kinematographisch, das heißt, es ist ein absolut neues Material – die Zeit wird zu einem Mittel des Kinos, zu einer neuen Muse im vollen Sinne des Wortes.

Ich möchte niemandem meine Ansicht zur Filmkunst aufdrängen. Ich rechne nur damit, daß jeder, an den ich mich wende – und ich wende mich an die, die das Kino kennen und lieben – seine eigenen Vorstellungen und Ansichten über die Arbeits- und Wirkungsprinzipien dieser Kunst hat.

In und über unseren Beruf gibt es eine Menge von Vorurteilen. Ich meine nicht Traditionen, sondern tatsächlich die Vorurteile, Denkschablonen und Allgemeinplätze, die sich üblicherweise um Traditionen ranken, ja diese Traditionen allmählich verdecken. Erreichen kann man aber auf einem schöpferischen Gebiet nur dann etwas, wenn man frei von derlei Vorurteilen ist. Man muß also seine eigene Position, seinen eigenen Gesichtspunkt – natürlich auf der Basis einer gesunden Idee – ausarbeiten und ihn dann während der gesamten Arbeit wie den eigenen Augapfel hüten.

Die Filmregie beginnt nicht etwa in dem Moment, wo man das Drehbuch mit dem Dramaturgen durchspricht, nicht bei der Arbeit mit den Schauspielern und auch nicht beim Treffen mit dem Komponisten. Filmregie beginnt vielmehr in jenem Moment, da das Bild des Films vor dem inneren Auge jenes Menschen entsteht, der diesen Film machen wird und den man einen Regisseur nennt. Dabei ist unwichtig, ob das nun bereits eine detailgenaue Episodenreihe oder lediglich ein Gespür für die Faktur und die emotionale Atmosphäre ist, die der Film auf der Leinwand wiedergeben soll. Einen Filmemacher kann man nur dann auch als Regisseur bezeichnen, wenn er seinen Entwurf klar vor sich sieht und diesen dann bei seiner Arbeit mit dem Filmteam tatsächlich unbeschadet und genau umzusetzen versteht. Doch all dies geht noch nicht über den Rahmen des rein Handwerklichen hinaus. Gewiß steckt darin vieles von dem, ohne das Künstlerisches nicht zu verwirklichen ist, doch reicht dies bei weitem noch nicht aus, um einen Regisseur als Künstler bezeichnen zu können.

Der Künstler beginnt dort, wo in seinem Konzept, beziehungsweise bereits in seinem Film selbst eine eigene, unverwechselbare Bildstruktur aufkommt, ein eigenes Gedankensystem zur realen Welt, das der Regisseur dann dem Urteil der Zuschauer überantwortet, dem er seine tiefsten Träume mitteilt. Nur wenn er seine eigene Sicht der Dinge präsentiert, also zu einer Art Philosoph wird, ist der Regisseur auch tatsächlich ein Künstler und die Kinematographie eine Filmkunst.

Philosoph aber ist er nur in einem sehr bedingten Sinne. Es ist an der Zeit, sich des Ausspruchs von Paul Valéry zu erinnern: »Poeten – Philosophen! Das wäre dasselbe, als würde man einen Maler von Seestücken mit einem Schiffskapitän verwechseln!«

Jede Kunstart lebt und entsteht nach ihren eigenen Gesetzen.

Wenn man von den spezifischen Gesetzmäßigkeiten des Films redet, dann zieht man häufig genug Parallelen zur Literatur. Meiner Meinung nach muß die Wechselbeziehung von Literatur und Film allerdings erheblich tiefer begriffen und herausgearbeitet werden, damit man sie deutlicher voneinander unterscheiden kann, statt sie, wie bisher, in einen Topf zu werfen. Die Frage muß lauten: Worin sind Literatur und Film ähnlich und verwandt? Was haben sie gemeinsam?

Gemeinsam ist ihnen wohl vor allem die unvergleichliche Freiheit, mit der hier die Künstler mit dem von der Wirklichkeit dargebotenen Material umgehen, dieses organisieren können. Das mag nun sicher eine äußerst breite und allgemeine Definition sein, doch sie scheint mir absolut alles zu erfassen, was Literatur und Film tatsächlich gemein haben. In allem weiteren treten unversöhnliche Differenzen auf, die eine Folge der prinzipiellen Unterschiedlichkeit verbaler und visuell-filmischer Darstellungsweise sind. Der hauptsächliche Unterschied besteht vor allem darin, daß die Literatur die Welt mit Hilfe der Sprache beschreibt, der Film jedoch keine Sprache besitzt. Er ist unmittelbar, er führt uns sich selbst vor Augen.

Die Frage nach der filmischen Spezifik ist bis auf den heutigen Tag noch nicht eindeutig, allgemeinverbindlich beantwortet. Es existieren hierzu eine Menge unterschiedlicher Ansichten, die einander widersprechen, oder aber – was erheblich schlimmer ist – sich überschneiden und so ein eklektisches Chaos bilden. Jeder Regisseur kann die Frage nach dem Spezifischen der Filmkunst auf seine eigene Weise aufwerfen, beantworten und begreifen. Doch in jedem Fall bedarf bewußtes filmisches Schaffen einer strengen Konzeption. Denn ohne Kenntnis der Gesetze seiner eigenen Kunst kann einfach niemand kreativ sein.

Was ist also Kino? Worin liegt seine Eigenart, worin bestehen seine Möglichkeiten, Verfahren und Bilder, und zwar nicht etwa nur in formaler, sondern auch – wenn man so will – in geistiger Hinsicht? Mit welchem Material arbeitet schließlich der Regisseur eines Films?

Bis zum heutigen Tag können wir den genialen Film »Die Ankunft des Zuges« nicht vergessen, der bereits im vorigen Jahrhundert gezeigt wurde und mit dem alles begann. Dieser allgemein bekannte Film von Auguste Lumière[20] wurde nur deshalb gedreht, weil man damals gerade Filmkamera, Filmstreifen und Projektionsapparat erfunden hatte. In diesem Streifen, der nicht länger als eine halbe Minute dauert, ist ein sonnenbelichtetes Stück Bahnsteig zu sehen, auf und ab gehende Damen und Herren, schließlich der aus der Tiefe der Einstellung direkt auf die Kamera zufahrende Zug. Je näher der Zug herankam, desto größer wurde damals die Panik im Zuschauersaal: die Leute sprangen auf und rannten hinaus. In diesem Moment wurde die Filmkunst geboren. Und das war nicht nur eine Frage der Technik oder einer neuen Form, die sichtbare Welt wiederzugeben. Nein, hier war ein neues ästhetisches Prinzip entstanden.

Dieses Prinzip besteht darin, daß der Mensch zum ersten Mal in der Geschichte der Kunst und Kultur eine Möglichkeit gefunden hatte, *die Zeit* unmittelbar *festzuhalten* und sich diese zugleich so oft wieder reproduzieren zu können, also zu ihr zurückzukehren, wie ihm das in den Sinn kommt. Der Mensch erhielt damit eine Matrix der *realen Zeit*. Die gesichtete und fixierte Zeit konnte nunmehr für lange Zeit (theoretisch sogar unendlich lange) in Metallbüchsen aufgehoben werden.

Genau in diesem Sinne enthielten die ersten Lumière-Filme den Kern des neuen ästhetischen Prinzips. Doch gleich danach nahm der Kinematograph gezwungenermaßen einen außerkünstlerischen Weg, der den kleinbürgerlichen Interessen und Vorteilen am meisten entgegenkam. Im Verlaufe von zwei Jahrzehnten wurde so ungefähr die gesamte Weltliteratur und eine große Menge von Theaterstoffen »verfilmt«. Der Kinematograph wurde als eine einfache und attraktive Theater-Fixierung benutzt. Das Kino ging damals den falschen Weg, und wir sollten uns klar darüber sein, daß wir die traurigen Früchte dieses Irrtums noch heute ernten. Ich will dabei noch nicht einmal vom Unglück des bloß Illustrativen sprechen: Das größte Unglück bestand nämlich eigentlich darin, daß man eine künstlerische Applikation jener eminent unschätzbaren Möglichkeit des Kinematographen ignorierte – die Möglichkeit, die Realität der Zeit auf dem Zelluloidstreifen zu fixieren.

Was ist das nun für eine Form, in der der Kinematograph die Zeit fixiert? Ich würde sie als eine *faktische* Form definieren. Das Faktum kann ein Ereignis sein, eine menschliche Bewegung oder jeder beliebige Gegenstand, der übrigens ohne Bewegung und Veränderung präsentiert werden kann (sofern er auch im realen Zeitfluß unbeweglich ist).

Und eben darin besteht das Wesen der Filmkunst. Man wird mir entgegenhalten, das Problem der Zeit sei in der Musik von ebenso prinzipieller Bedeutung. Aber es wird dort völlig anders gelöst: Die Materialität des Lebens befindet sich an der Grenze ihrer völligen Auflösung. Die Kraft des Kinematographen besteht jedoch gerade darin, daß er die Zeit in ihrer realen und unauflöslichen Verknüpfung mit der Materie der uns täglich, ja stündlich umgebenden Wirklichkeit beläßt.

Die Grundidee von Film als Kunst ist *die in ihren faktischen Formen und Phänomenen festgehaltene Zeit*. Diese Idee läßt über den Reichtum bislang ungenutzter Möglichkeiten des Kinos nachdenken, über dessen kolossale Zukunft. Genau hieraus entwickele ich auch meine praktischen und theoretischen Arbeitshypothesen.

Weshalb gehen die Leute eigentlich ins Kino? Was treibt sie in einen dunklen Saal, wo sie auf einer Leinwand zwei Stunden lang ein Spiel von Schatten beobachten können? Suchen sie dort Ablenkung und Unterhaltung? Brauchen sie etwa eine besondere Art von Narkotikum? In der Tat existieren überall in der Welt Unterhaltungskonzerne und -trusts, die Film und Fernsehen ebenso wie auch viele andere Formen der darstellenden Künste für ihre Zwecke ausbeuten. Doch nicht etwa hiervon sollte man ausgehen, sondern sehr viel mehr von dem prinzipiellen Wesen des Kinos, das etwas mit dem Bedürfnis des Menschen nach Weltaneignung zu tun hat. Normalerweise geht der Mensch ins Kino wegen der verlorenen, verpaßten oder noch nicht erreichten Zeit. Er geht dorthin auf der Suche nach Lebenserfahrung, weil gerade der Film wie keine andere Kunstart die faktische Erfahrung des Menschen erweitert, bereichert und vertieft, ja diese nicht einfach nur bereichert, sondern sozusagen ganz erheblich verlängert. Hierin und nicht etwa in »Stars«, abgedroschenen Sujets und ablenkender Unterhaltung liegt die eigentliche Kraft des Films.

Worin besteht das Wesen der Autorenfilmkunst? In einem bestimmten Sinne könnte man sie als ein Modellieren der Zeit bezeichnen. Ähnlich wie ein Bildhauer in seinem Innern die Umrisse seiner künftigen Plastik erahnt und entsprechend alles Überflüssige aus dem Marmorblock herausmeißelt, entfernt auch der Filmkünstler aus dem riesengroßen, ungegliederten Komplex der Lebensfakten alles Unnötige und bewahrt nur das, was ein Element seines künftigen Films, ein unabdingbares Moment des künstlerischen Gesamtbildes werden soll.

Man sagt, daß der Film eine Kunst der Synthese ist, daß er auf einer Interaktion vieler benachbarter Kunstarten wie Drama, Prosa, Schauspielkunst, Malerei, Musik usw. basiert. In Wirklichkeit schlagen aber diese Künste mit ihrer »Interaktion« derart schrecklich auf die Filmkunst ein, daß sie sich urplötzlich in ein eklektisches Chaos oder aber – im günstigeren Falle – in eine vermeintliche Harmonie verwandeln kann, bei der dann nichts mehr von der eigentlichen Seele der Filmkunst zu entdecken ist, weil diese nämlich im selben Augenblick zugrunde geht. Es lohnt sich, ein und für alle Mal klarzustellen, daß der Film, wenn er Kunst ist, nicht einfach eine bloße Kompilation von Prinzipien aus anderen angrenzenden Kunstarten sein kann. Erst dann läßt sich auch die Frage nach dem berüchtigten synthetischen Charakter der Filmkunst beantworten. Aus der Kombination eines literarischen Gedankens mit malerischer Plastizität ergibt sich noch kein filmkünstlerisches

Bild, sondern lediglich unsägliche oder bombastische Eklektik. Selbst die Gesetze zeitlicher Bewegung und Organisation dürfen sich im Film nicht den Gesetzen der Bühnenzeit unterwerfen.

Es geht – ich wiederhole es noch einmal – um die Zeit in der Form eines Faktums! Das ideale Kino ist für mich die Filmchronik, die ich nicht etwa als eine Filmgattung, sondern als eine Art, das Leben zu rekonstruieren, ansehe.

Ich zeichnete einmal einen zufälligen Dialog auf Tonband auf. Menschen sprachen miteinander, ohne zu wissen, daß ihre Gespräche mitgeschnitten wurden. Als ich mir dieses Tonband dann anhörte, kam mir alles geradezu genial »aufgezeichnet« und »inszeniert« vor. Die Bewegungslogik der Charaktere, deren Emotion und Energie waren hier deutlich zu spüren. Was für einen Klang die Stimmen hatten, was für herrliche Pausen da gemacht wurden! ... Kein Stanislawskij könnte solche Pausen erklären. Und Hemingway würde mit seiner Stilistik gegenüber dieser Dialogstruktur prätentiös und naiv wirken...

Der Idealfall einer Filmarbeit sieht für mich folgendermaßen aus: Ein Filmautor zeichnet auf Millionen von Filmmaterial-Metern jede Sekunde, jeden Tag, jedes Jahr ohne Unterbrechung auf, etwa das Leben eines Menschen von der Geburt bis zum Tod. Mit Hilfe des Schnittes würde man dann daraus einen Film von 2 500 Metern Länge gewinnen, das heißt, einen Film mit etwa anderthalb Stunden Laufzeit. (Interessant wäre dabei auch die Vorstellung, daß diese Millionen Filmmeter in die Hände verschiedener Regisseure gerieten, von denen dann jeder für sich daraus einen jeweils äußerst unterschiedlichen Film zusammenstellen würde!).

Und wenn es nun auch diese Millionen von Filmmetern in der Wirklichkeit nicht geben kann, so sind solche »idealen« Arbeitsbedingungen doch gar nicht so irreal. Man sollte sie anstreben, und zwar in dem Sinne, daß man bei der Auswahl und Korrelierung von Teilstücken einer Faktenfolge genau weiß, sieht und hört, *was* sich zwischen ihnen befindet, was sie unverbrüchlich miteinander verbindet. Genau das ist Kino. Anderenfalls geraten wir leicht auf den Weg üblicher Theaterdramaturgie, auf den Weg einer Sujetkonstruktion, die von vorgegebenen Charakteren ausgeht. Der Film aber muß frei sein in seiner Auswahl und Korrelierung von Fakten, die einem

»Zeitblock« beliebiger Größe und Länge entstammen. Dabei möchte ich keineswegs sagen, daß man unablässig einem bestimmten Menschen folgen muß. Auf der Kinoleinwand kann die Verhaltenslogik eines Menschen in die Logik völlig anderer (scheinbar nebensächlicher) Fakten und Phänomene übergehen. Der ausgewählte Mensch kann sogar ganz von der Kinoleinwand verschwinden und durch etwas völlig anderes ersetzt werden, sofern das für die Idee nötig wird, von der sich der Autor dieses Filmes bei seinem Faktenverständnis leiten läßt. Man kann zum Beispiel auch einen Film drehen, in dem es gar keine zentrale Schlüsselfigur gibt, sondern alles aus der Perspektive eines subjektiven menschlichen Blicks auf das Leben wahrgenommen wird.

Der Film vermag mit jedem beliebigen Faktum zu operieren, beliebig viel vom Leben auszuklammern. Das, was in der Literatur einen Sonderfall darstellt (etwa die dokumentarische Einleitung in Hemingways Erzählband »In unserer Zeit«), ist im Kino Ausdruck von dessen grundlegenden künstlerischen Gesetzen. Alles, was du willst: Für die Struktur eines Theaterstückes oder eines Romans könnte dies etwas grenzenlos Ausuferndes bedeuten. Im Film ist das jedoch ganz und gar nicht so.

Den Menschen in einen unbegrenzten Raum zu stellen, ihn mit einer zahllos großen Menge unmittelbar neben ihm und weiter weg von ihm vorübergehender Menschen verschmelzen zu lassen, ihn in Bezug zur gesamten Welt zu setzen – das ist ja gerade der Sinn des Films!

Es gibt den inzwischen schon ziemlich abgedroschenen Begriff »poetischer Film«. Man versteht darunter jenen Film, dessen Bilder sich kühn über die faktische Konkretheit des realen Lebens hinwegsetzen und zugleich eine eigene konstruktive Einheit konstituieren. Aber darin verbirgt sich eine besondere Gefahr, die Gefahr nämlich, daß sich das Kino hier von sich selbst entfernt. Der poetische Film bringt in der Regel Symbole, Allegorien und ähnliche rhetorische Figuren dieser Art hervor. Und ebendiese haben nun nichts mit jener Bildlichkeit gemeinsam, die die Natur des Films ausmacht.

An dieser Stelle scheint mir eine weitere Präzisierung angebracht: Wenn die Zeit im Film in Form eines Faktums präsentiert wird, so bedeutet das, daß dieses Faktum in Form einer einfachen, unmittelbaren Beobachtung wiedergegeben wird.

Das grundlegende formbildende Element im Kino, das dieses vom unscheinbarsten Bildausschnitt an durchzieht und bestimmt, ist die *Beobachtung*.

Allgemein bekannt ist das traditionelle Genre der altjapanischen Poesie – das Haiku. Beispiele dieses Haiku werden bei Sergej Eisenstein zitiert[21]:

Ein uraltes Kloster	Im Feld ist es still
Ein Halbmond	Ein Schmetterling fliegt
Ein Wolf heult	Der Schmetterling ist eingeschlafen.

In diesen Dreizeilern sah Eisenstein ein Muster dafür, wie drei unzusammenhängende Elemente in ihrer Korrelierung eine neue Qualität hervorbringen. Aber dieses Prinzip ist nicht spezifisch dem Film zu eigen – es existierte eben schon in den Haikus. Mich dagegen fasziniert am Haiku dessen reine, subtile und komplexe Beobachtung des Lebens.

> Angelruten in den Wellen
> Ein wenig streifte sie
> Der Vollmond
>
> oder
>
> Eine Rose entblätterte sich
> Und an allen Dornenspitzen
> Hängen kleine Tropfen

Das ist reine Beobachtung. Ihre Präzision und Genauigkeit läßt sogar Menschen mit ausgesprochen zerfahrener Wahrnehmung die Kraft der Poesie und das vom Autor eingefangene Bild aus dem Leben spüren.

Trotz all meiner Zurückhaltung gegenüber Analogien zu anderen Kunstarten scheint mir dieses Beispiel von Poesie dem Wesen des Films sehr nahe zu kommen. Man darf nur nicht vergessen, daß Literatur und Poesie im Unterschied zum Film ihre eigene Sprache besitzen. Der Film entspringt der unmittelbaren Lebensbeobachtung. Dies ist für mich der richtige Weg filmischer Poesie. Denn das filmische Bild ist seinem Wesen nach die Beobachtung eines in der Zeit angesiedelten Phänomens.

Sergej Eisensteins »Iwan der Schreckliche« ist ein Film, der von den Prinzipien unmittelbarer Beobachtung extrem weit entfernt ist. Dieser Film stellt nicht nur insgesamt eine Hieroglyphe vor, sondern besteht auch ausschließlich aus großen, kleinen und kleinsten Hieroglyphen. Es gibt hier kein einziges Detail, das nicht von der Absicht dieses Filmautors bestimmt wäre. (Ich habe gehört, daß Eisenstein selbst einmal in einer Vorlesung diese Hieroglyphen, diese versteckte Sinngebung ironisiert haben soll: Auf Iwans Rüstung war eine Sonne dargestellt, auf der von Kurbskij dagegen ein Mond, da dessen Wesen nur darin bestehe, »als Widerschein des Lichtes zu leuchten...,«).

Dennoch hat dieser Film aufgrund seiner musikalisch-rhythmischen Struktur eine erstaunliche Kraft. Die Schnittfolgen, der Wechsel der Einstellungsgrößen, die Korrelierung von Bild und Ton wurden hier so genau und streng erarbeitet, wie das sonst nur in der Musik geschieht. Aus diesem Grund wirkt »Iwan der Schreckliche« auch dermaßen überzeugend. Auf jeden Fall hatte mich dieser Film seinerzeit gerade wegen seines Rhythmus fasziniert. In der Anlage seiner Charaktere, in der Konstruktion plastischer Bilder und in seiner Atmosphäre gerät »Iwan der Schreckliche« dann allerdings so stark in die Nähe zum Theater – beziehungsweise zum Musiktheater –, daß er meiner theoretischen Überzeugung mach bereits aufhört, ein Filmwerk im eigentlichen Sinne zu sein. Das ist eine »Alltagsoper«, wie Eisenstein selbst einmal von einem Film seines Kollegen sagte. Die Filme, die Eisenstein in den zwanziger Jahren geschaffen hat – allen voran »Panzerkreuzer Potemkin« –, waren da noch von ganz anderer Art. Sie waren voller Leben und Poesie.

Das filmische Bild ist also seinem Wesen nach Beobachtung von Lebensfakten, die in der Zeit angesiedelt sind, die entsprechend den Formen des Lebens selbst und dessen Zeitgesetzen organisiert werden. Beobachten setzt Auswählen voraus. Denn wir werden auf dem Filmstreifen nur das festhalten, was als Teil des künftigen filmischen Bildes tauglich ist.

Dabei darf das filmische Bild nicht im Widerspruch zu seiner natürlichen Zeit zergliedert und aufgespalten, nicht dem Fluß der Zeit entzogen werden. Denn ein Filmbild wird unter anderem nur dann auch »tatsächlich kinematographisch, wenn die unabdingbare Voraussetzung gewahrt bleibt, daß es nicht nur in der Zeit lebt, sondern die Zeit auch in ihm, und zwar von Anfang an, in jeder seiner Einstellungen. Kein einziger »toter« Gegenstand, kein bewußt in eine Einstellung eingebrachter Tisch, Stuhl oder Becher kann etwa als Zeichen für nichtvorhandene Zeit außerhalb der konkret ablaufenden Zeit präsentiert werden.

Weicht man von dieser Voraussetzung ab, so eröffnet sich sogleich die Möglichkeit, eine ungeheuere Menge von Attributen angrenzender Kunstarten in den Film hineinzuschmuggeln. Mit deren Hilfe vermag man nun sicher recht effektvolle Filme zu gestalten. Doch vom Gesichtspunkt der kinematographischen Form her widersprechen sie dem normalen Entwicklungsablauf der Natur wie auch dem Wesen und den Möglichkeiten des Films.

Mit der Kraft, Präzision und Unerbittlichkeit, mit der der Film das Gespür der in der Zeit angesiedelten und sich verändernden Fakten und Fakturen wiederzugeben vermag, kann sich keine einzige andere Kunst vergleichen. Daher verärgern einen auch die prätentiösen Ansprüche des gegenwärtigen »poetischen Films«, sich vom Faktum, vom Realismus der Zeit loszulösen. Heraus kommen dabei nur Gestelztheit und Manierismus.

Der moderne Film basiert auf einigen grundlegenden Tendenzen der Formentwicklung, und es ist gewiß kein Zufall, daß dabei gerade jene Tendenz besondere Aufmerksamkeit findet, die sich zur Chronik hin entwickelt. Das ist eine sehr wichtige und vielversprechende Tendenz, die deshalb auch häufig bis zu bloßen Nachahmungen hin imitiert wird. Doch der Sinn tatsächlicher Faktizität und Chronikalität kann natürlich nicht darin liegen, mit der entfesselten Kamera unscharfe Bilder zu schießen. (»Sehen Sie nur, hier hat es der Kamermann nicht einmal mehr geschafft, das Objektiv scharf einzustellen.«) Es kann nicht Aufgabe des Filmkünstlers sein, so zu filmen, daß lediglich die konkrete und unwiederholbare Form eines sich abspielenden Vorgangs wiedergegeben wird. Nicht selten sind scheinbar unbeabsichtigt aufgenommene Einstellungen nicht weniger ausgeklügelt und bedingt als die penibel erarbeiteten Einstellungen des »poetischen Films« mit ihrer erbärmlichen Symbolik: Hier wie dort überschneiden sich nämlich der lebendig-konkrete und der emotionale Inhalt des gefilmten Objekts.

Eine gewisse Aufmerksamkeit erfordert auch das Problem der sogenannten *uslownost*, der künstlerischen Bedingtheit. Denn es existieren Bedingtheiten, die für die Kunst tatsächlich gegeben sind, und vermeintliche Konventionen, die man besser Vorurteile nennen sollte.

Eine Sache ist die eine bestimmte Kunstart spezifisch charakterisierende Bedingtheit – also beispielsweise die Tatsache, daß ein Maler in jedem Fall mit Farbe und den Wechselwirkungen der Farbe auf dem Material der Leinwand zu tun hat. Eine ganz andere Sache dagegen ist die vermeintliche konventionelle Bedingtheit, die das Ergebnis von etwas eher Zufälligem ist. Also beispielsweise das Resultat eines nur oberflächlich begriffenen Wesens des Kinos, einer zeitbedingten Begrenzung der Ausdrucksmittel, einfacher Gewohnheiten und Schablonen oder aber spekulativer künstlerischer Verfahrensweisen. Man vergleiche nur einmal die rein äußerlich begriffene »Bedingtheit« der Bildbegrenzung, des »Rahmens« einer filmischen Einstellung mit dem einer Staffelei. Auf solche Weise werden Vorurteile geboren.

Eine der unumgänglichsten Bedingtheiten des Films liegt darin, daß sich eine Filmhandlung unabhängig von der real existierenden Gleichzeitigkeit, den Rückblenden usw. folgerichtig entwickeln muß. Um die Gleichzeitigkeit und Parallelität zweier oder mehrerer Prozesse wiedergeben zu können, muß man diese unbedingt konsequent, in folgerichtiger Montage präsentieren. Einen anderen Weg gibt es nicht. In Alexander Dowshenkos »Erde« schießt der Kulak auf den Helden, und um nun den Schuß wiedergeben zu können, konfrontiert dieser Regisseur das Bild des plötzlich zu Boden stürzenden Helden mit anderen Einstellungen: Parallel hierzu heben irgendwo in einem Feld erschreckte Pferde den Kopf, und erst dann erfolgt die Rückkehr zum Tatort der Ermordung. Für die Zuschauer waren diese Pferde, die ihre Köpfe erhoben, eine indirekte Wiedergabe des sich ausbreitenden Schußgeräusches. Als dann der Tonfilm eingeführt wurde, fiel die Notwendigkeit solcher Montagen weg. Heute darf sich niemand mehr auf die genialen Einstellungen Dowshenkos berufen, um jene Bedenkenlosigkeit zu rechtfertigen, mit der das gegenwärtige Kino völlig grundlos in »Parallel«-Montagen flüchtet. Da fällt etwa ein Mensch ins

Wasser, und in der nächsten Einstellung sieht man »Maschas Blick«, obwohl dafür meist gar keine Notwendigkeit besteht. Derlei Einstellungen nehmen sich eher wie eine Neuauflage der Stummfilm-Poetik aus. So etwas ist eine aufgepfropfte Bedingtheit, die zu einem Vorurteil, zur Schablone wird.

Die Entwicklung der Filmtechnik in den Jahren nach dem Ende der Stummfilmzeit brachte manche Verführung mit sich, etwa die Aufteilung einer Breitwand-Einstellung in mehrere Sektoren, die zwei oder mehrere parallel ablaufende Handlungen gleichzeitig (»simultan«) präsentieren können. Meiner Meinung nach ist dies ein falscher Weg, eine spekulativ erdachte Pseudo-Bedingtheit, die dem Kino wesensfremd und daher fruchtlos ist.

Einige Kritiker hätten schrecklich gern ein Kino, das gleichzeitig auf mehreren – sagen wir auf sechs – Leinwänden demonstriert wird. Die Bewegung einer filmischen Einstellung hat ihre eigene Natur, die sich von einem musikalischen Ton unterscheidet, und das »polyekrane« Kino kann in diesem Sinne auch weder mit einem Akkord, noch mit Harmonie oder Polyphonie verglichen werden. Das hat schon eher etwas mit dem gleichzeitigen Tönen mehrerer Orchester zu tun, von denen jedes eine völlig andere Musik spielt. Außer einem Chaos wird man dabei auf der Leinwand nichts anderes erleben, weil die Gesetze der Wahrnehmung durcheinander geraten und der Autor eines »Polyekran«-Filmes Gleichzeitigkeit und Folgerichtigkeit irgendwie konstituieren, das heißt für jeden Einzelfall ein speziell ausgeklügeltes Bedingungssystem einführen muß. Heraus kommt dabei doch nur etwas, bei dem man die rechte Hand am linken Ohr vorbei zum rechten Nasenloch führt. Ist es da nicht wirklich besser, sich energisch die einfache und gesetzmäßige Bedingtheit des Kinos als einer folgerichtigen Darstellung anzueignen und unmittelbar von dieser Bedingtheit auszugehen? Der Mensch kann ganz einfach nicht mehrere Handlungen gleichzeitig beobachten. So etwas liegt außerhalb seiner psychophysiologischen Möglichkeiten.

Zu unterscheiden sind also natürliche Bedingtheiten, auf denen die Spezifik einer gegebenen Kunstart basiert, und Bedingtheiten, die eine Grenze zwischen dem realen Leben und einer spezifisch begrenzten Form dieser gegebenen Kunst markieren – also zufällige, erdachte, nicht-prinzipielle Bedingthei-

ten, die entweder in die Sklaverei von Schablonen oder aber zu
verantwortungsloser Phantasterei führen, beziehungsweise zu
einem Konglomerat spezifischer Prinzipien benachbarter
Kunstarten.

Eine der wichtigsten Bedingtheiten des Kinos besteht darin,
daß das Filmbild sich nur in faktischen, natürlichen Formen
visuell und akustisch wahrgenommenen Lebens verkörpern
kann. Die Darstellung hat naturalistisch zu sein, wobei ich
nicht den gängigen literaturwissenschaftlichen Sinn des Wortes
»Naturalismus« (also Zola und sein Umfeld) im Auge habe.
Mir geht es dabei vielmehr um den Charakter der emotional
wahrnehmbaren Form des Filmbildes.

Man könnte jetzt dagegen einwenden: Was ist dann aber mit
der Phantasie eines Autors, mit der inneren Vorstellungswelt
eines Menschen? Wie ist das wiederzugeben, was ein Mensch in
seinem »Innern« sieht, alle seine »Tag«- und Nachtträume?

Alles dies ist möglich, allerdings nur unter der Voraussetzung, daß sich die »Traumgesichte« auf der Leinwand aus den
sichtbaren, natürlichen Formen des Lebens zusammensetzen.
Aber manchmal verfährt man so: Man nimmt etwas in Zeitlupe
oder durch einen Nebelschleier hindurch auf, greift zu altertüm-
lichen Methoden oder setzt entsprechende Musikeffekte ein.
Und der Zuschauer, der an so etwas bereits gewöhnt ist,
reagiert dann auch sofort entsprechend: »Aha, jetzt erinnert er
sich!«, »Das träumt sie nur!« Doch mit derlei geheimnistueri-
schen Beschreibungen ist kein echter filmischer Eindruck von
Träumen und Erinnerungen zu erzielen. Ausgeliehene Theater-
effekte sind nicht Sache des Kinos und sollten es auch nicht
sein.

Wessen bedarf es aber dann? Zunächst und vor allem muß
man wissen, was für einen Traum unser Held überhaupt
träumt. Man muß den realen, faktischen Hintergrund dieses
Traums kennen, alle Elemente dieser Realität vor sich sehen
können, die dann umgewandelt werden im nächtig wachen
Bewußtsein (oder mit denen ein Mensch operiert, wenn er sich
irgendein Bild vergegenwärtigt). Alles dies muß dann auf der
Leinwand genau, ohne irgendwelche Mystifizierungen oder
äußerliche Kunstgriffe, wiedergegeben werden. Sicher kann
man auch hier wieder einwenden: Wie steht es mit der Ver-
worrenheit, der Vieldeutigkeit und Unwahrscheinlichkeit des

Traums? Darauf erwidere ich, daß die sogenannte »Verworren-
heit« und das »Unsagbare« des Traums für das Kino keineswegs den Verzicht auf klar umrissene Bilder bedeuten darf.
Hier handelt es sich vielmehr um einen besonderen Eindruck,
den die Logik der Träume hervorruft, um ungewöhnliche und
überraschende Kombinationen und Gegenüberstellungen ausgesprochen realer Elemente. Und die muß man nun mit äußerster Genauigkeit ins Bild bringen. Der Film ist schon seiner
Natur nach verpflichtet, die Realität nicht etwa zu vertuschen,
sondern sie aufzuhellen. (Die interessantesten und schrecklich-
sten Träume sind ja übrigens auch gerade die, derer man sich
bis ins kleinste Detail entsinnt.)

Immer wieder möchte ich daran erinnern, daß die lebendige
Wirklichkeit, die faktische Konkretheit eine unabdingbare Voraussetzung, ja das letztgültige Kriterium jedweder plastischen
Struktur eines Films ist. Hierauf basiert auch deren Einmaligkeit, die nicht etwa daher rührt, daß ein Autor eine besondere
plastische Struktur gestaltet und mit rätselhaften Gedanken-
gängen verbunden hat, ihr also von sich aus irgendeinen Sinn
verlieh. Auf solche Weise entstehen Symbole, die sehr leicht
zum Allgemeingut werden, sich in Schablonen verwandeln
können.

Die Reinheit des Films und dessen unübertragbare Kraft
zeigt sich nicht etwa in einer symbolischen Schärfe der Bilder,
und seien diese noch so kühn, sondern darin, daß die Bilder die
Konkretheit und Unwiederholbarkeit eines realen Faktums
zum Ausdruck bringen.

In Luis Buñuels »Nazarin« gibt es eine Episode, die in einem
kleinen, elenden, steinigen Dorf spielt, das von der Pest heimgesucht wird. Was tut nun der Regisseur, um hier den Eindruck
der Verlassenheit zu erreichen? Wir sehen einen tiefenscharf
gefilmten Weg und zwei Reihen perspektivisch verlaufender
Häuser, die frontal aufgenommen sind. Der Weg kriecht einen
Berg hoch, weshalb auch kein Himmel zu sehen ist. Der rechte
Teil der Straße liegt im Schatten, der linke ist sonnenbeschie-
nen. Der Weg ist absolut leer. Aus der Tiefe der Einstellung
kommt mitten auf der Straße ein Kind direkt auf die Kamera
zu, das etwas Weißes, ein blendendweißes Laken hinter sich
herschleppt. Auf dem Kran bewegt sich langsam die Kamera.
Und im allerletzten Moment, bevor diese Einstellung von einer

anderen abgelöst wird, wird sie von einem hellweißen, im Sonnenlicht aufblitzenden Stoffetzen verdeckt. Woher kommt der ins Bild? Ist das vielleicht jenes Laken, das dort auf einer Leine trocknet? Genau an dieser Stelle spürt man mit überraschender Eindringlichkeit den auf geradezu unglaubliche Weise als medizinisches Faktum begriffenen »Pesthauch«.

Noch eine Einstellung. Diesmal aus Akira Kurosawas Film »Die sieben Samurai«. Hier sieht man ein mittelalterliches japanisches Dorf. Es findet ein Kampf zwischen berittenen und unberittenen Samurais statt. Es regnet stark, alles ist verschlammt. Die Samurais, auf altjapanische Art gekleidet, haben die Hosenbeine hochgezogen, so daß ihre schlammbedeckten Beine zu sehen sind. Als dann aber ein erschlagener Samurai zu Boden fällt, sieht man, wie der Regen den ganzen Schlamm abwäscht und seine Beine ganz weiß werden. Weiß wie Marmor. Dieser Mensch ist tot: Das ist ein Bild, das zugleich ein Faktum ist. Ein Bild, frei von Symbolik.

Doch vielleicht ist das alles nur ein Ergebnis des Zufalls: Der Schauspieler ist gerannt, hingefallen, der Regen hat ihm eben den Schlamm abgewaschen, wir aber rezipieren nun das Ganze als einen Regieeinfall?

Im Zusammenhang damit etwas zur Mise-en-scène: Im Kino bezeichnet die Mise-en-scène bekanntlich die Form der Anordnung und Bewegung gewählter Objekte auf der Fläche einer Einstellung. Doch wozu dient die Mise-en-scène? In neun von zehn Fällen wird man hierauf antworten, sie habe den Sinn des Geschehens zum Ausdruck zu bringen. Dies und nichts anderes. Meiner Meinung nach darf man aber die Funktion der Mise-en-scène nicht hierauf beschränken. Denn dann bliebe man auf einem Weg stehen, der nur in eine Richtung führt – in die Richtung von Abstraktionen. In der Schlußszene seines Films »Ein Mann für Anna Zaccheo« wies de Santis seinem Helden und seiner Heldin seinen Platz diesseits und jenseits eines Maschendrahtzaunes an. Der Zaun verkündet deutlich: Dieses Paar ist getrennt, es wird kein Glück zwischen ihnen geben, ein Kontakt ist unmöglich. Das Ergebnis davon ist, daß die konkrete, individuelle Einmaligkeit dieses Ereignisses aufgrund der ihm gewaltsam aufgezwungenen Form einen äußerst banalen Sinn annimmt. Der sogenannte Gedanke des Regisseurs springt den Zuschauer sofort an, doch leider mögen so etwas viele Zuschauer. Sie geben sich damit zufrieden, da das Ereignis »nachvollziehbar« und sein Sinn klar ist, man also nicht etwa mit aufmerksamer Betrachtung des sich hier konkret Ereignenden auch noch sein Gehirn und seine Augen anstrengen muß. Der Zuschauer wird korrumpiert und demoralisiert, wenn er solche Fertiggerichte vorgesetzt bekommt. Derlei Zäune, Gatter und Maschendrahtgestelle wiederholen sich in einer Menge von Filmen immer wieder, bedeuten aber stets dasselbe.

Was also ist eine Mise-en-scène? Wenden wir uns besseren Literaturwerken zu. Noch einmal sei an die erwähnte Schlußszene aus Fjodor Dostojewskijs »Der Idiot« erinnert: Zusammen mit Rogoshin kommt Fürst Myschkin in das Zimmer, wo die ermordete Nastasja Filippowna hinter einem Bettvorhang liegt und bereits »riecht«, wie Rogoshin sagt. Inmitten eines großen Zimmers sitzen sich nun beide auf Stühlen so gegenüber, daß sie sich mit ihren Knien berühren. Wenn man sich das vorstellt, wird einem unheimlich zumute. Die Mise-en-scène resultiert hier aus dem psychischen Momentanzustand der beiden Helden und drückt in unverwechselbarer Weise die Komplexheit ihrer Beziehungen aus. Wenn also ein Regisseur eine Mise-en-scène strukturieren will, so muß er dabei vom psychischen Zustand seiner Helden ausgehen, von der inneren dynamischen Stimmung einer Situation und alles dies in die Wahrheit eines einmaligen, gleichsam unmittelbar beobachteten Faktums und dessen *unwiederholbare* Faktur bringen. Nur dann wird die Mise-en-scène Konkretheit und die vielschichtige Bedeutung tatsächlicher Wahrheit miteinander vereinen.

Zuweilen meint man, es sei doch völlig gleichgültig, wie man die Schauspieler im Raum verteile: Sie stehen eben an der Wand und reden miteinander. Wir nehmen erst ihn und dann sie jeweils in Großaufnahme ins Bild, und dann werden sie auseinandergehen. Doch das Wesentlichste hat man dabei nicht bedacht, und das ist durchaus nicht nur Sache des Regisseurs, sondern – sehr häufig sogar – auch die des Drehbuchautors.

Wenn man sich nicht darüber im klaren ist, wieweit das Drehbuch (das doch letztlich nicht mehr, aber auch nicht weniger als ein »Halbfabrikat« ist) den Film im voraus bestimmt, kann man unmöglich einen guten Film machen. Man kann etwas ganz anderes machen, etwas Neues und sogar etwas Gutes – der Drehbuchautor wird in jedem Fall mit dem Regis-

seur unzufrieden sein. Nicht immer beschuldigt man einen
Regisseur zu Recht, er habe »einen interessanten Entwurf
zerstört«, denn häufig genug ist ein solcher Entwurf derart
literarisch (und nur in diesem Sinne interessant), daß ein
Regisseur einfach gar nicht anders kann, als ihn zu zerstören
und zu transformieren, um einen guten Film daraus machen zu
können. Vom reinen Dialog einmal abgesehen, kann die literarische Seite des Drehbuchs dem Regisseur bestenfalls durch
Hinweise auf den inneren, emotionalen Gehalt einer Episode,
einer Szene oder auch eines Films insgesamt nützlich sein.
(Friedrich Gorenstein[22] schrieb beispielsweise in einem Drehbuch: »Im Zimmer roch es nach Staub, vertrockneten Blumen
und ausgetrockneter Tinte.« Das gefällt mir sehr, weil ich mir
so die Gestalt und die »Seele« des Interieurs vorzustellen
beginne, und wenn dann der Filmarchitekt die einzelnen Deko-
rationsstücke bringt, kann ich sogleich eindeutig sagen, was
nun tatsächlich hierher paßt. Auf solchen Anmerkungen kann
dennoch nicht die zentrale Bildlichkeit eines Films basieren; in
der Regel helfen diese lediglich, die entsprechende Atmosphäre
zu finden). Auf jeden Fall sollte ein echtes Drehbuch nicht auf
einen bereits abgeschlossenen, endgültigen Eindruck abzielen,
sondern davon ausgehen, daß es in einen Film transformiert
wird, erst dort seine endgültige Form erhält.

Allerdings haben die Drehbuchautoren sehr wichtige Funktionen, die echte schriftstellerische Begabung erfordern. Ich
denke etwa an ihre psychologischen Aufgaben. Genau damit
kann die Literatur nun einen tatsächlich nützlichen, ja notwendigen Einfluß auf das Kino nehmen, ohne dessen eigentliches
Wesen zu verzerren oder zu beeinträchtigen. Heute gibt es im
Kino nichts Oberflächlicheres und Vernachlässigteres als die
Psychologie, wobei ich das Begreifen und Darlegen der tieferen
Wahrheit von Charakterzuständen meine. Das wird einfach mit
der linken Hand abgetan. Dabei handelt es sich doch hier
gerade um das, was einen Menschen beim Gehen in der unbe-
quemsten Haltung erstarren oder aus dem fünften Stockwerk
springen läßt!

Sowohl vom Regisseur wie auch vom Drehbuchautor fordert
das Kino großes Wissen über jeden Einzelfall. Und in diesem
Sinne muß ein Filmautor (Regisseur) nicht nur ein Geistesver-
wandter des als Psychologen agierenden Drehbuchautors, son-

dern auch des Psychiaters sein. Denn filmische Plastizität hängt in einem hohen, häufig sogar entscheidenden Maße von der konkreten psychischen Verfassung eines Menschen unter jeweils konkreten Umständen ab. Mit seinem umfassenden Wissen über dessen inneren Zustand soll, ja muß ein Drehbuchautor Einfluß auf den Regisseur nehmen. Hier kann und soll er ihm viel geben. Nicht zuletzt auch für die Strukturierung der Mise-en-scène. Man kann natürlich schreiben: »Die Helden blieben an der Wand stehen« und dann den Dialog folgen lassen. Doch in welcher Weise wird die Art bestimmt, in der Dialoge zu sprechen sind, die der Situation dort an der Wand entsprechen? Man darf sich bei den von den Helden gesprochenen Wörtern nicht einfach auf deren Sinn konzentrieren. »Wörter, Wörter, nichts als Wörter« – im wirklichen Leben sind sie häufig genug bloß Wasser oder Luft. Nur sehr selten kann man für kurze Zeit eine wirklich vollständige Übereinstimmung von Wort und Gestus, Wort und Sachinhalt, Wort und Gedanken beobachten. Gewöhnlich realisieren sich Wort, innerer Seelenzustand und physisches Agieren des Menschen auf unterschiedlichen Ebenen. Sie kooperieren, wiederholen zuweilen einander, widersprechen sich sehr viel häufiger, geraten mitunter in heftige Konflikte und entlarven einander. Nur bei genauer Kenntnis dessen, was und aus welchem Grunde sich gleichzeitig auf allen diesen »Ebenen« tut, ist jene Einmaligkeit, Wahrhaftigkeit und Kraft des Faktums zu erzielen, von der ich hier spreche. Das wechselseitige Funktionsverhältnis von Mise-en-scène und gesprochenem Wort bringt in all seiner Richtungsvielfalt ein völlig konkretes Bild hervor.

Wenn ein Regisseur ein Drehbuch in seine Hände nimmt und daran zu arbeiten beginnt, so wird sich dieses unweigerlich verändern. Und zwar unabhängig davon, wie tief sein Konzept und wie exakt seine Absichten sind. Niemals wird ein Drehbuch auf der Leinwand buchstäblich, wörtlich oder widerspiegelnd umgesetzt. In jedem Fall kommt es dabei zu bestimmten Deformationen. Deshalb führt die Arbeit von Drehbuchautor und Regisseur in der Regel auch zu Konflikten und heftigen Auseinandersetzungen. Ein vollwertiger Film kann auch dann entstehen, wenn es im Laufe dieses Arbeitsprozesses zu einem Bruch zwischen Drehbuchautor und Regisseur kommen sollte, bei dem die ursprünglichen Konzeptideen auf der Strecke bleiben.

Denn auf deren »Ruinen« ersteht dann eine neue Konzeption,
ein neuer Organismus.

Überhaupt bleibt zu sagen, daß es immer schwieriger wird,
den Arbeitsanteil eines Regisseurs von dem des Drehbuchautors zu unterscheiden. In der modernen Filmkunst tendiert der
Regisseur immer mehr zum »Autorenkino«, was ebenso natürlich wie die Tatsache ist, daß einem Drehbuchautor heute
immer größeres Regieverständnis abverlangt wird. Als die nor-
malste Variante einer Autorenarbeit wäre demnach jener Fall
anzusehen, bei dem die Konzeptidee keinen Schiffbruch erlei-
det, nicht deformiert wird, sondern sich organisch entwickelt.
Und das geschieht eben dann, wenn ein Filmregisseur sich sein
Drehbuch selbst schreibt, beziehungsweise der Drehbuchautor
den Film selbst inszeniert.

Es soll besonders darauf hingewiesen werden, daß eine Autorenarbeit mit dem Ideenkonzept beginnt, mit der Notwendigkeit, von irgend etwas Wichtigem zu berichten. Das ist klar und
kann auch gar nicht anders sein. Sicher kann es auch sein, daß
ein Regisseur dann beim Lösen rein formaler Aufgaben auf
einen für ihn neuen Gesichtspunkt zu stoßen, ein für ihn selbst
wesentliches Problem zu entdecken scheint (wofür es in verschiedenen Kunstarten nicht wenige Beispiele gibt). Doch zu all
dem kommt es in jedem Fall nur dann, wenn die künstlerische
Grundhaltung – scheinbar unerwartet – in die Seele dieses
Menschen, seines Themas, seiner Idee dringt. Wenn er diese –
bewußt oder unbewußt – schon längst, sein ganzes Leben lang,
in sich trägt. Ein Beispiel für ein solches Werk könnte – wenn
ich diesen Film richtig verstanden habe – Godards »Außer
Atem« darstellen.

Das Allerschwierigste ist offenbar, ohne Furcht vor irgendwelchen selbstauferlegten Begrenzungen (und seien diese noch
so unbarmherzig) sich seine eigene Konzeption zu erarbeiten
und dieser dann auch treu zu bleiben. Erheblich einfacher ist es,
eklektisch zu verfahren, nach schablonenhaften Mustern zu
greifen, die in unserem Arbeitsarsenal ja in Hülle und Fülle
vorhanden sind. Das ist für den Regisseur leichter und für den
Zuschauer einfacher. Doch hier liegt auch die schlimmste Gefahr: sich zu verlieren.

Das eindeutigste Signal für Genialität sehe ich darin, daß ein
Künstler seiner Idee und seinen Prinzipien derart konsequent

folgt, daß er dabei niemals die Kontrolle über seine Konzeption und innere Wahrheit verliert, und sei dies auch nur der eigenen Befriedigung willen während der Zeit seiner Arbeit.

Geniale Menschen gibt es in der Filmgeschichte nur wenige. Bresson, Mizogushi, Dowshenko, Paradjanow, Buñuel... Keinen einzigen dieser Regisseure kann man mit einem anderen verwechseln. Jeder von ihnen folgt seiner eigenen Bahn. Mag sein, mit langen Durststrecken, mit Schwachstellen, sogar mit fixen Ideen, doch stets im Namen eines klaren Zieles, einer einheitlichen Konzeption.

Im internationalen Film gab es nicht wenige Versuche, neue Konzepte zu entwickeln, die einem allgemeinen Trend zu größerer Lebensnähe, zur Wahrheit des Faktums entsprechen sollen. Es entstanden Filme wie John Cassavetes' »Schatten«, Shirley Clarkes »Der Gefangene« oder Jean Rouchs »Chronik eines Sommers«. Es zeigt sich in diesen bemerkenswerten Filmen unter anderem auch ein Mangel an Prinzipientreue. Inkonsequenz, gerade bei dieser Jagd nach der vollen, bedingungslos faktischen Wahrheit.

In der Sowjetunion wurde seinerzeit sehr viel über Kalatosows und Urusewskijs Film »Der nicht abgeschickte Brief« gesprochen. Ihm wurden vor allem Schematismus und unfertige Charaktere vorgeworfen, eine banale »Dreiecksgeschichte« und eine unvollkommene Sujetstruktur. Meiner Meinung nach liegen die Schwächen dieses Films jedoch vielmehr in der Tatsache, daß die Autoren bei der allgemeinen künstlerischen Gestaltung dieses Films wie auch in den einzelnen Charakterentwürfen nicht jenen Weg konsequent weitergingen, den sie sich selbst vorgenommen hatten. Sie hätten die quasi-authentischen Schicksale der Menschen in der Taiga mit unbeirrbarer Kamera weiterverfolgen und nicht so sehr an den vom Drehbuch vorgegebenen Sujetverknüpfungen kleben sollen. Die Autoren, die zunächst noch gegen das vorgefertigte Drehbuch revoltiert hatten, unterwarfen sich ihm dann plötzlich. Und so blieben dann ihre Charaktere auf der Strecke. Zumindest teilweise. Die Autoren konnten ihren Weg nicht in Freiheit zu Ende gehen, weil sie sich noch an die Überreste eines traditionellen Sujets hielten. Damit gaben sie jenen Weg auf, auf dem sie die Bilder ihrer Helden in völlig neuer Weise hätten sehen und gestalten können. Das Unglück dieses Films resultierte also aus einer mangelhaften Treue gegenüber dem eigenen Prinzip.

Ein Künstler hat die Pflicht, Ruhe zu bewahren. Er hat keinerlei Recht, seine innere Anteilnahme an dem, was er filmt, offen kundzutun, seine ureigenen Interessen unzweideutig auf den Tisch zu legen. Innere Anteilnahme an einer Sache muß unbedingt in olympisch ruhige Formen umgesetzt werden. Nur so kann ein Künstler von den Dingen erzählen, die ihn bewegen.

Irgendwie kommt mir dabei die Arbeit an »Andrej Rubljow« in den Sinn.

Die Handlung des Filmes spielt im 15. Jahrhundert, und es war eine schrecklich schwierige Sache, sich vorzustellen, »wie das alles damals so war«. Man mußte dabei auf alle möglichen Quellen zurückgreifen, auf schriftliche Zeugnisse, Architektur und Ikonographie.

Wären wir nun den Weg einer Rekonstruktion der malerischen Traditionen, der malerischen Welt jener Zeit gegangen, dann wäre dabei eine stilisiert-konventionelle altrussische Wirklichkeit herausgekommen, die bestenfalls an die Miniaturen oder Ikonenmalerei jener Epoche erinnert hätte. Doch für den Film wäre das ein falscher Weg. Ich habe zum Beispiel niemals begreifen können, wie man eine Mise-en-scène auf der Grundlage eines Gemäldes strukturieren kann. Denn das hieße doch, belebte Malerei zu schaffen, um sich dann ein oberflächliches Lob von der Art: »Ach, wie spürbar hier die Epoche wird! Ach, was für intelligente Menschen das doch sind!« einzuhandeln! Doch das bedeutet, zielbewußt dem Film den Garaus machen...

Deshalb war es eines der Ziele unserer Arbeit, die reale Welt des 15. Jahrhunderts für den heutigen Zuschauer so zu rekonstruieren, daß er weder in den Kostümen, noch in der Sprechweise, im Milieu oder in der Architektur altertümliche, museale Exotik verspüren konnte. Um hier nun zu einer unmittelbar beobachteten Wahrheit, zu einer sozusagen »physiologischen« Wahrheit vorstoßen zu können, mußte ein Weg jenseits archäologischer und ethnographischer Wahrheit eingeschlagen werden. Das führte natürlich unweigerlich zu bedingter Gestaltung. Doch das war eine Bedingtheit, die in direktem Gegensatz zu den bedingten Konventionen »belebter Malerei« stand.

Wenn plötzlich ein Zuschauer des 15. Jahrhunderts unseren Film sehen könnte, dann würde ihm das gefilmte Material äußerst seltsam vorkommen. Doch sicher nicht seltsamer, als uns unsere eigene Wirklichkeit vorkommt. Wir leben im 20. Jahrhundert und haben deshalb keinerlei Möglichkeiten, einen Film direkt aus dem Material einer sechshundert Jahre zurückliegenden Vergangenheit zu drehen. Doch ich war und bleibe davon überzeugt, daß man sein Ziel auch unter diesen schwierigen Bedingungen erreichen kann, wenn man nur seinen einmal gewählten Weg konsequent zu Ende geht, obgleich das eine Arbeitsweise bedeutet, bei der man »das Licht am Ende des Tunnels« nicht sieht. Natürlich wäre es viel leichter, auf eine Moskauer Straße hinauszugehen und dort die versteckte Kamera in Gang zu setzen.

Wie intensiv wir uns auch auf ein Quellenstudium einlassen mögen, das 15. Jahrhundert können wir einfach nicht in einem buchstäblichen Sinne rekonstruieren. Schließlich empfinden wir es ja auch ganz anders als die Menschen, die damals lebten. Selbst Andrej Rubljows »Dreifaltigkeit« rezipieren wir nicht so wie dessen Zeitgenossen, und dennoch lebt diese Ikone durch die Jahrhunderte weiter. Sie lebte damals, und sie lebt auch heute. Sie schafft so eine Verbindungslinie zwischen den Menschen des 20. und des 15. Jahrhunderts.

Man kann die »Dreifaltigkeit« schlicht und einfach als eine Ikone betrachten. Oder aber als ein phantastisches Museumsstück, sozuagen als ein Musterbeispiel des malerischen Stils einer bestimmten Epoche. Doch es gibt sicher auch noch eine andere Rezeptionsmöglichkeit dieses historischen Zeugnisses; die Hinwendung nämlich zu jenem menschlich-geistigen Inhalt der »Dreifaltigkeit«, der für uns Menschen in der zweiten Hälfte des 20. Jahrhunderts lebendig und verständlich ist. Hierauf basiert auch unser Zugang zu jener Realität, die die »Dreifaltigkeit« hervorbrachte. Dieses Vorgehen erfordert, daß in bestimmte Einstellungen etwas hineingebracht wird, was das Gefühl von Exotik und musealer Restauration immer wieder zerstört.

Im Drehbuch gab es folgende Episode: Ein Bauer fertigte sich Flügel an, kletterte auf eine Kathedrale, sprang von dort herunter und zerschellte auf dem Boden. Wir »rekonstruierten« diese Episode, indem wir uns den psychologischen Kern dieser Episode vergegenwärtigten: Offensichtlich gab es da einen solchen Menschen, der sein ganzes Leben lang vom Fliegen träumte. Wie konnte sich dies nun in der Wirklichkeit abgespielt haben? Menschen rannten ihm nach, er mußte sich beeilen, und dann sprang er. Was konnte dieser Mensch sehen und fühlen, als er zum erstenmal in seinem Leben flog? Gar nichts konnte er sehen. Er fiel einfach zu Boden und zerschellte dort. Spüren konnte er bestenfalls seinen unerwarteten und schrecklichen Fall. Das Pathos des Fliegens und dessen Symbolik waren dahin, da der Sinn hier ausgesprochen unvermittelt und hinsichtlich bereits gewohnter Assoziationen primär, elementar ist. Auf der Leinwand durfte also lediglich ein einfacher, verschmutzter Bauer auftauchen. Danach sein Sturz, das Aufschlagen auf dem Erdboden, sein Tod. Das ist ein konkretes Ereignis, eine menschliche Katastrophe, die damals genauso beobachtet wurde, wie man das heute tun würde, wenn sich plötzlich jemand aus irgendeinem Grunde vor ein Auto stürzen würde und dann verletzt auf dem Asphalt liegt.

Lange suchten wir nach einer Möglichkeit, das plastische Symbol aufzuheben, auf dem diese Episode basiert. Dabei kamen wir darauf, daß das Übel gerade in den Flügeln steckt. Um nun vom Ikarus-Komplex dieser Episode wegzukommen, erdachten wir einen Ballon, einen unansehnlichen, der aus Häuten, Fetzen und Stricken gefertigt wurde. Unserer Meinung nach zerstörte er das falsche Pathos dieser Episode und machte aus ihr ein unverwechselbar einprägsames Ereignis.

Zuerst und vor allem muß man ein Ereignis beschreiben und dann erst seine Beziehung zu ihm. Die Beziehung zu einem Ereignis muß das Gesamtbild bestimmen und aus dessen Einheit ersichtlich werden. Das ist wie bei einem Mosaik: Jedes Steinchen hat hier seine eigene Farbe. Es ist entweder blau oder weiß oder rot, insgesamt aber sind sie verschieden. Erst wenn man dann das fertige Mosaikbild betrachtet, erkennt man, was der Autor damit beabsichtigte.

Ich liebe den Film sehr. Vieles weiß ich selbst noch nicht. Wird zum Beispiel meine Arbeit meiner Konzeption, jenem System von Arbeitshypothesen entsprechen, an denen ich mich jetzt orientiere? Ringsherum gibt es viele Verführungen, die Verführungen von Schablonen, von Vorurteilen, von Allgemeinplätzen und mir fremden künstlerischen Ideen. Und schließlich ist es ja auch so einfach, eine Szene schön und effektvoll, auf den Publikumsbeifall hin zu drehen... Du brauchst nur einmal diesen Weg einzuschlagen – und schon bist du verloren.

Mit Hilfe des Kinos können die kompliziertesten Fragen der Gegenwart auf einem Problemniveau aufgegriffen werden, das Jahrhunderte lang ein Arbeitsfeld von Literatur, Musik und Malerei war. Man muß nur immer wieder von neuem jenen Weg suchen, den die Filmkunst gehen muß. Ich bin davon überzeugt, daß die praktische Arbeit im Film für jeden von uns eine unfruchtbare und hoffnungslose Sache bleiben wird, wenn wir dabei nicht genau und eindeutig die innere Spezifik dieser Kunst begreifen, nicht in uns selbst den eigenen Schlüssel zu ihr finden.

Vorherbestimmung
und Schicksal

Wie jede andere Kunst hat auch der Film seinen besonderen
poetischen Sinn, seine besondere Vorherbestimmung, sein besonderes Schicksal. Er ist entstanden, um einen spezifischen
Teil des Lebens, eine noch nicht erfaßte Dimension der Welt zu
reflektieren, die auch von den anderen Künsten nicht zum
Ausdruck gebracht werden konnte. Wir sagten bereits an anderer Stelle: Wenn eine neue Kunst entsteht, so ist dies stets das
Resultat einer geistigen Notwendigkeit, und als solche spielt sie
dann auch eine besondere Rolle beim Verdeutlichen tiefgreifen-
der Probleme, denen sich unsere Zeit gegenübersieht.

In diesem Zusammenhang erinnere ich mich einer interessanten Ansicht, die Pavel Florenskij in seiner Arbeit »Ikono-
stas« (»Die Ikonenwand«) äußerte, wo er über die »umgekehrte
Perspektive« schrieb.[23] Er widerspricht hier der verbreiteten
Ansicht, wonach diese Perspektive in der alten russischen Malerei darauf zurückzuführen sei, daß die Russen damals noch
nicht die bereits von Leon Battista Alberti[24] erarbeiteten und
von der italienischen Renaissance aufgegriffenen optischen Gesetze gekannt hätten. Nicht ohne Grund meint Florenskij, daß
man bei einer Beobachtung der Natur zwangsläufig die Perspektive entdecken müsse. Allerdings war es möglich, daß man
sie zeitweilig gar nicht nötig hatte und sie daher *vernachlässigte,
bewußt übersah.* Die umgekehrte Perspektive der altrussischen
Malerei drücke daher, anders als die Renaissance-Perspektive,
das Bedürfnis aus, jene geistigen Probleme besonders zu be-
leuchten, vor denen die altrussischen Maler im Unterschied zu
ihren italienischen Kollegen des Quattrocento standen. (Übrigens besagt eine These, daß Andrej Rubljow sogar selbst in
Venedig gewesen sein soll und in diesem Fall darum wissen
mußte, daß sich die italienischen Maler mit dem Problem der
Perspektive auseinandergesetzt hatten.)

Rundet man das Geburtsdatum des Kinos ein wenig ab, so ist
dieses ein Zeitgenosse des 20. Jahrhunderts. Auch das ist
keinesfalls zufällig und bedeutet, daß es vor über achtzig Jahren
genügend schwerwiegende Gründe gab, die die Geburt einer
neuen Muse bedingten.

Bis zum Aufkommen des Kinos gab es keine einzige Kunst,
die nicht das Resultat einer technologischen Innovation gewesen wäre, einer Entdeckung, die aus einem bestimmten lebens-
notwendigen Bedürfnis heraus geschah. Das Kino erwies sich

als jenes Instrument unseres technischen Zeitalters, das die Menschheit für eine umfassendere Realitätsaneignung brauchte. Schließlich vermag jede Kunst ja nur jeweils eine Seite des geistigen und emotionalen Weltbildes zu erfassen.

Um den ästhetischen Rahmen und die Einflußgrenzen des Kinos zu bestimmen, muß man weit ausholen. Welche seelischen Bedürfnisse des Menschen sollte das um die Jahrhundertwende aufkommende Kino befriedigen? Wie sah seine Einflußsphäre aus? Kam es schließlich tatsächlich zur rechten Zeit auf?

In jenem Prozeß, in dem sich die Menschheit gegen die ihre Evolution bedrohenden Einflüsse der Naturgewalten behaupten mußte, erarbeitete sie sich das, was Oppenheimer ihre *Immunität* nennt. Diese Immunität gibt uns die Möglichkeit, ein Maximum an Energie für Arbeit und kreatives Schaffen freizusetzen und verleiht uns eine größere Unabhängigkeit von den Naturgegebenheiten. Dieser Prozeß setzt nun notwendigerweise einen gesellschaftlichen Menschen voraus. Im 20. Jahrhundert erhöht sich die Beteiligung des Menschen an gesellschaftlicher Tätigkeit um ein Vielfaches, wächst geradezu ins Unermeßliche: Industrie, Wissenschaft, Ökonomie und viele andere Lebensgebiete fordern ihm ständige Anstrengungen und unermüdliche Aufmerksamkeit ab, das heißt vor allem auch Zeit.

So kamen zu Beginn unseres Jahrhunderts eine Vielfalt sozialer Gruppen auf, die der Gesellschaft zuweilen mehr als ein Drittel ihrer Zeit opferten. Spezialisierungen begannen sich auszubreiten. Die Zeit der Spezialisten hing mehr und mehr von ihrer jeweiligen Arbeit ab. Leben und Schicksal gestalteten sich in entsprechender Abhängigkeit vom jeweiligen Beruf. Der Mensch begann abgekapselter zu leben, häufig nach einem festgelegten Tagesablauf, der seine *Erfahrungen* im weiteren Sinne dieses Wortes, also im Sinne von Kommunikation und unmittelbaren Lebenseindrücken, radikal einschränkte. Statt dessen nahm die sogenannte eng spezialisierte Erfahrung gewaltig zu, so daß die einzelnen Gruppen untereinander fast zu kommunizieren aufhörten.

Es entstand die Gefahr der Verarmung und einseitiger Information, eine Eintönigkeit, die aus dem abgekapselten System der Arbeitswelt herrührte. Es verringerten sich die Möglichkeiten des Erfahrungsaustauschs, und die Beziehungen der Menschen untereinander wurden schwächer. Mit einem Wort: Das

Schicksal des Menschen wurde standardisiert, und zwar häufig ohne Rücksicht auf die individuellen Qualitäten und die geistige Vervollkommnung der Persönlichkeit, die immer mehr dem Druck industrieller Zwänge ausgeliefert war. Und gerade damals, als der Mensch in direkte Abhängigkeit von seinem gesellschaftlichen Schicksal geriet und die Standardisierung des Individuums zu einer ausgesprochen realen Gefahr wurde, kam das Kino auf.

Ungewöhnlich schnell und dynamisch eroberte es das Publikum und wurde zu einem der gewinnträchtigsten Posten der Volkswirtschaft. Womit ist die Tatsache zu erklären, daß Millionen von Zuschauern die Kinosäle zu füllen begannen und mit banger Erwartung den zauberischen Moment durchlebten, wenn im Saal das Licht erlosch und auf der Leinwand die ersten Filmbilder aufflackerten?

Ein Zuschauer kauft sich eine Kinokarte, um die Leerstellen der eigenen Erfahrung aufzufüllen, er jagt gleichsam der »verlorenen Zeit« nach. Das bedeutet, er ist bestrebt, jenes geistige Vakuum auszufüllen, das sich in einem modernen Leben voller Unrast und Kontaktarmut herausgebildet hat.

Natürlich kann man sagen, daß die Unzulänglichkeit der eigenen geistigen Erfahrung auch mit Hilfe anderer Kunstarten, etwa der Literatur, auszugleichen ist. Im Zusammenhang mit der erwähnten Suche nach der »verlorenen Zeit« denkt man natürlich und unwillkürlich an Marcel Prousts umfangreiches Werk. Doch keine einzige dieser alt-»ehrwürdigen« Künste hat ein derart großes Massenpublikum wie das Kino. Vielleicht entspricht der Rhythmus, die Art und Weise, in der das Kino dem Zuschauer eine Erfahrung seines Autors in konzentrierter Form vermittelt, am besten dem Tempo des modernen Lebens mit seinem ewigen Zeitdefizit? Vielleicht sollte man aber auch genauer sagen, daß nicht so sehr das Kino dynamisch in der Eroberung seines Publikums ist, sondern daß dieses vielmehr durch die Dynamik des Kinos erobert wird. Aber jedem ist klar, daß ein solches Massenpublikum immer ein zweischneidiges Schwert ist.

Aktion und ablenkende Unterhaltung imponieren vor allem dem trägsten Teil des Publikums.

Die heutigen Zuschauerreaktionen auf diesen oder jenen neu herauskommenden Film unterscheiden sich fundamental von den Eindrücken, die Filme der zwanziger und dreißiger Jahre hinterließen. Als zum Beispiel in Rußland Tausende den »Tschapajew«-Film der Brüder Wassiljew[25] sahen, da war der Eindruck oder genauer – die Begeisterung, die dieser Film hervorrief, in vollem und – wie es damals schien – auch natürlichem Einklang mit dessen Qualität: Den Zuschauern wurde sozusagen ein echtes Kunstwerk vorgeführt. Aber dieser Film zog sie natürlich vor allem auch deshalb so sehr an, weil das Kino damals immer noch eine neue und wenig erschlossene Kunst war.

Heute hat sich inzwischen eine Situation herausgebildet, in der der Zuschauer häufig Kommerzschund Bergmans »Wilden Erdbeeren« oder der »L'eclisse« von Antonioni vorzieht. Die Spezialisten machen angesichts dieser Situation hilflose Gesten und prognostizieren dann meist mit wichtigtuerischen Arbeiten, daß diese Filme eben beim breiten Publikum keinen Erfolg haben werden...

Woran liegt das nun? Am Verfall der Sitten oder an der Unzulänglichkeit der Regie?

Es liegt weder an dem einen noch an dem anderen. Das Kino existiert und entwickelt sich jetzt unter neuen Bedingungen, die sich radikal von jenen unterscheiden, die man uns ziemlich gewaltsam vergessen lassen macht. Jener totale, mitreißende Eindruck, der die Zuschauer der dreißiger Jahre einst in seinen Bann zog, erklärt sich aus der allgemeinen Euphorie enthusiastischer Zeugen der *Geburt einer neuen Kunst,* die damals zudem auch noch zu tönen begann. Allein schon das Phänomen dieser neuen Kunst, die eine neue Einheit, eine neue Bildlichkeit demonstrierte und unbekannte Aspekte der Wirklichkeit aufzeigte, begeisterte den Zuschauer, der es von nun an nicht lassen konnte, ein leidenschaftlicher Filmfan zu sein.

Weniger als zwanzig Jahre trennen uns von dem künftigen 21. Jahrhundert. Während der Zeit seiner von Niedergängen und Aufschwüngen bestimmten Existenz legte das Kino einen schwierigen, verschlungenen Weg zurück. Das Verhältnis zwischen künstlerisch anspruchsvollen Filmen und kommerzieller Filmproduktion wurde komplizierter. Es tat sich hier eine Kluft auf, die inzwischen mit jedem Tag größer wird. Und dennoch entstehen nach wie vor immer wieder auch Filme, die zweifellos Meilensteine in der Geschichte des Kinos bilden.

Das hängt vor allem damit zusammen, daß sich die Zuschauer inzwischen Filmen gegenüber differenzierter zu verhalten begonnen haben. Und das wohl hauptsächlich deshalb, weil jetzt, wo sie nicht mehr das Kino an sich, das Kino als ein neues, originelles Phänomen zu Begeisterungsstürmen hinreißen kann, eine Zunahme vielfältiger geistiger Ansprüche zu beobachten ist. Der Zuschauer entwickelt nunmehr Sympathien und Antipathien. Sein Geschmacksurteil schwankt dabei zuweilen extrem stark. Doch darin liegt überhaupt nichts Törichtes oder Gefährliches. Im Gegenteil: Das Vorhandensein eigener ästhetischer Kriterien zeugt von wachsendem Selbstbewußtsein.

Andererseits befassen sich jetzt auch die Regisseure gründlicher mit jenen Aspekten und Problemen der Wirklichkeit, die sie interessieren. Es gibt heute treue Zuschauer und Lieblingsregisseure. Deshalb braucht und sollte man auch nicht gleich auf einen totalen Zuschauererfolg spekulieren. Jedenfalls dann nicht, wenn man daran interessiert ist, daß sich das Kino nicht bloß als eine Attraktion, sondern eben als Kunst entwickelt. Schließlich läßt heutzutage der Massenerfolg eines Films eher auf ein Produkt der sogenannten Massenkultur als auf Kunst schließen.

Die gegenwärtige Leitung des sowjetischen Filmwesens beharrt zwar darauf, daß sich diese Massenkultur im Westen entwickele, während es die Berufung sowjetischer Künstler sei, wirkliche Kunst für das Volk zu schaffen. Tatsächlich interessieren sie aber Filme mit Massenerfolg. Sie fällen hochtönende Urteile über eine Entwicklung »genuin realistischer Traditionen« und ermuntern gleichzeitig unbewußt eine Produktion von Filmen, die der Realität und den tatsächlichen Problemen des Volkes völlig fern sind. Mit Blick auf die sowjetischen Filmerfolge der dreißiger Jahre träumen sie noch immer von einem Massenpublikum und versuchen mit allen Mitteln den Eindruck zu wecken, als ob sich seither in den Beziehungen von Kino und Publikum überhaupt nichts verändert habe.

Doch Vergangenes kehrt glücklicherweise nicht zurück. Es wächst das individuelle Selbstbewußtsein, der Wert eigener Ansichten. Das Kino entwickelt sich dank dieser Tatsache, seine Form wird komplexer. Es vertieft sich in Probleme und wirft Fragen auf, die unterschiedlichen Menschen mit jeweils anderen Schicksalen, mit widersprüchlichen Charakteren und unvereinbaren Temperamenten gemeinsam sind. Heutzutage ist eine einmütige Reaktion auf ein wirklich originelles, sagen wir herausragendes Kunstphänomen schlicht unvorstellbar geworden. Das von der neuen sozialistischen Ideologie etablierte kollektive Bewußtsein macht unter dem Druck realer Lebensschwierigkeiten einem persönlichen Selbstbewußtsein Platz. Die Voraussetzung für den Künstler-Publikum-Kontakt bildet heute die Möglichkeit eines zielgerichteten Dialogs, der für beide Seiten erwünscht und notwendig ist. Künstler und Publikum verbinden gemeinsame Interessen, Neigungen, verwandte Ansichten und schließlich auch ein gemeinsames geistiges Niveau. Sonst riskieren sogar an und für sich äußerst interessante Gesprächspartner einander zu langweilen, sich zu enttäuschen und zu frustrieren. Das ist ein ganz normaler Vorgang. Es ist ja schließlich auch kein Geheimnis, daß selbst Klassiker in der subjektiven Wahrnehmung des einzelnen höchst unterschiedlich erscheinen.

Ein Mensch, der Kunst zu genießen vermag, begrenzt den Bereich seiner Lieblingswerke schon aufgrund seiner besonderen Vorlieben. Ein Allesfresser ist nur der Mittelmäßige, der unfähig zu eigenem Urteil und eigener Wahl ist. Für einen kultivierten, spirituell veranlagten Menschen kann es dagegen gar keine stereotypen, vermeintlich »objektiven« Urteile geben. Wer sind schon diese Richter, die sich um eines »objektiven« Urteils willen von der Welt abheben? Die tatsächlich objektiv gegebene Situation der Künstler-Publikum-Beziehungen belegt immerhin, daß *breiteste Schichten* ein durchaus *subjektives* Kunstinteresse haben.

Das Ziel filmischer Kunstwerke ist die Organisation eines Erfahrungskomplexes durch den Künstler, wenn auch in dessen Filmen stets nur eine Illusion der Wahrheit – ihr Bild geschaffen wird.

Die Individualität des Regisseurs entwirft eine bestimmte Konfiguration seines Weltverhältnisses. Das heißt, daß eben schon diese Individualität das Verhältnis zur Welt einschränkt. Die hier getroffene Auswahl vertieft die Subjektivität der vom Künstler wahrgenommenen Welt.

Die Wahrheit eines filmischen Bildes ist etwas rein Rhetorisches. Sie ist nicht mehr als ein Traum, ein Wunschziel, das in seiner Umsetzung die Besonderheit der vom Regisseur getroffenen Auswahl, das heißt, die Individualität seiner Position veranschaulicht. Nach der *eigenen* Wahrheit zu streben (und eine andere »allgemeine« kann es ja gar nicht geben), das bedeutet, nach einer *eigenen* Sprache für die Formulierung *eigener* Ideen zu suchen. Nur aus der Summe von Filmen unterschiedlicher Regisseure erhält man ein relativ reales, tendenziell umfassendes Bild der modernen Welt mit ihren Sorgen und Problemen. Ein Bild, das dann letzten Endes dem modernen Menschen jene universale Erfahrung vermittelt, die ihm so außerordentlich fehlt. Und gerade darin kann der Film – wie jede andere Kunst auch – eine äußerst wichtige Funktion erfüllen.

Ich muß bekennen, daß ich mich bis zum Abschluß meines ersten Langspielfilms »Iwans Kindheit« noch gar nicht als Regisseur fühlte, daß bis dahin auch das Kino noch keinerlei Ahnung von meiner Existenz hatte.

Bis ich mir – erst nach »Iwans Kindheit« – über die Notwendigkeit meines kreativen Schaffens klar wurde, war das Kino für mich eine derart in sich geschlossene Sache, daß ich mir nur mühsam meine Rolle darin vorstellen konnte, auf die mich mein Lehrer Michail Iljitsch Romm[26] vorbereitete. *Ich hatte noch keinerlei Vorstellungen über meine künftige geistige Funktion, sah noch nicht jenes Ziel, das man nur im Kampf mit sich selbst erreicht und das die Sicht der Probleme ein für allemal bestimmt,* so daß sich danach nur noch die Taktik, niemals jedoch mehr das Ziel, die ethische Funktion ändert. Dies war zunächst einmal eine Periode, in der ich handwerkliche Erfahrungen über filmische Ausdrucksmöglichkeiten sammelte. Gleichzeitig lernte ich hier aber auch die Vorläufer, die Väter einer generellen Traditionslinie kennen, von der ich mich nicht lossagen konnte, wollte ich nicht als respektlos und unwissend gelten. Ich machte mich also in dieser Zeit ganz schlicht und einfach mit dem Gegenstand Kino vertraut, in dem ich künftig arbeiten sollte. Meine damalige Erfahrung beweist übrigens ein weiteres Mal die Unmöglichkeit, an einer Hochschule zu *lernen*, wie man Künstler wird. Um ein Künstler zu werden, genügt es einfach nicht, sich irgend etwas beizubringen, sich professionelle Fertigkeiten und Verfahrensweisen anzueignen. Mehr noch: um gut schreiben zu können, muß man – wie irgend jemand einmal sagte – die Grammatik vergessen.

Versucht jemand, ein Regisseur zu werden, so riskiert er damit sein ganzes Leben, und für dieses Risiko ist nur er allein verantwortlich. Folglich sollte nur ein reifer Mensch bewußt dieses Risiko wagen. Das große Pädagogen-Kollektiv, das künftige Künstler »ausbildet«, kann nicht verantwortlich gemacht werden für all die Jahre, die ein häufig von der Schulbank weg zur Hochschule gekommener Pechvogel umsonst geopfert hat. Bei ihrer Studentenauswahl sollten künstlerische Ausbildungsstätten keinesfalls rein pragmatisch verfahren, da hierbei auch Probleme moralischer Art auftauchen können. Auf jeden Fall zeigt sich das dann, wenn rund achtzig Prozent der Regie- und Schauspielschüler nach ihrem Studienabschluß lediglich die Reihen beruflich Ungeeigneter füllen, die ihr Leben lang sinnlos im Filmmilieu herumlungern. Denn die erdrückende Mehrheit dieser Leute wird niemals die Kraft aufbringen, das Kino Kino sein zu lassen und sich einem anderen Beruf zuzuwenden. Hat man nämlich erst einmal fünf (!) Jahre Filmstudium hinter sich gebracht, dann fällt es einem auch verdammt schwer, von einmal gehegten Illusionen Abschied zu nehmen.

In dieser Hinsicht wirkt die erste sowjetische Filmergeneration noch am natürlichsten, da deren Berufswahl damals noch von Herz und Seele bestimmt wurde. So etwas war in jener Anfangszeit noch etwas ganz Normales und wurde keinesfalls überbewertet. Heutzutage sind sich viele aber gar nicht klar darüber, daß das klassische sowjetische Kino ganz schlicht von jungen Leuten, ja fast noch Kindern, gemacht wurde, die den Sinn ihres Tuns begriffen hatten und dafür auch einstanden, Verantwortung trugen.

Doch von all dem einmal abgesehen, war mein VGIK-Weg dennoch recht lehrreich, zumal er ungewollt auch die Grundlagen für meine heutige Einschätzung damals erlernter Erfahrungen legte. Wie sagt doch Hermann Hesse in seinem »Glasperlenspiel« so richtig: Die Wahrheit muß man erleben und nicht erlernen. Bereite Dich auf Schlachten vor!

Eine Bewegung wird nur dann zu einer wirklichen Bewegung, die Tradition tatsächlich in gesellschaftliche Energie umschlagen läßt, wenn ihr Schicksal, also die Tendenz dieser Entwicklung und Bewegung, auch mit der objektiv gegebenen Entwicklungslogik übereinstimmt (oder diese gar überholt).

In diesem Zusammenhang möchte ich noch einmal auf »Andrej Rubljow« zurückkommen, dem das soeben zitierte Hesse-Wort als Epigraph nachgestellt werden könnte.

Andrej Rubljows Charakter ist nach dem traditionellen Muster einer »Rückkehr in den eigenen Kreis« konzipiert. Ich hoffe allerdings, daß sich das im Film mehr oder weniger natürlich aus dem »freien« Ablauf seines Lebens auf der Leinwand ergibt. Rubljows Lebensgeschichte war eigentlich die Geschichte einer »vorgegebenen«, aufgezwungenen Konzeption, die zunächst erst einmal in der Atmosphäre tatsächlicher Lebenswirklichkeit verbrennen mußte, um sich dann als der Phoenix einer gleichsam neuentdeckten Wahrheit aus der Asche erheben zu können.

Als Andrej Rubljow unter Sergij Radoneshskijs Obhut in der Troitze-Sergijewskaja Lawra in aller Ruhe studieren konnte, wurden »Liebe, Einheit, Brüderlichkeit« zu seiner Grunddevise. In einer Zeit innerer Zerrissenheit und brudermörderischer Konflikte formulierte diese von Sergij Radoneshkijs politischem Weitblick inspirierte Losung die Notwendigkeit einer Einigung und Zentralisierung, die angesichts des Tataren- und Mongolenjochs die einzige Überlebenschance, die einzige Möglichkeit zur Wahrung nationaler und religiöser Würde darstellte.

Der junge Andrej übernahm diese Ideen zunächst rein intellektuell: Sie wurden ihm anerzogen, »eingepaukt«...

Als Andrej dann aber die Mauern des Dreifaltigkeits-Klosters verließ, sah er sich einer unerwarteten, unbekannten und in der Tat überaus brutalen Wirklichkeit gegenüber. Der Tragik einer Zeit, in der die Notwendigkeit einer Veränderung heranreifte.

Man kann sich nun sicher leicht vorstellen, wie unvorbereitet Andrej auf diese Konfrontation mit dem wirklichen Leben war, von dem ihn bisher dicke Klostermauern abgeschirmt hatten, die die Perspektiven dieser sich in weiter Ferne abspielenden Realität verzerrten... So mußte er nun durch die Höllenkreise des Leidens gehen, um sich *dem Schicksal seines Volkes anschließen* zu können. Dabei verlor Andrej zunächst erst einmal den Glauben an die Vereinbarkeit der Idee des Guten mit der konkreten Wirklichkeit. Doch schließlich kehrte er dennoch zurück – dorthin, wo er einst begonnen hatte: Zurück zur Idee der Liebe, der Güte und der Brüderlichkeit. Doch deren höhere Wahrheit, in der die sehnsüchtige Hoffnung eines gequälten Volkes steckt, hatte er nunmehr bereits am eigenen Leibe erfahren.

Traditionelle Wahrheiten bleiben nur dann Wahrheiten, wenn sie durch die eigene Erfahrung bestätigt werden... Und wieder kommen mir dabei meine Studentenjahre in den Sinn. Jene Zeit, in der ich einen Beruf begann, zu dem ich nun offenbar lebenslänglich verdammt bin... Aus der Perspektive meiner heutigen Berufspraxis nehmen sich die Erfahrungen dieser Studienjahre höchst seltsam aus...

Wir arbeiteten damals sehr viel »vor Ort«, waren mit Regie- und Schauspielübungen beschäftigt, waren regelrechte Graphomanen und arbeiteten auch die Drehbücher unserer Übungsfilme selber aus. Filme allerdings sahen wir viel zu wenig. Und soviel mir bekannt ist, sehen heutige VGIK-Studenten sogar noch weniger Filme, weil Studienleitung und Dozenten befürchten, daß die jungen Studenten den unguten Einfluß des westlichen Kinos gar zu unkritisch rezipieren könnten... Das ist einfach absurd: Man kann umöglich ohne Kenntnis des modernen internationalen Kinos den Filmberuf erlernen wollen. Letztlich führt das dann dazu, daß diese Studenten das Fahrrad noch einmal erfinden müssen. Könnte man sich denn etwa einen Maler vorstellen, der noch nicht in Museen oder in den Ateliers seiner Kollegen war? Oder einen Schriftsteller, der keine Bücher liest? Beziehungsweise, einen Filmemacher, der sich keine Filme anschaut? Bitte sehr, hier haben Sie ihn: Es ist der VGIK-Student, der während seines Studiums in den Mauern dieses Instituts fast nichts vom modernen Weltkino zu sehen bekommt.

Noch heute erinnere ich mich an den ersten Film, den es mir gelang, am Vorabend der Aufnahmeexamen im VGIK zu sehen. Es war Jean Renoirs »Nachtasyl« (nach Motiven des gleichnamigen Gorkij-Stückes)... Die Vorführung hinterließ einen seltsam rätselhaften Eindruck und das Gefühl von etwas Verbotenem und Unnatürlichen. Den Wasska Pepel spielte Jean Gabin, den Baron – Louis Jouvet.

Im 4. Studienjahr änderte sich plötzlich mein metaphysisch-kontemplativer Zustand. In uns gärten die Kräfte. Unsere gesamte Energie konzentrierte sich auf das Produktionspraktikum und dann auf die Vordiplomarbeit, die ich zusammen mit meinem Kurskommilitonen Alexander Gordon in Ko-Regie drehte. Dabei handelte es sich um einen vergleichsweise langen Film, der mit Mitteln des VGIK-Lehrstudios und des Zentralen Fernsehstudios realisiert wurde. Es ging da um die Entminung eines noch aus Kriegszeiten übriggebliebenen deutschen Munitionsdepots.

Ich drehte den Film nach einem eigenen, leider absolut hilflosen Drehbuch und hatte überhaupt nicht das Gefühl, dem ein wenig näher gekommen zu sein, was man Kino nennt. Das alles wurde auch noch dadurch erschwert, daß wir fälschlicherweise damals auf einen »richtigen«, also abendfüllenden Film aus waren. In Wirklichkeit ist es fast schwieriger, einen Kurzfilm als einen Langfilm zu drehen, weil dafür ein äußerst präzises Formgefühl erforderlich ist. Doch wir ließen uns damals in erster Linie von organisatorisch-produktiven Ambitionen leiten, und die Konzeption des Filmes als eines *Kunstwerkes* glitt uns dabei aus den Händen. So versäumten wir es also, eine Kurzfilmarbeit zur Präzisierung und Klärung unserer ästhetischen Aufgaben zu nutzen.

Doch sogar jetzt habe ich die Hoffnung noch nicht verloren, daß es mir irgendwann noch einmal gelingt, einen Kurzfilm zu drehen: Für diesen Fall finden sich in meinem Notizbuch sogar schon einige Entwürfe. Zum Beispiel über ein Gedicht meines Vaters, des Dichters Arsenij Alexandrowitsch Tarkowskij, das mein Vater selbst lesen sollte. Sollte! Werde ich ihn denn irgendwann einmal wiedersehen? Das Gedicht lautet folgendermaßen:

Ich war ein Kind und wurde krank
Vor Angst und Hunger. Die Kruste beiß ich
Von den Lippen mir und lecke sie,
Und weiß noch, wie sie kühl und salzig schmeckten.
Und gehe, gehe – gehe immer weiter,
Sitz auf der Eingangstreppe, wärme mich;
Ich gehe in den Fiebertraum wie nach der Pfeifenmelodie
Des Rattenfängers in den Fluß, und setz mich
Auf die Treppe, wärme mich, und fröstle doch.
Da steht die Mutter, winkt mich zu sich, so als sei
Sie nah, ganz nah, doch ich erreich sie nicht:
Ich komme näher – sie ist sieben Schritte weiter;
Sie winkt mich zu sich, und ich komme – sie
Ist sieben Schritte weiter, winkt mich zu sich.

Ich knöpf den Kragen auf und leg mich hin, –
Dann ein Trompetenblasen, Licht prallte auf die Lider,
Pferde trappelten vorbei, die Mutter
Fliegt übers Pflaster, winkt mich zu sich
Und flog fort.
                                        Noch heute träumt mir
Unter Apfelbäumen das weiße Krankenhaus,
Ein weißer Doktor, der mich ansieht,
Und weiß die kleine Schwester mir zu Füßen
bewegt die Flügel. Alle bleiben.
Die Mutter aber kam und winkte mit der Hand mich zu sich –
Und flog fort...

Und hier die mir schon lange vorschwebende Bildfolge dieses
Gedichts:

1. Einstellung	Eine weite Totale. Von oben her aufgenommen eine Stadt zur Herbstzeit oder im beginnenden Winter. Langsamer Zoom auf einen Baum, der vor einer abgeblätterten Klostermauer steht.
2. Einstellung	Großaufnahme. Panorama von oben und zugleich heranfahrender Zoom: Eine Pfütze, Gras und Moos in Großaufnahme, wobei sie wie eine Landschaft aussehen sollen. Von der ersten Einstellung an ist durchdringender Stadtlärm zu hören, der gegen Ende der 2. Einstellung völlig verstummt.
3. Einstellung	In Großaufnahme ein Lagerfeuer. Eine Hand hält einen alten, zerknitterten Briefumschlag in die bereits erlöschende Flamme. Das Feuer lodert auf. Panorama von oben. – Am Baum steht der Vater (der Autor des Gedichts) und blickt ins Feuer. Dann bückt er sich, um das Feuer zu richten. Brennweite in die Totale. Eine weite, trübe Herbstlandschaft. In der Ferne, mitten auf dem Feld, brennt neben einem Baum das Lagerfeuer. Der Vater richtet das Feuer, er-

hebt sich, dreht sich um und geht mit dem Rücken zur Kamera ins Feld.

Langsamer Zoom in die Halbtotale. Der Vater läuft weiter ins Feld hinein. Zoom, der den gehenden Vater immer gleich groß erscheinen läßt. Dann dreht sich der Vater ein wenig und erscheint im Profil.

Der Vater versteckt sich hinter Bäumen. Hinter den Bäumen hervor kommt in gleicher Bewegungsrichtung... sein Sohn. Langsamer Zoom auf das Gesicht des Sohnes, der sich am Schluß der Einstellung fast auf die Kamera zubewegt.

4. Einstellung Aus der Perspektive des Sohnes. Kamerabewegung von oben (Panorama) mit näher kommendem Zoom: Wege, Wiesen, verwelktes Gras. Von oben fällt eine weiße Feder in schwebenden Kreisen auf die Wiese.

5. Einstellung Großaufnahme. Der Sohn schaut auf die herabschwebende Feder und dann hoch in den Himmel. Brennschärfe in die Totale: Der Sohn hebt die Feder auf und geht weiter. Er versteckt sich hinter Bäumen, hinter denen der Enkel des Dichters hervorkommt und seinen Weg fortsetzt. In den Händen hält er eine weiße Feder. Es dämmert. Der Enkel geht über das Feld...

Zoom in eine Großaufnahme des Enkels im Profil, der irgend etwas außerhalb der Einstellung bemerkt und stehenbleibt.

Panorama in seiner Blickrichtung. Totale des dunklen Waldrandes, an dem ein Engel steht. Es dämmert. Abblende mit gleichzeitiger Unschärfe.

Die Gedichtverse sollen ungefähr vom Beginn der dritten bis zum Ende der vierten Einstellung zu hören sein. Also zwischen dem Lagerfeuer und der niederschwebenden Feder. Fast gleichzeitig, vielleicht ein wenig früher, soll das Finale von Haydns »Abschiedssymphonie« einsetzen, das mit der Abblende zu Ende sein wird.

Wenn ich nun diesen Film tatsächlich drehen könnte, dann würde er natürlich auf der Leinwand kaum so aussehen, wie ich ihn in meinem Notizbuch skizziert habe: Ich teile nämlich nicht die Ansicht von René Clair, der einmal gesagt hat: »Mein Film ist bereits erdacht – jetzt braucht er nur noch gedreht zu werden.« Bei mir läuft der filmische Umsetzungsprozeß eines niedergeschriebenen Drehbuchs ganz anders ab. Allerdings konnte ich mich noch nicht dabei ertappen, daß sich eine ursprüngliche Idee auf dem Wege vom Konzept zur Umsetzung tatsächlich in ihrem Wesen verändert hätte. Der ursprüngliche Impuls, der einen Film provoziert, bleibt bei mir unverändert und fordert seine Erfüllung während der Arbeit. Im Prozeß der Dreharbeiten, der Montage und Vertonung kristallisieren sich dann aber weitere, genauere Umsetzungsformen dieses Konzepts heraus. Die gesamte Filmstruktur ist für mich stets bis zum letzten Moment unfertig. Die Erschaffung eines jeden Kunstwerkes setzt einen Kampf mit dem Material voraus, das der Künstler in einer totalen und vollendeten Realisierung seiner vom ersten unmittelbaren Gefühl diktierten (inspirierten) Grundidee in den Griff zu bekommen trachtet.

Keinesfalls aber darf im Arbeitsprozeß das Wichtigste verlorengehen, das, weshalb man überhaupt auf die Idee dieses Films gekommen ist!... Dies gilt um so mehr, wenn das Konzept mit tatsächlichen filmischen Mitteln umgesetzt wird, das heißt, mit Bildern der Wirklichkeit selbst. Denn filmisch verwirklichen sollte sich das Konzept nur in unmittelbarem Kontakt mit der Realität der gegenständlichen Welt.

Die meiner Meinung nach für das Kino der Zukunft verhängnisvollste Tendenz liegt im Bestreben, das auf dem Papier Niedergeschriebene getreu und genau in seiner Arbeit wiederzugeben, zuvor erdachte, häufig rein spekulative Konstruktionen auf die Leinwand zu übertragen. Filmisch kreative Arbeit erfordert schon ihrer Natur nach Lust zu unmittelbarer Beobachtung der lebendigen und veränderlichen, sich in ständiger Bewegung befindlichen Welt.

Als ich »Iwans Kindheit« beendet hatte, spürte ich zum ersten Mal, daß das Kino irgendwo in der Nähe war. Wie bei dem Spiel »Heiß–kalt«, wo man die Anwesenheit eines Menschen in einem dunklen Zimmer sogar dann spürt, wenn dieser den Atem anzuhalten versucht. Das Kino war irgendwo in der

Nähe. Ich begriff das aus meiner inneren Erregung, die man mit der Unruhe eines Jagdhundes vergleichen kann, der eine Fährte aufgespürt hat. Es ereignete sich ein Wunder: Der Film war gelungen! Jetzt wurde von mir etwas völlig anderes gefordert: Ich mußte begreifen, was Kino ist.

Und hier kam nun die Idee der fixierten, der versiegelten Zeit auf. Eine Idee, die mir erlaubte, mit dem Entwurf meiner Konzeption zu beginnen, deren Rahmen die Grenzen meiner Phantasie bei der Suche nach Formen und Bildern abstecken sollte. Einer Konzeption, die meinen Händen Handlungsfreiheit verschaffte und mir half, alles Überflüssige, Fremde, Unverbindliche abzustreifen. Jetzt konnte ich selbst entscheiden, was für einen Film unabdingbar ist und was ihm zuwiderläuft.

Ich habe inzwischen zwei weitere Regisseure kennengelernt, die mit unerbittlichen, aber freiwilligen »Scheuklappen« arbeiteten, um auf solche Weise zu einer wirklich adäquaten Form für die Umsetzung ihrer Konzeptidee vorstoßen zu können: Das waren der jungen Dowshenko (»Erde«) und Bresson (»Das Tagebuch eines Landpfarrers«). Bresson ist vermutlich der einzige Mensch, der im Kino eine vollständige Übereinstimmung seiner künstlerischen Praxis mit der im vorhinein theoretisch formulierten Konzeption erreichte. Ich kenne keinen in dieser Hinsicht konsequenteren Künstler. Sein Hauptprinzip war die Zerstörung der sogenannten »Expressivität«, das heißt, er wollte die Grenze zwischen dem Bild und dem realen Leben aufheben. Mit anderen Worten: Er wollte das reale Leben selbst bildhaft und expressiv wirken lassen. In seinem Film gibt es keinerlei spezielle Materialaufbereitung, kein Modulieren, keinerlei ins Auge springende, gewollte Verallgemeinerung. Und gerade über Bresson hatte Paul Valéry gesagt: »... Die Vollendung erreicht nur der, der auf alle Mittel verzichtet, die zu einer bewußten Übertreibung führen.« Alles nimmt sich hier wie eine bescheidene und anspruchslose Beobachtung des Lebens aus. Es gerät in die Nähe der östlichen Zen-Kunst, bei der die Beobachtung des Lebens so genau ist, daß sie in unserer Rezeption paradoxerweise zu einer höheren künstlerischen Bildlichkeit wird. Ein derart phantastisches, göttlich organisches Ineinander von Form und Inhalt gibt es vermutlich nur noch bei Alexander Puschkin.

Ein nüchtern-bestimmter Blick auf die Bedingungen der

gestellten Aufgabe hilft, ohne Herumexperimentieren ein ad-
äquates Äquivalent zu seinen Gedanken und Gefühlen zu finden. Überhaupt – das Experiment! Oder das Suchen! Kann
etwa ein Begriff wie »Experiment« überhaupt eine Beziehung
zu einem Dichter haben, der folgende Verse schrieb:

»Auf Grusiniens Hügeln liegt nächtliches Dunkel;
Vor mir der Aragwa-Fluß lärmt
Mir ist traurig und leicht zumute, hell ist mein Schmerz
Mein Schmerz ist voll von Dir,
Von Dir und nur von Dir allein… meine Verzagtheit
Nichts betrübt und ängstigt mich,
Und das Herz brennt und liebt von neuem – Denn:
Es kann gar nicht anders als lieben.«

Nein, nichts ist sinnloser, als Worte wie »Suche« oder »Experiment« auf ein Kunstwerk zu beziehen. Dahinter verstecken sich
Kraftlosigkeit, innere Leere, Mangel an tatsächlich schöpferi-
schem Bewußtsein und erbärmliche Eitelkeit. »Ein suchender
Künstler«: Was für eine kleinbürgerlich-blutleere Armseligkeit
steckt hinter diesen Worten. Die Kunst ist doch keine Wissenschaft, die sich erlauben kann, herumzuexperimentieren. Wenn
ein Experiment lediglich auf dem Niveau des Experiments
bleibt, also nicht bloß eine intime Arbeitsphase darstellt, die ein
Künstler auf dem Weg zum fertigen Film überwindet, dann
bleibt das eigentliche Ziel der Kunst unerreicht.

Die Kunst der zweiten Hälfte des 20. Jahrhunderts hat ihr
Geheimnis verloren. Der Künstler in unserer Zeit wollte plötzlich unverzügliche und volle Anerkennung, sofortige Auszah-
lung für das, was er auf geistigem Gebiet leistete. Wie erschüt-
ternd ist da dagegen das Schicksal von Franz Kafka, von dem
zu Lebzeiten nur wenige Werke gedruckt wurden, und der seinen
Testamentsvollstrecker beauftragte, sämtliche Manuskripte zu
verbrennen: So gesehen, gehörte Kafka moralisch der Vergangenheit an. Deshalb mußte er auch so sehr leiden – er vermochte
nicht, seiner Zeit zu »entsprechen«.

Die sogenannte moderne Kunst ist dagegen meist nur eine
Fiktion, da sie von der fälschlichen Annahme ausgeht, die
Methode könne zum Sinn und Zweck der Kunst werden. Mit
der Demonstration dieser Methode – und dies ist nichts weiter

als grenzenloser Exhibitionismus – befaßt sich die Mehrheit der zeitgenössischen Künstler.

Die von der sogenannten Avantgarde aufgeworfenen Probleme konnten nur in einer Zeit des Umbruchs entstehen, die alle überlieferten Maßstäbe und Schönheitsideale in Frage stellte. Am stärksten betroffen wurde davon die bildende Kunst. Sie büßte weitgehend die ihr bis dahin innewohnende Spiritualität ein, ohne sogleich eine neue Geistigkeit zu gewinnen. Gewöhnlich nimmt man an, daß eine solche Lage einen gesellschaftlichen Krisenzustand ausdrückt. Sofern es beim bloßen Feststellen der tragischen Situation bleibt, bin ich einverstanden: Ja, eine solche Krise spiegelt sich hier in der Tat wider, nur eben nicht auf dem Niveau von Kunst, die doch zur Überwindung von Ungeistigkeit aufgerufen und fähig ist, auch Geistmangel mit spirituellen Mitteln zu konstatieren, so, wie es etwa Dostojewskij tat, der als einer der ersten die Krankheit des beginnenden Jahrhunderts genial darzustellen wußte.

Der Begriff der Avantgarde in der Kunst ist ohne jeden Sinn. Die Avantgarde anzuerkennen bedeutet, den Fortschritt in der Kunst anzuerkennen! In der Technik verstehe ich Fortschritt so, daß dort immer vollkommenere Maschinen die ihnen zugeordneten Funktionen immer besser und präziser erfüllen sollen. Doch wie kann jemand in der Kunst fortschrittlicher als der andere sein? War Thomas Mann etwa besser als Shakespeare?

Von Experiment und künstlerischer Suche wird gewöhnlich vor allem im Zusammenhang mit der Avantgarde gesprochen. Doch was bedeutet das Wort Experiment in der Kunst? Probieren und einmal sehen, was dabei herauskommt? Und wenn dann nichts herauskommen sollte, so ist das eben das persönliche Problem eines Pechvogels. Ein Kunstwerk trägt doch schließlich eine ästhetische und weltanschauliche Geschlossenheit in sich, ist ein nach eigenen Gesetzen lebender und sich entwickelnder Organismus. Kann man denn etwa von einem Experiment sprechen, wenn ein Kind geboren wird? Das wäre doch unmoralisch und sinnlos.

Doch vielleicht begannen diejenigen von Avantgarde und Experiment zu sprechen, die unfähig sind, die Spreu vom Weizen zu sondern? Die angesichts neuer ästhetischer Strukturen ganz schlicht und einfach den Kopf verloren, sich in dem hier tatsächlich Neuen nicht zurechtfanden, hierfür keine eigenen Kriterien erstellen konnten und so auf jeden Fall erst einmal alles unter diese Begriffe subsumierten, um auch ja nicht fehlzugehen? Wie lächerlich war es, als man Pablo Picasso einmal nach seiner künstlerischen Suche fragte. Voller Unwillen über diese Frage antwortete Picasso darauf klug und präzis: »Ich suche nicht, ich finde nur!«

In der Tat: Kann man denn den Begriff der künstlerischen Suche mit einer solchen Größe assoziieren, wie das etwa Leo Tolstoi war: Schaut nur einmal an, wie dieser Alte suchte! Das ist doch lächerlich! Obgleich natürlich einige sowjetische Literaturwissenschaftler beinahe in diesem Sinne reden, wenn sie im Zusammenhang mit seinem »Gottsuchertum« und der Ansicht, daß man »dem Bösen nicht widerstreben« dürfe, auf »Verirrungen« hinweisen, die Anzeichen dafür seien, daß er eben »auf der Suche« war…

Der Prozeß künstlerischen Suchens ist in seinem Verhältnis zur geschlossenen Einheit eines Kunstwerks nur einem Herumirren im Walde vergleichbar, wenn man dort nach Pilzen sucht, die man schon längst gefunden und in seinen Korb gesammelt hat. Doch nur der volle Korb bedeutet hier das Kunstwerk: Der Korbinhalt ist ein reales, eindeutiges Resultat. Das »Herumirren im Walde« bleibt dagegen die persönliche Sache eines Liebhabers von Spaziergängen an frischer Luft. Betrug kommt auf dieser Ebene böser Absicht gleich. In seiner »Einführung in das System Leonardo da Vincis« bemerkt der bereits zitierte Paul Valéry sarkastisch: »Die törichte Angewohnheit, eine Metonymie für eine Entdeckung zu halten, eine Metapher für einen Beweis, ein Wortungeheuer für einen Ausfluß grandiosen Wissens und sich selbst für einen Propheten – das ist ein Übel, das uns bereits in die Wiege gelegt wurde.«

Um so schwieriger sind die Begriffe »Suchen« und »Experiment« im Film. Man bekommt Filmmaterial und die entsprechende Apparatur in die Hand und soll nun – bitte sehr – jenes Wesentliche auf dem Filmstreifen fixieren, um dessentwillen man diesen Film machen will.

Konzept und Ziel eines Filmes müssen für den Regisseur von allem Anfang an feststehen. Hier will ich schon gar nicht davon sprechen, daß niemand bereit ist, deine vagen Experimente zu bezahlen. Wie immer die auch aussehen mögen, eines ist klar:

Ein Künstler kann so viel herumexperimentieren, wie er will. Das bleibt seine ganz persönliche Sache. Doch von dem Moment an, wo er sein Suchen auf dem Filmstreifen festhält (Nachdrehs sind selten und heißen in der Produktionssprache – Ausschuß), das heißt, sein Konzept objektiviert, muß davon ausgegangen werden, daß er bereits das *gefunden* hat, was er dem Zuschauer mit filmischen Mitteln sagen will. Er darf also jetzt nicht mehr im Dunkel des Suchens herumirren.

Über das Konzept und dessen filmische Umsetzungsformen soll im nächsten Kapitel Ausführlicheres gesagt werden. Zuvor gilt es noch die weitverbreitete Ansicht zu streifen, daß ein Film »schnell altere« und dies geradezu ein wesensbedingtes Attribut von ihm sei. Hiervon muß auch gerade im Zusammenhang des »moralischen Filmzieles« gesprochen werden.

Es wäre absurd, behaupten zu wollen, daß Dantes »Göttliche Komödie« inzwischen veraltet sei. Doch Filme, die noch vor einigen Jahren ein großes Ereignis waren, erweisen sich plötzlich ganz unerwartet als hilflos, ungeschickt, fast schülerhaft. Woran liegt das? Für mich liegt der Hauptgrund darin, daß ein Filmemacher sein Schaffen in der Regel nicht als einen für ihn selbst lebenswichtigen *Akt,* als moralisches Streben begreift. Veralten tun nämlich die *Absichten,* ausdrucksvoll und modisch auf der Höhe der Zeit zu sein; man kann nicht um der Originalität willen versuchen, originell zu sein.

Die Frage, worin das Besondere der Filmsprache liegt, ist keinesfalls einfach und sogar Fachleuten immer noch unklar. Wenn man also heute von moderner und unmoderner Filmsprache redet, so verwechselt man sie meist lediglich mit einem Reservoir heutzutage modischer formaler Verfahren, die zudem nicht selten benachbarten Kunstarten entstammen. Dabei geraten wir augenblicklich in die Gefangenschaft kurzlebiger, zeitbedingter und zufälliger Vorurteile. Denn kann man heute etwa davon sprechen, daß »die Rückblende die allerneueste Innovation« sei, um dann morgen wiederum ebenso ambitioniert zu verkünden, daß »jedwede Zeitverschiebung Rückständigkeit« bedeute, daß »das Kino nunmehr zu klassisch entwickelnden Sujets tendiere«. Doch vermag etwa irgendeine Verfahrensweise von sich aus zu veralten, bzw. von sich aus dem Geist einer Zeit entsprechen? Vermutlich kommt es doch in erster Linie einmal darauf an, zu verstehen, *was* ein Autor sagen will und *warum* er deshalb zu dieser oder jener Form gegriffen hat. Man kann sich natürlich Verfahrensweisen auch epigonal ausleihen. Doch dann würden unsere Überlegungen die Grenzen der Kunstproblematik verlassen und zum Gebiet der Imitationen und der Handwerkelei übergehen.

Sicher verändern sich die Darstellungsmittel des Films genauso wie jede andere Kunst. Bekanntlich stürzten die ersten Kinogänger voller Panik aus dem Saal, als sie einen Zug auf sich zufahren sahen. Ebenso bebten sie vor Angst und Schrecken, als sie auf der Leinwand einen in Großaufnahme gezeigten abgeschlagenen Kopf sahen. Heute ruft so etwas keinerlei besondere Emotionen hervor. Und das, was gestern noch eine tief beeindruckende Neuerung war, benutzen wir heute als allgemein übliches, gängiges »Interpunktionszeichen«. Niemand käme schließlich auf den Gedanken, daß eine Großaufnahme veraltet sein könnte...

Bevor jedoch eine filmsprachliche Innovation gängiges Allgemeingut wird, muß sie sich zunächst erst einmal als die *natürliche und einzige* Möglichkeit eines Künstlers erweisen, sein *eigenes* Weltempfinden mit den Mitteln dieser seiner Sprache so umfassend wie nur irgend möglich wiederzugeben. Der Künstler sucht nicht um der Ästhetik willen Verfahrensweisen als solche. Er muß vielmehr unter Qualen Mittel ausfindig machen, die in der Lage sind, sein Autorenverhältnis zur Wirklichkeit adäquat zu formulieren.

Wenn ein geschickter Handwerker über eine ihm letztlich fremde Sache auf dem höchsten Niveau zeitgenössischer Filmtechnik erzählt und dabei auch noch etwas Geschmack beweist, so kann er den Zuschauer sicher eine Weile lang hinters Licht führen. Dennoch wird die nur vorübergehende Bedeutung eines solchen Filmes recht schnell offenkundig. Früher oder später entlarvt die Zeit unerbittlich all das, was nicht Ausdruck der tiefsten Überzeugungen einer einmaligen Persönlichkeit ist. Denn schöpferische Arbeit ist nicht nur eine Gestaltungsform objektiv existenter Information, die lediglich einige berufliche Fertigkeiten voraussetzt. Sie ist vielmehr eine Existenzform des Menschen selbst, seine einzig mögliche Ausdrucksform. Und kann man etwa die immer wieder übermenschlichen Anstrengungen zur Überwindung der Sprachlosigkeit mit dem welken Wort »Suche« oder »Experiment« belegen?!

Das filmische Bild

»Wir wollen es so stellen: Ein geistiger, das heißt ein bedeutender Gegenstand
ist eben dadurch ›bedeutend‹, daß er über sich hinausweist, daß er Ausdruck
und Exponent eines Geistig-Allgemeineren ist, einer ganzen Gefühls- und
Gesinnungswelt, welche in ihm ihr mehr oder weniger vollkommenes Sinnbild
gefunden hat – wonach sich denn der Grad seiner Bedeutsamkeit bemißt…«

Thomas Mann
(»Der Zauberberg«)

Es wäre naiv anzunehmen, daß ich in diesem Kapitel versuchen
wollte, einen Begriff wie künstlerisches Bild in eine leicht faßba-
re These zu bringen. So etwas ist weder möglich noch wünschenswert. Ich vermag lediglich zu sagen, daß das Bild ins
Unendliche strebt und zum Absoluten hinführt. Ja, sogar das,
was man die »Idee« eines Bildes nennt, kann in seiner tatsächlichen Vielschichtigkeit und Vieldeutigkeit nicht mit Worten,
sondern nur mit Kunst ausgedrückt werden. Wenn ein Gedanke
im künstlerischen Bild ausgedrückt wird, so bedeutet das, daß
eine Form gefunden ist, die so adäquat wie nur irgend möglich
die Idee des Autors, sein Streben nach einem Ideal zum Ausdruck bringt…

Nichtsdestoweniger werde ich mich bemühen, den Rahmen
jenes möglichen Systems aufzuzeigen, das man gewöhnlich als
Bildsystem bezeichnet und in dem ich mich frei und heimisch
fühle.

Selbst bei einem bloß flüchtigen Blick zurück auf das bereits
verflossene Leben ist man immer wieder überrascht von der
Unverwechselbarkeit der Ereignisse, an denen man Anteil hatte, von der Einmaligkeit der Charaktere, mit denen man in
Berührung kam. Die Intonation des Einmalig-Unverwechselba-
ren dominiert jeden Augenblick der Existenz. Einmalig und
unverwechselbar ist auch das Leben selbst, das der Künstler
jedesmal von neuem zu erfassen und zu gestalten sucht. In der
immer wieder vergeblichen Hoffnung auf das unerschöpfliche
Bild der Wahrheit menschlicher Existenz. Die Schönheit liegt in
der Wahrheit des Lebens, wenn diese vom Künstler ein weiteres
Mal erfaßt und mit aller Aufrichtigkeit gestaltet wird.

Ein halbwegs scharfsinniger Mensch unterscheidet in jedem
Fall die Wahrheit von der Erfindung, die Aufrichtigkeit von der

Falschheit, natürliches von manieriertem Verhalten. Es existiert
ein bestimmter Wahrnehmungsfilter, den man mit der Lebenserfahrung gewinnt und der einen davor bewahrt, Phänomenen
mit bewußt oder versehentlich aus Unvermögen zerstörter
Kommunikationsstruktur zu vertrauen.

Es gibt Menschen, die unfähig sind zu lügen. Andere können
begeistert und überzeugend lügen. Und die dritten sind eigentlich unfähig zu lügen, können es aber nicht lassen und tun es
hoffnungslos und unbegabt. Unter gegebenen Umständen, das
heißt in getreuer Befolgung der Logik des eigenen Lebens, spürt
nur die zweite Gruppe den Pulsschlag der Wahrheit und kann
sich so den wechselhaften Kurven des Lebens mit fast geometri-
scher Genauigkeit anpassen.

Das Bild ist etwas, das man nicht einfangen, geschweige denn
aufgliedern kann. Es basiert auf derselben Materialwelt, die es
zugleich auch zum Ausdruck bringt. Und wenn das nun eine
rätselhafte Welt ist, so ist auch das Bild von ihr rätselhaft. Das
Bild ist eine bestimmte Gleichung, die das Wechselverhältnis
der Wahrheit zu unserem, auf einen euklidischen Raum be-
schränkten Bewußtsein bezeichnet. Ungeachtet dessen, daß wir
den Weltenbau nicht in seiner Ganzheit wahrnehmen können,
vermag das Bild diese Ganzheit auszudrücken.

Ein Bild – das ist ein Eindruck von der Wahrheit, auf die wir
mit unseren blinden Augen schauen durften.

Wjatscheslaw Iwánow[27] hatte in seinen Betrachtungen zum
Symbol mit folgenden Worten seine Beziehung zu ihm ausgedrückt (das, was er Symbol nennt, beziehe ich hier auf das
Bild): »Das Symbol ist nur dann ein wahres Symbol, wenn es in
seiner Bedeutung unerschöpflich und grenzenlos ist, wenn es in
seiner geheimen (hieratischen und magischen) Sprache Andeu-
tungen und Suggestionen auf etwas Unaussprechliches, nicht in
Worte zu Fassendes ausspricht. Es ist vielgesichtig, vieldeutig
und stets dunkel in seiner letzten Tiefe. Es ist von organischer
Beschaffenheit, wie der Kristall. Es gleicht sogar einer Monade,
und darin unterscheidet es sich von der komplexen und viel-
schichtigen Allegorie, der Parabel oder dem Vergleich. Symbole
sind unbegreiflich und mit Worten nicht wiederzugeben.«

Getreu wird ein geschaffenes Bild übrigens dann, wenn es in
ihm Elemente gibt, die die Wahrheit des Lebens zum Ausdruck
bringen und es zugleich so einmalig und unwiederholbar ma-

chen, wie es das Leben selbst in seinen unscheinbarsten Phänomenen noch ist.

Das Bild als Beobachtung... wie sollte man hierbei nicht wiederum an die japanische Dichtung denken?!

An ihr begeistert mich ihr radikaler Verzicht auch auf die versteckteste Andeutung ihres eigentlichen Bildsinnes, der wie bei einer Scharade erst allmählich dechiffriert werden muß. Das Haïku »züchtet« seine Bilder auf eine Weise, daß sie nichts außer sich selbst und zugleich dann doch wieder so viel bedeuten, daß man ihren letzten Sinn unmöglich erfassen kann. Das heißt, daß das Bild seiner Bestimmung um so mehr gerecht wird, je weniger es sich in irgendeine begriffliche, spekulative Formel pressen läßt. Der Leser eines Haiku muß sich in ihm verlieren, wie in der Natur, sich in es hineinfallen lassen, sich in dessen Tiefen wie im Kosmos verlieren, wo es auch weder ein Oben noch ein Unten gibt.

Hier, zum Beispiel, ein Haiku von Baschô:
> Ein alter Teich
> Ein Frosch sprang ins Wasser
> Plätschern in der Stille

Oder:
> Für die Dächer wurde Schilf geschnitten
> Auf vergessene Halme
> Stiebt weicher Schnee

Oder dies:
> Woher nur diese Trägheit?
> Kaum konnte man mich heute wachbekommen...
> Es rauscht ein Frühlingsregen

Welche Einfachheit und Präzision der Beobachtung!
Welch diszipliniertes Denken und was für eine erlesene Vorstellungskraft. Diese Verse sind so wunderschön durch die Unwiederholbarkeit des hier eingefangenen Augenblicks, der in die Ewigkeit fällt.

Mit nur drei Beobachtungspunkten vermochten die japanischen Dichter ihr Verhältnis zur Wirklichkeit auszudrücken. Sie beobachteten sie nicht nur einfach, sondern suchten ohne Hast und Eitelkeit nach ihrem ewigen Sinn. Und je genauer diese Beobachtung ist, um so einmaliger ist sie. Und je einmaliger sie

ist, um so näher ist sie dem Bild. Dostojewskij bemerkte einmal
sehr treffend, daß das Leben viel phantastischer sei, als man es
sich ausdenken könne!

Um so mehr bildet die Beobachtung nun auch die Haupt-
grundlage des filmischen Bildes, das ursprünglich von der
photographischen Fixierung herkommt. Das Filmbild materialisiert sich in einer dem Auge zugänglichen Vierdimensiona-
lität. Dennoch kann längst nicht jede filmische Photographie
Anspruch auf ein Weltbild erheben. Es beschreibt meist nur
dessen Konkretheit. Eine Fixierung naturalistischer Fakten
reicht noch längst nicht aus, um ein Filmbild zu erschaffen. Im
Film basiert das Bild auf der Fähigkeit, die eigene *Empfindung*
eines Objektes als *Beobachtung* auszugeben.

Kehren wir zur Prosa zurück und erinnern wir uns an den
Schluß von Leo Tolstois Erzählung »Der Tod des Iwan Iljitsch«:[28] Ein schlechter, beschränkter Mensch stirbt an Krebs
und will vor dem Tod noch seine giftige Frau und seine ebenso
boshafte Tochter um Verzeihung bitten. In diesem Moment
verspürt er, völlig überraschend für sich selbst, in seiner Seele
eine solche Güte, daß ihm seine gefühls- und gedankenlose
Familie, deren einzige Sorge dem Krimskrams des Haushalts
gilt, plötzlich nur noch bedauernswert unglücklich vorkommt.
In seinen letzten Augenblicken, sterbend, scheint es ihm, als
krieche er durch eine lange, weiche, schlauchähnlich dunkle
Röhre... In weiter Ferne leuchtet ein Licht, das er aber einfach
nicht zu erreichen vermag: Er muß zuerst noch die letzte
Grenze überwinden – die, die das Leben vom Tod trennt. Am
Bett stehen seine Frau und seine Tochter. Er möchte ihnen
sagen: »Verzeiht!«*, bringt in diesem letzten Moment aber nur
noch ein »Laßt mich durch« (!)* heraus...

Kann man etwa mit einem derart erschütternden Bild eindeutig umgehen? Es ist mit so unerklärlich tiefen Empfindungen von uns verbunden (weckt vielleicht auch eigene unklare
Erinnerungen in uns?!), daß es wie eine Offenbarung unsere
Seele erschüttert, diese regelrecht umwendet. Ja, man verzeihe
mir meine Banalität, das ist so wegen seiner ungeheuren Wahrhaftigkeit und Lebensechtheit. Und wir erahnen hier, daß diese

---

* Im Russischen *prostite/propustite* (Anm. d. Übers.)

Entdeckung durchaus etwas mit anderen bereits erlebten oder insgeheim vorgestellten Situationen zu tun haben kann. Im Sinne von Aristoteles ist dies das Wiedererkennen von etwas bereits Bekanntem, das hier ein Genie zum Ausdruck brachte. Je nach dem geistigen Niveau des Rezipienten erreicht dieses Wiedererkennen verschiedene Grade an Tiefe und Vielschichtigkeit.

Da ist zum Beispiel Leonardo da Vincis »Porträt einer jungen Frau vor einem Wacholderstrauch«, das 'ich in meinem »Spiegel« zitiere – in der Szene, wo der Vater sich während des Krieges kurz mit seinen Kindern trifft.

Leonardo da Vincis Bilder beeindrucken stets durch zwei Dinge: Durch eine erstaunliche Fähigkeit dieses Künstlers, ein Objekt von außen, von der Seite her mit jenem überaus ruhigen Blick zu betrachten, der beispielsweise auch Johann Sebastian Bach und Leo Tolstoi eigen ist. Und zugleich auch durch die Tatsache, daß man auf sie mit ganz gegensätzlichen Empfindungen reagieren kann. Man kann einfach nicht den letztgültigen Eindruck beschreiben, den dieses Porträt auf uns macht. Es ist noch nicht einmal möglich, mit Bestimmtheit zu sagen, ob einem diese Frau nun gefällt oder nicht, ob sie sympathisch oder unangenehm ist. Sie zieht an und stößt zugleich wieder ab. In ihr gibt es etwas unerklärlich Schönes und etwas ausgesprochen Teuflisches, was zurückschrecken läßt. Etwas in einem durchaus nicht romantisch-verlockenden Sinne Teuflisches. Einfach etwas, das jenseits von Gut und Böse ist. Ein Zauber mit negativem Vorzeichen, in dem etwas fast Degeneriertes und doch... Wunderschönes ist. Im »Spiegel« brauchten wir dieses Porträt einerseits, um in das Geschehen die Dimension des Ewigen einzubringen. Andererseits aber war es auch als ein Kontrapunkt zur Heldin des Filmes gedacht, da die Terechowa, die diese Rolle spielte, ebenfalls anziehend und abstoßend zugleich sein kann.

Ein Versuch, Leonardos Porträt in seine konstituierenden Elemente zu zerlegen, würde zu nichts führen; auf jeden Fall würde er überhaupt nichts klären. Denn die emotionale Wirkung dieses Frauenbildnisses basiert ja gerade auf der Unmöglichkeit, sich hieraus etwas Eindeutiges, Endgültiges zu extrapolieren. Man darf kein einzelnes Detail aus dem Ganzen herauslösen oder einem momentanen Eindruck den Vorzug vor einem anderen geben und ihn für sich selbst als endgültig festhalten, um ein ausgewogenes Verhältnis zu dem hier vorgestellten *Bild* zu bekommen. Es eröffnet uns die Möglichkeit einer Beziehung zum Unendlichen, das einzufangen auch das höchste Ziel eines bedeutenden Kunstwerks darstellt...

Ein ähnliches Gefühl wird auch durch die Geschlossenheit des Bildes erzeugt, die gerade dadurch wirkt, daß sie sich eben nicht aufgliedernd erklären läßt. Für sich allein genommen ist nämlich eine ausgegliederte Komponente tot. Im Gegensatz dazu können in jedem noch so unscheinbaren Element des Bildes dieselben Eigenschaften festgestellt werden, die das Ganze des geschlossenen Werkes ausmachen. Und diese Eigenschaften sind das Ergebnis von Wechselwirkungen antagonistischer Elemente, deren Sinn wie bei kommunizierenden Gefäßen von dem einen zum anderen fließt: Das von Leonardo dargestellte Frauenantlitz ist von einem großen Gedanken geprägt, und doch scheint diese Frau zugleich etwas gewöhnlich und niedrigen Eigenschaften zugetan. Dieses Porträt bietet uns die Möglichkeit, in ihm unendlich vieles zu sehen. Auf der Suche nach seinem Sinn und Wesen verirrt man sich in einem riesigen Labyrinth, aus dem es keinen Ausweg gibt. Wirklichen Genuß erfährt man hier gerade durch die emotionale Erkenntnis, daß dieses Porträt unerschöpflich, nicht bis ins letzte erklärbar ist. Eine authentische Bildidee bringt ihren Betrachter zu einem gleichzeitigen Erleben höchst komplexer, widersprüchlicher und zuweilen einander sogar ausschließender Gefühle.

Man kann den Moment nicht einfangen, in dem das Positive in sein Gegenteil umschlägt, beziehungsweise, in dem das Negative in das Positive eindringt. Das Unendliche ist etwas, das der Bildstruktur immanent ist. Doch in der Praxis seines Lebens zieht der Mensch unweigerlich das eine dem anderen vor, wählt aus und stellt das Kunstwerk in den Kontext *seiner* persönlichen Erfahrung. Und so, wie jeder Mensch in seinem Handeln unwillkürlich pragmatisch verfährt, das heißt im Großen wie im Kleinen seine eigene Wahrheit verteidigt, so behandelt er auch ein Kunstwerk nach eigenem Belieben. Er stellt es in seine eigenen Lebenszusammenhänge und verknüpft es mit bestimmten gedanklichen Formeln. Denn die großen Meisterwerke der Kunst sind ihrer Natur nach ambivalent und bieten Anlaß zu unterschiedlichsten Betrachtungsweisen.

Mir ist jene vorsätzlich tendenziöse Haltung, jener Dogmatismus, die einen Künstler stets in ein Bildsystem einordnen, ausgesprochen zuwider. Und ich vertrete auch unbedingt die Meinung, daß die von einem Künstler verwendeten Verfahren nicht erkennbar sein sollten. Ich bedaure, daß es selbst in meinen eigenen Filmen noch einige Einstellungen gibt, die mir heute wie Kompromisse vorkommen, die ich aus Inkonsequenz durchgehen ließ. So würde ich heute allzugern die Hahn-Szene im »Spiegel« korrigieren, obwohl gerade sie viele Zuschauer beeindruckte. Doch das rührt daher, daß ich hier mit dem Zuschauer ein »Schlagabtausch«-Spiel spielte:

Als die Heldin des Filmes sich hier in halb besinnungslosem Zustand entschloß, dem Hahn den Kopf abzuschlagen, da filmten wir sie nach dieser Tat in Großaufnahme, mit einer Zeitlupe von neunzig Bildern pro Sekunde und akzentuiert-unnatürlicher Beleuchtung. Da sich nun diese Einstellung auf der Leinwand verlangsamt ausnahm, kam das Gefühl gedehnter Zeit auf, wodurch wir den Zuschauer gleichsam in die innere Verfassung unserer Heldin versetzen. Wir hielten ihren Zustand verlangsamt fest und akzentuierten ihn dadurch. Doch das ist ausgesprochen schlecht, weil dadurch ein rein literarischer Sinn in diese Einstellung kommt. Wir deformierten das Gesicht der Schauspielerin, ohne daß diese darauf Einfluß nehmen konnte, spielten gleichsam statt ihrer. Wir modulierten hier, »erzwangen« die uns nötige Emotion mit Hilfe der Regie. Der Zustand der Heldin ist in dieser Einstellung allzu offenkundig und leicht dechiffrierbar. Der Zustand eines Menschen, der von einem Schauspieler zum Ausdruck gebracht wird, muß jedoch für uns immer etwas Geheimnisvolles bewahren.

Zum Vergleich kann ich ein anderes »Spiegel«-Beispiel anführen, wo dasselbe Verfahren wesentlich erfolgreicher eingesetzt wurde: Auch in der Druckerei-Szene wurden einige Einstellungen in Zeitlupe gedreht, die hier aber schon kaum merklich sind. Wir bemühten uns, diese Szene äußerst diskret und vorsichtig zu filmen, damit der Zuschauer die Zeitlupe nicht sofort mitbekommt, sondern sich in ihm lediglich ein unklares Gefühl von irgend etwas Seltsamem einstellt. Mit der Zeitlupe wollten wir keinen besonderen Gedanken unterstreichen, sondern vielmehr ohne »schauspielerische« Verfahren einen Seelenzustand zum Ausdruck bringen.

In diesem Zusammenhang fällt mir eine Episode aus Kurosawas »Macbeth« ein: Wie löste Kurosawa die Szene, in der sich Macbeth im Walde verirrt?[29] Ein schlechter Regisseur hätte seinen Schauspieler natürlich in wilder Richtungssuche herumlaufen, ihn im Nebel an Bäume und Sträucher stoßen lassen. Doch der geniale Kurosawa? Er findet für diese Szene einen Ort mit einem charakteristischen, sich dem Gedächtnis einprägenden Baum. Die Reiter umkreisen ihn dreimal, damit wir schließlich, wenn wir diesen Baum aufs neue sehen, begreifen, daß sie stets an derselben Stelle vorbeireiten, und daher auch begreifen, daß sie sich verirrt haben... Die Reiter jedoch wissen das immer noch nicht, weil sie schon längst von ihrem Weg abgekommen sind. Mit seiner Lösung des Raumproblems demonstriert hier Kurosawa das höchste Niveau poetischen Denkens, das mit äußerster Einfachheit, ohne irgendwelche Manieriertheit oder Prätensionen zum Ausdruck kommt. Was scheint es schon Einfacheres zu geben, als eine Kamera aufzustellen und dreimal den Weg der Verirrten im Kreise aufzunehmen? Mit einem Wort: Das Bild ist nicht etwa dieser oder jener hierdurch vom Regisseur ausgedrückter *Sinn,* sondern eine ganze Welt, die sich in einem Wassertropfen spiegelt.

Im Kino gibt es keinerlei technische Ausdrucksprobleme, wenn man genau weiß, was man sagen will, wenn man innerlich jede Zeile seines Filmes vor sich sieht, sie präzis erspürt. So war es etwa für uns in der Szene, wo die »Spiegel«-Heldin den von Anatolij Solonizyn gespielten Unbekannten trifft, wichtig, nach dessen Weggang sozusagen den Faden noch weiterzuspinnen, der diese scheinbar einander zufällig begegnenden Menschen miteinander verband. Wenn dieser Mann sich nämlich bei seinem Gehen bloß nach unserer Heldin umgedreht und sie »ausdrucksvoll« angeblickt hätte, dann wäre das alles zu eindimensional direkt gewesen, hätte einen falschen Zungenschlag bekommen. So kamen wir auf die Idee mit dem Windstoß im Feld, der so unerwartet einsetzte, daß er die Aufmerksamkeit des Unbekannten weckte und er sich umschauen mußte... In diesem Fall kann man dem Autor sozusagen nicht in die Karten schauen und ihm eine konkrete Absicht nachweisen.

Kennt der Zuschauer die *Gründe* nicht, die einen Regisseur dazu bewegen, dieses oder jenes Verfahren einzusetzen, dann ist er bereit, an die Realität des auf der Leinwand gezeigten

Vorgangs zu glauben. An jenes Leben, das der Künstler »beobachtet«, indem er seine Beobachtungen auf der Leinwand reproduziert. Wenn der Zuschauer dagegen dem Regisseur über die Schulter sieht, genau begreift, warum und weshalb dieser eine gerade fällige »Ausdrucks«-Aktion unternimmt, so hört er auf der Stelle auf, das auf der Leinwand gezeigte Ereignis emotional mitzuerleben. Statt dessen beginnt er dann, das Konzept und dessen Realisierung *zu beurteilen.* Das heißt, hier springt wieder die berühmte Marxsche »Sprungfeder« aus der Matratze – die Idee, die Absicht wird allzu offenkundig.

Wie Gogol schrieb, ist das Bild dazu da, das Leben selbst und nicht etwa Begriffe oder Vorstellungen vom Leben auszudrücken. Das Bild bedeutet oder symbolisiert also nicht das Leben, sondern verkörpert es, indem es seine *Einmaligkeit* zum Ausdruck bringt. Doch was ist denn das Typische? Was für eine Beziehung kann es in der Kunst zwischen dem einmalig Unverwechselbaren und dem Typischen geben? Wo ist der Platz des Typischen, wenn die Geburt des Bildes identisch ist mit der Geburt des Einmaligen?

Das Paradox liegt hier darin, daß das in höchstem Maße Einmalige und Unwiederholbare, das in einem Bild Gestalt angenommen hat, sich seltsamerweise in Typisches transformiert. So merkwürdig das auch klingen mag, aber das Typische befindet sich in direkter Abhängigkeit zum unvergleichbar Einzigartigen und Individuellen. Typisches entsteht keineswegs dort, wo man es üblicherweise ansiedelt, wo man die Gemeinsamkeit und Ähnlichkeit von Phänomenen fixiert, sondern dort, wo sich deren Besonderheit zeigt. Ich würde das sogar so formulieren: Indem das Typische auf dem Individuellen beharrt und das Allgemeine gleichsam aus den Augen läßt, geht es über den Rahmen augenfälliger Reproduktion hinaus. Nur wird eben das Allgemeine als Ursache für die Existenz völlig einmaliger Phänomene angesehen.

Das mag auf den ersten Blick hin seltsam anmuten. Doch man darf dabei in der Tat nicht vergessen, daß ein künstlerisches Bild keinerlei Assoziationen, sondern ausschließlich Erinnerungen an die Wahrheit hervorrufen soll. Hier geht es weniger um denjenigen, der das Bild wahrnimmt, als vielmehr um den Künstler, der es erschafft. Wenn ein Künstler mit seiner Arbeit beginnt, muß er daran glauben, daß er einem bestimm-

ten Phänomen erstmalig Gestalt verleiht. Erstmals, und *nur auf*
die Art, wie er es fühlt und versteht.

Das künstlerische Bild ist, wie gesagt, ein ausgesprochen
einmaliges und unwiederholbares Phänomen, zugleich jedoch,
da es sich um ein Lebensphänomen handelt, kann es völlig
banal sein. Das ist wie im folgenden Haiku: »Nein, nicht zu mir,
zum Nachbarn rauschte der Schirm.« Für sich allein stellt
jemand, den wir mit einem Schirm vorbeigehen sehen, überhaupt nichts Neues dar. Das ist bloß jemand, der irgendwohin
eilt, um dem Regen zu entgehen. Doch im Kontext des hier
zitierten künstlerischen Bildes wird damit ein für seinen Autor
einmaliger und unwiederholbarer Lebensmoment mit aus-
drucksstarker Vollkommenheit und Einfachheit fixiert. Dank
dieser zwei Verszeilen kann man sich sehr leicht in die Stimmung des Autors versetzen, in seine Einsamkeit, in das graue
Regenwetter vor seinem Fenster und die vergebliche Erwartung, daß irgend jemand in seine einsame, gottvergessene Behausung hineinschaut. Die erstaunliche Breite und Kapazität
des künstlerischen Ausdrucks wird hier durch eine präzise
Fixierung von Situation und Stimmung erreicht.

Zu Beginn dieser Überlegungen übergingen wir absichtlich
das, was man ein Charakterbild nennt. Hier erscheint es dagegen sinnvoll, dies mit einzubeziehen. Baschmatschkin oder
Onegin zum Beispiel.[30] Als künstlerische *Typen* sind sie ein
Ensemble bestimmter sozialer Gesetzmäßigkeiten, die ihr So-
sein bedingen. Andererseits tragen sie aber auch einige allge-
mein-menschliche Motive in sich. Eine literarische Gestalt kann
typisch werden, wenn sie eine ganze Gruppe ihr verwandter
Phänomene repräsentiert. Aus diesem Grunde gibt es im Leben
zu Baschmatschkin und Onegin auch eine Masse von Analogien. Ja, das sind Typen! Das stimmt durchaus! Doch als
künstlerische Bilder sind sie zugleich ausgesprochen *einmalig*
und unwiederholbar. Von ihren Erfindern wurden sie viel zu
zugespitzt, viel zu groß gesehen, und sie sind auch viel zu
deutlich von deren klarer Menschenauffassung gezeichnet, als
daß man von ihnen sagen könnte, daß sie doch letztlich gleich
nebenan wohnten, Nachbarn seien. Oder Raskolnikows Nihilis-
mus,[31] der in seinen bestimmten historischen und soziologi-
schen Bezügen natürlich durchaus typisch, zugleich aber in
seinen persönlichen Besonderheiten, in seiner Individualität für

uns ausgesprochen einmalig ist. Und auch Hamlet ist sicher ein Typus. Doch wer wollte einfach grob sagen: »Solche Hamlets habe ich doch schon irgendwo einmal gesehen, nicht wahr?!«...

Es kommt also zur paradoxen Situation, daß das Bild den umfassendsten Ausdruck des Typischen darstellt. Daß es aber zugleich um so individueller und einmaliger wird, je vollständiger es das Typische zum Ausdruck bringt. Das Bild ist eine phantastische Sache! In einem bestimmten Sinne ist es sogar noch reicher als das Leben selbst, und zwar in dem Sinne, daß es die Idee absoluter Wahrheit ausdrückt.

Was bedeuten etwa Leonardo da Vinci und Johann Sebastian Bach in einem funktionalen Sinne? Absolut nichts, außer dem, was jeder dieser beiden ausgesprochen unabhängigen Künstler für sich allein bedeutet. Es ist, als würden sie die Welt, unbelastet von jeder Erfahrung, zum erstenmal sehen. Ihr unabhängiger Blick gleicht dem Blick von außerirdischen Bewohnern, die gerade auf die Erde gekommen sind.

Jedwedes Schaffen strebt nach Einfachheit, nach einer maximal einfachen Ausdrucksweise. Das Streben nach Einfachheit bedeutet ein Streben nach Tiefe des reproduzierten Lebens. Doch den *kürzesten* Weg zwischen dem, was man sagen oder ausdrücken will, zu dem dann im fertigen Bild endgültig Reproduzierten zu finden, das gehört zu dem Mühevollsten im Schaffensprozeß. Das Streben nach Einfachheit bedeutet ein qualvolles Suchen nach der adäquaten Ausdrucksform für die vom Künstler erkannte Wahrheit.

Das Streben nach Vollkommenheit inspiriert den Künstler zu geistigen Entdeckungen, zur höchsten sittlichen Anstrengung. Das Streben nach dem Absoluten ist die vorantreibende Tendenz der Menschheitsentwicklung. Und eben mit dieser Grundtendenz ist für mich auch der Begriff des Realismus in der Kunst verknüpft. Die Kunst ist dann realistisch, wenn sie ein moralisches Ideal auszudrücken strebt. Realismus ist das Streben nach Wahrheit, und die Wahrheit ist immer schön. Hier entspricht die ästhetische Kategorie der ethischen.

Wenn ich mich jetzt den spezifischen Eigenschaften des filmischen Bildes zuwende, möchte ich sogleich die verbreitete filmtheoretische Vorstellung von einer angeblich synthetischen Natur des filmischen Bildes zurückweisen. Dieser Gedanke erscheint mir irrig, denn aus ihm müßte man folgern, das Kino
gründe sich auf verwandte Kunstarten und besitze keine eigenen Ausdrucksmittel. Das würde bedeuten, daß das Kino keine
Kunst ist. Es ist jedoch eine Kunst.

Das filmische Bild wird völlig vom *Rhythmus* beherrscht, der
den Zeitfluß innerhalb einer Einstellung wiedergibt. Die Tatsache, daß der Zeitfluß auch im Verhalten der Personen, in den
Darstellungsformen und auf der Tonebene zu beobachten ist, ist
lediglich eine Begleiterscheinung, die – theoretisch gesprochen
– auch ausfallen könnte, ohne daß das Filmwerk dadurch in
seiner Existenz getroffen würde. So kann man sich beispielsweise mühelos auch einen Film ohne Schauspieler, ohne Musik und
filmarchitektonische Bauten, ja, sogar ohne Montage vorstellen.
Keinesfalls aber einen Film, in dessen Einstellung nicht der
Zeitfluß spürbar würde. Ein solcher Film war auch »Die Ankunft des Zuges« der Brüder Lumière, den ich bereits erwähnt
habe. Solche Filme gibt es etwa in der amerikanischen »Avantgarde«, wobei ich mich beispielsweise an einen erinnere, in dem
ein schlafender Mensch fixiert wurde. Später werden wir in
diesem Film miterleben, wie dieser Mensch aufwacht, und in
diesem Aufwachen steckt die ganze Magie eines unerwarteten
und überraschenden filmästhetischen Effekts.

In diesem Zusammenhang kann man auch an einen zehnmi-
nütigen Film von Pascal Aubier[32] erinnern, der aus einer einzigen Einstellung besteht. Anfangs wird hier das Leben einer
majestätisch ruhigen Natur fixiert, die gegenüber menschlicher
Unrast und menschlichen Leidenschaften gleichgültig bleibt.
Entsprechend einer meisterhaft-virtuos geführten Kamera verwandelt sich dann ein kleiner Punkt in die Figur eines schlafen-
den Menschen, die im Gras, am Hang eines Hügels, kaum
bemerkbar ist. Allmählich kommt es zu einer dramatischen
Zuspitzung. Der Zeitablauf wird deutlich beschleunigt, ange-
trieben von unserer Neugier. Gemeinsam mit der Kamera
schleichen wir uns sozusagen langsam an die Figur heran, um

dann, als wir endlich an sie herangekommen sind, begreifen zu müssen, daß der Mensch, der da liegt, tot ist. Und bereits in der nächsten Sekunde wächst unser Informationsgrad: Wir erfahren, daß dieser Mensch nicht nur einfach tot ist, sondern erschlagen wurde. Daß dies ein an seinen Verwundungen gestorbener Aufständiger ist, der jetzt im Schoße der unbeteiligten und wunderschönen Natur für immer die Augen schloß. Uns aber bringt das Gedächtnis energisch wieder auf die unsere heutige Welt erschütternden Ereignisse.

Ich betone noch einmal, daß es in diesem Film keinen einzigen Montageschnitt, keine schauspielerische Leistung und keinerlei Dekorationen gibt. Dafür aber gibt es den Rhythmus der Zeitbewegung in dieser Einstellung, die gemäß einer an und für sich ziemlich komplexen Dramaturgie organisiert ist...

Kein einziges Teilelement des gesamten Filmes kann einen selbständigen Sinn tragen: *Ein Kunstwerk bildet dieser Film als Gesamteinheit!* Über seine Teilelemente dagegen kann nur in einem äußerst bedingten Sinne gesprochen werden, wenn man sie zu rein theoretischen Erörterungen aus diesem Gesamtzusammenhang heraustrennt.

Schwerlich kann auch der Ansicht zugestimmt werden, daß die Montage das wichtigste formbildende Element eines Filmes sei. Daß der Film gleichsam am Montagetisch entstehe, wie in den zwanziger Jahren die Anhänger des sogenannten »Montage«-Kinos Kuleschows und Eisensteins behaupteten.

Schon oft wurde mit Recht darauf hingewiesen, daß jedwede Kunst notwendigerweise mit Montage operiert, das heißt, mit einer Auswahl und neuen Zusammenstellung von Teilen und Teilstücken. Das Filmbild entsteht nun aber während der Dreharbeiten und existiert *innerhalb* einer Einstellung. Deshalb achte ich beim Drehprozeß auch auf den Zeitfluß innerhalb der Einstellung und bemühe mich, diesen präzise zu rekonstruieren und zu fixieren. Die Montage dagegen koordiniert bereits zeitlich besetzte Einstellungen, strukturiert aus ihnen den lebendigen Organismus des Filmes, in dessen Blutgefäßen die seine Lebensfähigkeit garantierende Zeit mit rhythmisch unterschiedlichem Druck pulsiert.

In ausgesprochenem Gegensatz zur Natur des Kinos scheint mir auch die Absicht der Vertreter des »Montage-Kinos« zu stehen, daß die Montage zwei Begriffe bilden könne, die sozusa-

gen einen dritten Gedanken hervorbringen.[33] Ein Spiel mit
Begriffen kann letztlich nicht das Ziel irgendeiner Kunst sein,
ihr Wesen liegt auch keinesfalls in willkürlicher Begriffsverknüp-
fung. Als Puschkin davon sprach, daß »Dichtung ein wenig
einfältig« sein müsse, dachte er vermutlich an die Konkretheit
des Materiellen, dem ein Bild verhaftet ist, das auf geheimnis-
voll-magische Weise in die Sphären des Geistigen strebt.

Die Poetik des Films widerstrebt der Symbolik und ist jener
ausgesprochen irdisch-materiellen Substanz verhaftet, mit der
wir es Stunde um Stunde zu tun haben. Wie der Künstler eben
dieses Material auswählt, diese Materie fixiert – aus einer
einzigen Einstellung –, zeigt mit Sicherheit, ob ein Regisseur
talentiert, mit filmischem Blick begabt ist.

Montage ist letztlich nur eine ideale Variante zusammenge-
klebter Einstellungsgrößen, eine Variante, die bereits a priori in
dem auf dem Filmstreifen fixierten Material angelegt ist. Einen
Film richtig montieren heißt, dabei nicht die organische Verbindung der einzelnen Szenen und Einstellungen stören, die sich ja
gleichsam schon selbst vormontiert haben, da in ihnen ein
Gesetz lebendig ist, nach dem sie sich zusammenfügen, das man
beim Schnitt und Zusammenkleben der einzelnen Teile eben
herausspüren muß. Zuweilen ist es gar nicht so einfach, die
gegenseitigen Bezüge und Verbindungen der Einstellungen aufzuspüren. Das gilt besonders dann, wenn eine Szene unpräzise
aufgenommen wurde. Dann kommt es am Schneidetisch nicht
zu einem einfachen, logischen und natürlichen Zusammenkleben der einzelnen Filmstreifen, sondern zu einem mühseligen
Prozeß, in dem nach einem Vereinigungsprinzip der Einstellungen gesucht wird, bei dem aber dennoch allmählich, Schritt für
Schritt, jene Einheit sichtbar wird, die in diesem Material
angelegt ist.

Hier tritt eine eigenartige Rückkopplung ein: Aufgrund der
bereits während der Dreharbeiten im Material angelegten
Eigenschaften organisiert sich die Konstruktion des Films während der Montage von selbst. Durch den Charakter der Schnitt-
bzw. Klebestellen scheint das Wesen des gefilmten Materials
durch.

Mich auf eigene Erfahrungen stützend, kann ich sagen, daß
zum Beispiel die Montage des »Spiegels« mit ungeheurer Mühe
verbunden war: Hier gab es etwa über zwanzig Schnittvarian-

ten. Ich meine dabei nicht etwa einzelne Schnittstellen, die ausgewechselt wurden, sondern prinzipielle Veränderungen der Konstruktion, der Episodenanordnung. Es gab Momente, in denen es sogar schien, als sei dieser Film überhaupt nicht zu montieren, was unverzeihliche Mißgriffe bei den Dreharbeiten offenbart hätte. Der Film fiel immer wieder in sich zusammen, wollte sich nicht auf die Beine stellen, floß vor unseren Augen immer wieder auseinander, hatte keinerlei Einheit, innere Verbindung, Konsequenz und Logik. Doch eines schöne Tages, als ich noch einen letzten verzweifelten Versuch wagte, entstand dann plötzlich eine filmisch geschlossene Bildeinheit. Das Material belebte sich, die Einzelteile des Filmes traten in wechselseitige Funktionsverhältnisse und vereinigten sich zu einem präzisen, organischen System: Als ich im Saal diesen letzten verzweifelten Versuch betrachtete, nahm plötzlich der Film vor meinen Augen Gestalt an. Noch lange danach vermochte ich nicht so recht an dieses Wunder zu glauben. Daß nun die Endmontage des Films tatsächlich abgeschlossen war.

All dies war die entscheidende Probe für das, was wir am Drehort geleistet hatten. Es war klar, daß die Vereinigung der einzelnen Filmsequenzen vom »inneren Zustand« des gedrehten Materials abhing. Und wenn dieser innere Zustand während der Dreharbeiten in das Material eingebracht werden konnte, wenn er dort tatsächlich gekommen war und wir uns nicht bloß getäuscht hatten, dann mußte der Film auch zwangsläufig zu einer Einheit zu montieren sein. Anders wäre das gar nicht gegangen. Um zu einer organischen und adäquaten Vereinigung der Sequenzen und Teile vorstoßen zu können, war lediglich der Grundgedanke, das Prinzip des inneren Lebens des abgedrehten Filmmaterials aufzuspüren. Und als das dann, Gott sei Dank, endlich der Fall war – da spürten wir alle eine ungeheuere Erleichterung!

Im »Spiegel« konstituierte sich dieselbe Zeit, die auch die einzelne Einstellung bestimmt. In diesem Film gibt es rund zweihundert Einstellungen, was sehr wenig ist, wenn man bedenkt, daß ein Film dieser Länge gewöhnlich ungefähr fünfhundert Einstellungen enthält. Die geringe Anzahl von Einstellungen bestimmte in unserem Film deren Länge. Der Montageschnitt der Einstellungen, deren Struktur, kreiert aber nicht – wie gemeinhin angenommen – den Rhythmus eines Filmes.

Der *Rhythmus* eines Films entsteht vielmehr in Analogie zu der innerhalb der Einstellung ablaufenden Zeit. Kurz gesagt: Den filmischen Rhythmus bestimmt nicht die Länge der montierten Einstellungen, sondern der Spannungsbogen der in ihnen ablaufenden Zeit. Wenn also die Schnittmontage nicht den Rhythmus festzulegen vermag, dann ist die Montage selbst auch nicht mehr als ein bloßes stilistisches Mittel. Ja, mehr noch: Die Zeit läuft im Film nicht dank, sondern *trotz* der Schnittmontage ab. Das ist der in der Einstellung fixierte Zeitablauf. Und genau den muß der Regisseur in den Teilen einfangen, die er vor sich auf dem Schneidetisch liegen hat.

Gerade die in einer Einstellung festgehaltene Zeit diktiert dem Regisseur das jeweils entsprechende Montageprinzip. Und so sind auch jene Filmteile, wie man sagt, »nicht montierbar«, das heißt, sie lassen sich schlecht zusammenfügen, in denen prinzipiell *unterschiedliche* Zeiten ablaufen. So können etwa »realtime« und künstlich gesteuerte Zeit ebensowenig miteinander montiert werden wie beispielsweise Wasserrohre mit unterschiedlichem Durchmesser. Die eine Einstellung durchlaufende zeitliche Konsistenz, die wachsende oder »sich verflüchtigende« Spannung der Zeit, nennen wir den *Zeitdruck* innerhalb einer Einstellung. Demnach ist die *Montage eine Form der Vereinigung von Filmteilen unter Berücksichtigung des in ihnen herrschenden Zeitdrucks*.

Das Gespür für die Einheit unterschiedlicher Einstellungen kann hervorgerufen werden durch die Einheit des Druckes, der den Rhythmus eines Filmes bestimmt.

Wie spürt man aber die Zeit einer Einstellung? Das Gespür stellt sich ein, wenn hinter dem sichtbaren Ereignis eine bestimmte bedeutsame Wahrheit fühlbar wird. Dann, wenn man klar und deutlich erkennt, daß sich das, was man in dieser Einstellung sieht, nicht in dem hier visuell Dargestellten erschöpft, sondern lediglich etwas sich jenseits dieser Einstellung unendlich Ausbreitendes andeutet, wenn es auf das *Leben* hinweist. Das ist so wie mit der Unendlichkeit des Bildes, von der wir bereits sprachen. Der Film ist mehr, als er in Wirklichkeit ist (sofern es sich dabei natürlich um einen wirklichen Film im eigentlichen Sinne handelt). Und ebenso sind seine Gedanken und Ideen stets mehr, als die, die der Autor des Filmes bewußt in ihm angelegt hat. Genauso wie das unaufhörlich fließende und sich verändernde Leben jedem Menschen die Möglichkeit bietet, jeden einzelnen Augenblick auf eigene Art zu fühlen und auszufüllen, so lebt ein wirklicher Film mit einer auf dem Filmstreifen präzis fixierten, aber über die Grenzen der Einstellung hinausströmenden Zeit auch nur dann in der Zeit, wenn die Zeit zugleich in ihm lebt: Die Spezifik des Kinos liegt gerade in den Besonderheiten dieses wechselseitigen Prozesses.

Wenn dies der Fall ist, dann wird der Film auch mehr als zu einem lediglich abgedrehten und zusammengeklebten Filmstreifen. Mehr als eine bloße Erzählung und auch mehr als ein Stoff. Er löst sich von seinem Autor und beginnt ein eigenständiges Leben zu führen, das sich bei seiner Konfrontation mit der Persönlichkeit des Zuschauers formal wie gedanklich verändert.

Ich lehne das sogenannte Montagekino und seine Prinzipien deshalb ab, weil sie den Film sich nicht über die Grenzen der Leinwand hinaus ausdehnen lassen. Das heißt, weil sie dem Zuschauer nicht erlauben, das auf der Leinwand Gesehene der eigenen Erfahrung unterzuordnen. Das Montagekino stellt seinem Zuschauer Rätsel, läßt ihn Symbole dechiffrieren und sich für Allegorien begeistern, appelliert an seine intellektuelle Erfahrung. Doch jedes dieser Rätsel hat seine verbal genau formulierte Auflösung. So nimmt meiner Meinung nach Eisenstein seinem Zuschauer die Möglichkeit, in der Wahrnehmung eine eigene Haltung zu dem auf der Leinwand Gesehenen einzunehmen. Wenn Eisenstein etwa im »Oktober« einen sozialrevolutionären Redner mit einer Balalaika in Zusammenhang bringt, dann wird hier seine Methode im Sinne des bereits angeführten Valéry-Zitates gleichbedeutend mit der Zielsetzung. Dann wird die Konstruktionsweise eines Bildes zum Selbstzweck, und der Filmautor beginnt eine Generalattacke auf den Zuschauer, zwingt ihm seine eigene Einstellung zu dem auf der Leinwand gezeigten Vorgang auf.

Wenn man das Kino mit solchen zeitbestimmten Kunstarten wie beispielsweise Musik oder Ballett vergleicht, dann zeigt sich die Differenzqualität des Kinos darin, daß diese beiden Künste die Zeit als eine sichtbare Form des Realen fixieren. Ein auf dem Filmstreifen fixiertes Phänomen wird dagegen selbst dann, wenn es sich dabei um eine extrem subjektive Zeit handelt, in seiner ganzen, unteilbaren Gegebenheit wahrgenommen...

Künstler können unterschieden werden in solche, die ihre

eigene Welt gestalten, und solche, die die Realität *reproduzieren.*
Ich selbst gehöre zweifelsohne zur ersten Gruppe. Doch das
ändert nichts an der Tatsache, daß die von mir geschaffene Welt
für die einen interessant ist, während sie andere gleichgültig
läßt, oder sogar irritiert. Und das ändert auch daran nichts, daß
diese mit filmischen Mitteln reproduzierte Welt in jedem Fall
als eine gleichsam objektiv rekonstruierte Realität unmittelbar
fixierter Momente zu rezipieren ist.

Ein Musikwerk kann auf verschiedene Weise gespielt werden.
Es kann unterschiedlich lange dauern. Die Zeit wird in diesem
Fall nur zu einer Bedingung von Ursache und Folge, die in einer
bestimmten, gegebenen Anordnung liegen. Die Zeit trägt in
diesem Fall also einen abstrakt philosophischen Charakter. Das
Kino dagegen vermag die Zeit nach ihren äußeren, emotional
zugänglichen Merkmalen zu fixieren. Und so wird die Zeit im
Kino zur Grundlage aller Grundlagen. So ähnlich wie das in
der Musik der Ton, in der Malerei die Farbe oder im Drama der
Charakter ist.

Der Rhythmus ist nicht etwa eine metrische Abfolge von Filmteilen.
Der Rhythmus konstituiert sich vielmehr aus dem Zeitdruck innerhalb der
Einstellungen. Meiner tiefen Überzeugung nach stellt gerade der
Rhythmus das entscheidende formbildende Element des Kinos dar. Also
nicht etwa die Montage, wie allgemein angenommen wird.

Die Montage existiert offenbar in jeder Kunst. Und zwar als
eine Folge der vom Künstler notwendigerweise vorzunehmen-
den Auswahl und Neuanordnung. Ohne dies kann keine einzige
Kunst existieren. Etwas anderes ist die Besonderheit der Film-
montage, die in den abgefilmten Filmteilen festgehaltene Zeit
zu koordinieren. Montage ist das Zusammenkleben von größeren und kleineren Filmteilen mit unterschiedlicher Zeit. Und
nur deren Verknüpfung erbringt das neue Gespür für die Existenz dieser Zeit, die ein Resultat jener Auslassungen ist, die
beim Schnitt herausgenommen, entfernt werden. Doch die Besonderheiten des Montageschnitts sind bereits in den hier montierten Teilstücken angelegt, wie wir schon oben ausführten.
Und die Montage an sich erbringt keine neue Qualität, reproduziert sie auch nicht erneut, sondern bringt lediglich das zum
Vorschein, was bereits früher in den jetzt zusammengefügten
Einstellungen angelegt war. Die Montage wird bereits während
der Dreharbeiten antizipiert, sie bestimmt von Anfang an den

Charakter dessen, was aufgenommen wird. Der Montage unterliegen die zeitlichen Längen, die Intensität ihrer mit der Kamera fixierten Existenz. Also keinesfalls irgendwelche spekulativ-kopflastigen Symbole, malerisch gegenständliche Realien oder organisierte, raffiniert in Szene gesetze Kompositionsformen. Auch keine zwei eindeutigen Begriffe, deren Konfrontation nach einer hinlänglich bekannten Filmtheorie den »dritten Gedankensinn« hervorbringt. Nein, es ist vielmehr die Vielfalt des wahrgenommenen und in der Einstellung fixierten Lebens.

Die Richtigkeit meiner Ansichten bestätigt am besten Eisensteins eigene Erfahrung. Der Rhythmus, den er in direkter Abhängigkeit von der Schnittmontage sieht, zeigt die Unhaltbarkeit von Eisensteins theoretischen Voraussetzungen dort, wo sie die Intuition verändert und die Montagestücke nicht mit dem von der gegebenen Schnittmontage erforderten Zeitdruck besetzt werden. Nehmen wir als Beispiel die Schlacht auf dem Peipus-See in Eisensteins Film »Alexander Newskij«...

Ohne über die Notwendigkeit nachzudenken, den Einstellungen die entsprechende zeitliche Spannung zu geben, bemüht sich Eisenstein hier, die innere Dynamik des Kampfes auf Kosten der Montagefolge kurzer, zuweilen überkurzer Teile wiederzugeben. Doch trotz des blitzartigen Aufleuchtens der Einstellungen, übersieht die Trockenheit und Unnatürlichkeit des auf der Leinwand demonstrierten Vorgangs zumindest der unvoreingenommene Zuschauer nicht, dem man noch nicht eingeredet hat, daß dies ein »klassischer Film« und eine »klassische Montage« sei, die auf dem VGIK gelehrt wird. All das rührt daher, daß es bei Eisenstein in den einzelnen Einstellungen keine zeitliche Wahrscheinlichkeit gibt. Die Einstellungen sind für sich allein ausgesprochen statisch und blutleer. Und so entsteht natürlicherweise ein Widerspruch zwischen dem inneren Gehalt einer Einstellung, die keinerlei Zeitprozeß festhält, und der Rapidität der Montage, die völlig künstlich ist, rein äußerlich und gleichgültig gegenüber der in der Einstellung abgelaufenen Zeit. Dem Zuschauer teilt sich die vom Künstler beabsichtigte Wirkung nicht mit, weil dieser keinerlei Sorge dafür trug, die Einstellung mit einem echten Zeitempfinden für diese legendäre Schlacht zu besetzen. Das Ereignis wird nicht wieder neu erschaffen, sondern künstlich und irgendwie beliebig heruntergespielt.

Albrecht Dürer: »Apokalypse«

Hauptmann Cholin wirbt um die Krankenschwester Mascha im Birkenwäldchen

Iwan als Aufklärer im »toten, von Wasser überfluteten Wald«

*Iwans
Kindheit*

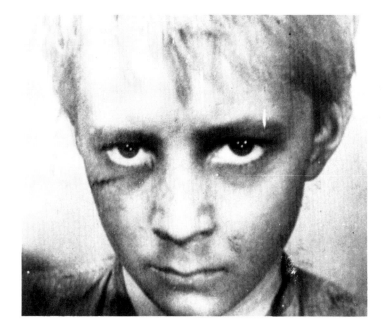

Erinnerungen an die unbeschwerte
Vorkriegszeit –
»ein Lastwagen voller Äpfel,
regentriefende, in der Sonne
dampfende Pferde«

Iwan verfaßt einen Lagebericht
an Oberst Grjasnow

Motiv aus Iwans Träumen (rechts)

◁ Iwan auf Erkundung an
der vordersten Frontlinie

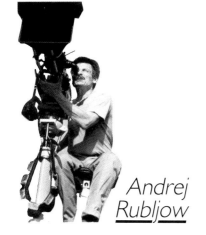

*Andrej
Rubljow*

Andrej Rubljow und die Närrin

Andrej Tarkowskij
mit seinem Hauptdarsteller
Anatolij Solonizyn auf dem Set

Wenn ich mit Menschen- und
Engelszungen redete
Und hätte der Liebe nicht,
So wäre ich
Ein tönend Erz oder eine klingende Schelle.

Und wenn ich weissagen könnte
Und wüßte alle
Geheimnisse und alle Erkenntnisse
Und hätte allen Glauben, so daß ich
Berge versetzte,
Und hätte der Liebe nicht,
So wäre ich nichts.

Und wenn ich alle meine Habe den Armen gäbe
Und ließe meinen Leib brennen
Und hätte der Liebe nicht,
So wäre mir's nichts nütze.

Die Liebe ist langmütig und freundlich.
Die Liebe eifert nicht,
Treibt nicht Mutwillen,
Sie bläht sich nicht,
Sie stellt sich nicht ungebärdig,
Sie sucht nicht das Ihre,
Läßt sich nicht erbitten,
Rechnet das Böse nicht,
Sie freut sich nicht der Ungerechtigkeit,
Sie freut sich aber der Wahrheit,
Sie verträgt alles,
Sie glaubt alles,
Sie hofft alles,
Sie duldet alles.

Die Liebe höret nimmer auf,
So doch die Weissagungen aufhören werden
Und die Sprachen aufhören werden
Und die Erkenntnis aufhören wird.

(1. Korinther, 13)

Andrej Rubljow
in der neuen Kathedrale

Die junge »Hexe« in der Johannisnacht

*Die Folter Patrikejs, des Schatzmeisters
der Kathedrale, dargestellt von
dem berühmten Clown Jurij Nikulin.
»Verflucht seien die Heiden,
im ewigen Feuer sollen sie brennen!«*

Die Tataren erobern die Stadt Wladimir. Vergewaltigungsszene

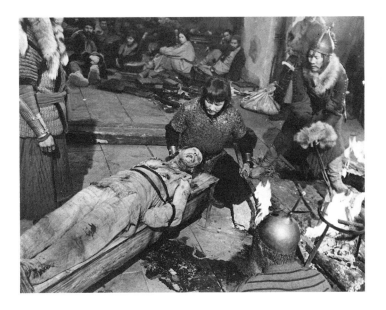

◁ *Andrej Rubljow wird Zeuge*
der heidnischen Riten

Die »Hexe« flüchtet vor den Häschern
des Großfürsten in den Fluß

Boriska, der Glockengießer
(gespielt von Kolja Burljajew,
dem Darsteller des Iwan aus »Iwans Kindheit«)
kniet vor seinen Auftraggebern

Andrej Rubljow unterhält sich mit seinem Lehrer
Theophanes dem Griechen über das Wesen
der schöpferischen Arbeit und den Glauben

◁ Der Malermönch Andrej Rubljow
(Anatolij Solonizyn) betrachtet
eine der berühmtesten
russischen Ikonen:
»Tschudo o Georgij Pobedonosze«
(Das Wunder vom siegreichen
Heiligen Georg)

Die »Troiza«,
die berühmte »Dreifaltigkeit« –
»das Ideal der Brüderlichkeit,
der Liebe und des versöhnenden
Glaubens«

▷ Die Malermönche
auf der Wanderschaft

Solaris

Das »Spiegelzimmer«; Drehpause

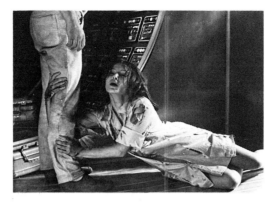

Wenn nun aber von Christus verkündet wird,
daß er von den Toten auferstanden ist,
wie können da einige unter euch meinen,
es gebe keine Auferstehung vom Tode?
Gäbe es keine Auferstehung der Toten,
so wäre auch Christus nicht auferstanden;
wäre aber Christus nicht auferstanden,
so wäre ja unsere Verkündung hinfällig,
und hinfällig auch euer Glaube ...

Nun ist Christus von den Toten auferstanden,
als Erstling der Entschlafenen.
Weil durch *einen* Menschen der Tod kam,
so kommt auch durch *einen*
   die Auferstehung der Toten;
denn wie in Adam alle sterben,
so werden auch alle in Christus
   lebendig werden ...
                    (1. Korinther, 15)

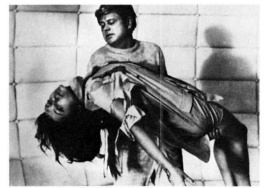

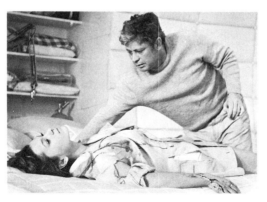

Tod und Wiederauferstehung von Harey

*Andrej Tarkowskij
mit der Hauptdarstellerin
(Natalja Bondartschuk)
während der Dreharbeiten*

*Chris Kelvin (Donatas Banionis)
in der Raumstation*

Arbeitsmoment

Der Spiegel

Der kleine Andrej im Hause des Vaters

Das nach Familienphotographien
getreu rekonstruierte »alte Haus,
in dem der Erzähler
seine Kindheit verbrachte,
in dem er geboren wurde
und in dem sein Vater und
seine Mutter lebten«

Sie errieten es schon: Du würdest nicht kommen.
Erinnerst du dich, wie das Wetter war?
Festlich war es, und ohne Mantel ging ich aus.

Heute bist du nun gekommen,
Doch hat man uns zu fortgeschrittener Stunde
Einen regnerischen, trüben Tag bereitet,
Und Tropfen laufen über kalte Zweige.

Mit Worten sind sie nicht zu halten,
Mit einem Tuch nicht fortzuwischen . . .

Gedicht von Arsenij Tarkowskij:
»S utra ja doshdalsja wtschera«
(Ich wartete gestern
vom Morgen an)

Die Mutter (Margarita Terechowa)

Jede Sekunde unseres Beieinanderseins,
Fest war sie uns,
War uns wie das
Erscheinen des Herrn.
Allein auf der Welt.
Kühner und leichter
Warst du
Als die Schwingen des Vogels,
Und auf der Treppe,
Wie ein Taumel liefst du
Die Stufen hinab,
Führtest durch feuchten Flieder
Zu jenen Schätzen
Auf der anderen Seite des Spiegels.

Als die Nacht anbrach,
Ward mir die Gunst gewährt.
Weit offen
Die Pforten des Altars.
Nacktheit schimmerte
Durch das Dunkel.
Und im Erwachen sagte ich
Sei gesegnet
Und wußte doch,
Dies Segnen ist verwegen.
Du schliefst,
Und um die Lider
Mit dem Blau des Weltalls
Zu berühren,
Streckte sich der Flieder
Herab zu dir.
Ruhig waren die
Vom Blau berührten Lider,
Die Hand so warm.

Doch in kristallenem Glas
Pulsierten Flüsse,
Berge rauchten
Und Meere schimmerten matt,
Du hieltest die kristallene Sphäre

In der Hand
Schlafend auf einem Turm, und,
Wahrhaftiger Gott,
Du warst die Meine.

Dann wachtest du auf.
Verwandelt war
Der Menschen Sprache,
Was gestern noch unsicher,
Klanglos verstummt,
Das schwang sich nun
Kraftvoll tönend empor.
Und das Wort »DU«
Entdeckte seinen neuen Sinn,
Es meinte nunmehr
»KÖNIG«.

Alles auf Erden verwandelte sich,
Selbst einfache Dinge,
Schüssel, Krug,
Als zwischen uns,
Wie auf der Wacht,
In Schichten starres Wasser stand.

Es trieb uns fort,
Wir wußten nicht, wohin.
Städte, durch Wunder errichtet,
Wichen von uns
Wie Bilder einer Fata Morgana.
Die Minze legte sich von selber
Uns zu Füßen,
Die Vögel zogen mit uns,
Fische schwammen flußaufwärts
Und vor unseren Augen
Entfaltete sich der Himmel . . .

Als das Schicksal
Unsere Spur verfolgte
Wie ein Verrückter,
Das Rasiermesser in der Hand.

Gedicht von Arsenij Tarkowskij:
»Perwyje swidania«
(Unsere ersten Begegnungen)   *Margarita Terechowa*

Der Regisseur am Drehort des »Brandes«

Montagesequenz aus der Brandszene

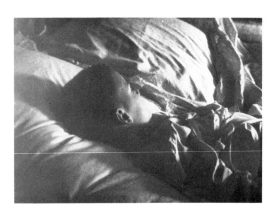

Montagesequenz aus dem ersten Traum

Der brennende Dornbusch

»Der Engel als brennender Busch
erschien dem Propheten Moses,
er führte sein Volk durch das Meer . . .«

Kindheitserinnerungen
aus der Vorkriegszeit:
Die vergossene Milch

Begegnung mit Zeichnungen
Leonardo da Vincis
beim Durchblättern
eines alten Kunstbuches

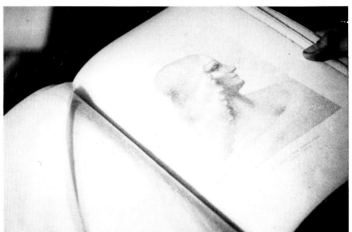

Zuwider war der Seele ihre feste Hülle
Mit Augen und Ohren
    wie Fünfer so groß,
Mit Haut, die, Narbe an Narbe,
Das nackte Skelett überzieht.

Flieg durch die Hornhaut
    zur Kuppel des Himmels
Flieg auf metallener Speiche,
Du Prunkwagen der Vögel
Und erhör durch die Gitter
    Deines lebendigen Kerkers
Das Schnarren der Wälder und Augen,
Die Posaune der sieben Meere.

Die Seele glaubt sich sündhaft
    ohne Körper,
Ganz wie der Körper ohne Hemd.
Kein Plan, keine Tat,
    kein Vorhaben, kein Ziel.

Uns bleibt zurück ein ungelöstes Rätsel:
Wer kehrt zurück von jenen,
    die auf dem Platz getanzt,
Wo niemand tanzen darf?

Eine andere Seele erträum' ich mir,
Sie trägt ganz anderes Gewand.
Von Schüchternheit
    zur Hoffnung übergehend,
Glüht sie von Feuer wie ein Schnaps,
Geht ohne Schatten durch die Welt,
Läßt euch des Flieders Dolde
Zurück zur ewigen Erinnerung.

Lauf, Kind! Lauf weg!
Bejammere nicht Eurydike, die arme.
Treib deinen Kupferreifen
Mit einem Stöckchen durch die Welt
Solang die Erde, und sei es auch leise,
Als Antwort unter jedem Schritt
Vergnügt dir in den Ohren rauscht.

»Die Mutter aber kam und winkte
mit der Hand mich zu sich –
und flog fort . . .«

◁ »Porträt einer jungen Frau vor
einem Wacholderstrauch« (Ginevra Benci,
wahrscheinlich von Leonardo da Vinci)

Und Vorzeichen fürchte ich nicht,
Ich fliehe weder vor Verleumdung
Noch vor Gift.
Den Tod – es gibt ihn nicht
    auf dieser Welt
Und fürchten sollte man ihn nicht,
Gleich, ob mit siebzehn
    oder siebzig Jahren,
Alle sind unsterblich,
Alles ist unsterblich.

Für uns nur Wirklichkeit und Licht,
Nicht Finsternis und Tod
    auf dieser Erde.
Wir alle stehen schon
    am Rand des Meeres.
Ich bin bei denen,
    die die Netze wählen,
Wenn wie ein Schwarm zieht
Die Unsterblichkeit.

Lebt ihr in einem Haus, dies Haus
Stürzt niemals ein.
Ein Jahrhundert ruf ich herbei,
Gleich, welches,
Ich geh in es hinein
    und bau mir da ein Haus.
Darum sind eure Kinder und Frauen
Mit mir an meinem Tisch
Ein einziger Tisch
    für Ahnen und Enkel.

Das Künftige geschieht schon jetzt
Und heb' ich die Hand
    ein wenig empor,
Fünf Kienfackeln bleiben bei euch.

Jeden vergangenen Tag stützte ich
Mit meinen Schlüsselbeinen
Wie ein Bollwerk.
Ich maß die Zeit
    mit einer Feldmeßlatte

Und ging hindurch,
    als sei es der Ural.
Ein Zeitalter nach meinem Maße,
Das sucht' ich mir.

Wir gingen nach Süden,
Ertrugen den Staub der Steppe,
Dunst über dem Steppengras,
Die Grille warf sich umher,
Ihre Fühler berührten die Eisen
    der Hufe,
Gar wie ein Mönch prophezeite sie
Und drohte mir mit Untergang.

Mein Schicksal knüpfte ich
    an den Sattel.
Auch jetzt noch in künftigen Zeiten
Erhebe ich mich in den Steigbügeln,
Einem Knaben gleich.

Unsterblichkeit hab' ich genug,
Damit mein Blut von einem ins
Andere Leben sich ergießt.
Mein Leben gäbe ich für dich hin,
Für einen sicheren Winkel
    stetiger Wärme.
Doch jagt die fliehende Nadel mich
Wie einen Faden durch die Welt.

Eines der Schlußbilder von dem Gewitter
im »Wald von Ignatjewo«,
der auch dem Gedicht den Titel gab

Der letzten Blätter Glutenbrände beben
In heißem Selbstverzehr zum Himmel; auf dem Weg vor dir
Ist dieser ganze Wald so voll erregtem Leben
Wie in dem bald vergangenen Jahr auch wir.

Spiegelnd liegt der Weg in deinen nassen
Augen, wie der Zweige Bild im dunklen Teich.
Nur nicht mäkeln und nicht drohn, nicht hassen –
Stör sie nicht, die Waldesstille tief und feucht.

Und du kannst des alten Lebens Atem schmecken:
Pilz um Pilz aus nassen Gräsern schaut,
Bis ins Mark zieht sich die Spur der Schnecke,
Feines Jucken kitzelt feucht die Haut.

Halt, ich komme, sieh dich vor, ich töte –
Ruft uns die Vergangenheit, ein einzig Drohn.
Und der Himmel schauert, hält des Ahorns Rosenröte
Bis ans Auge fast – noch tiefer soll er loh'n!

Rast auf der Reise

◁ *Der Tümpel in der »Zone«:
Johannes der Täufer –
ein Bild vom Genter Altar
der Brüder van Eyck –
unter dem Wasser*

Aleksandr Kajdanowskij,
der Hauptdarsteller in »Stalker«

Stalker

Der Gelehrte (Nikolaj Grinjko)
vor dem geheimnisvollen Ziel

*Andrej Tarkowskij
bei den Dreharbeiten zu »Stalker«*

In der Stehkneipe

Die drei Helden des Films
auf der Draisine

Alissa Freindlich, die Frau des Stalker,
während der Dreharbeiten

Schauplatz des Verfalls:
die Tochter in Stalkers Haus

Einstellung
zu dem Gedicht
von Fjodor Tjutschew

Ich liebe deine Augen,
Meine Freundin,
Ihr helles Flammenspiel
Wenn du sie
Unerwartet hebst
Und wie ein
Blitz vom Himmel
In deine Runde schaust.

Doch noch viel reizender
Ist es zu sehn,
Wie du die Augen senkst,
Wenn du mich
Leidenschaftlich küßt –
Und durch die
Halbgeschloss'nen Lider
Das dunkle Feuer
Des Begehrens...

Einstellung zu dem Gedicht
von Arsenij Tarkowskij:
»Doch das genügt nicht«

Der Sommer ist vorbei,
Es ist nichts übriggeblieben,
Es ist schön an der Sonne,
Doch das genügt nicht.
Alles, was es geben kann,
Wie ein Blatt mit fünf Zacken,
Hat es sich auf meine Hand gelegt,
Doch das genügt nicht.
Weder das Gute noch das Böse
Sind umsonst geschehen.

Alles war hell und strahlend,
Doch das genügt nicht,
Das Leben nahm mich unter seine Fittiche
Ich schützte mich – rettete mich,
Ich hatte wirklich Glück,
Doch das genügt nicht.

Die Blätter sind nicht verbrannt,
Die Äste nicht zerbrochen,
Der Tag ist klar wie Kristall,
Doch das genügt nicht.

Nostalghia

Erinnerungen an die Heimat

Domenicos Behausung

Die beiden Frauen

Gortschakow betritt Domenicos Haus

*Piero della Francescas
»Madonna del Parto«,
Montecchi*

Schlußbild –
»das russische Bauernhaus,
inmitten der italienischen
Kathedrale«

Der Engel unter dem Wasser

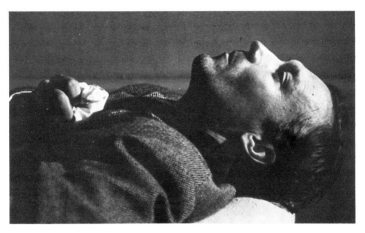

Gortschakow nach dem Streit

Liebster Pjotr Nikolajewitsch,
seit zwei Jahren bin ich jetzt in Italien, diese zwei Jahre sind sehr wichtig gewesen, sowohl für meinen Beruf als Komponist wie für mein alltägliches Leben.

Heute hatte ich einen seltsamen Alptraum: Ich sollte eine große Oper vorbereiten, die im Theater meines Herrn, des Grafen aufgeführt werden sollte; der erste Akt spielte in einem großen Park mit vielen Statuen, und diese wurden von nackten weißgeschminkten Männern dargestellt, die verpflichtet waren, sich lange Zeit nicht zu bewegen. Auch ich spielte die Rolle einer dieser Statuen, und ich wußte, daß mir furchtbare Strafen drohten, wenn ich mich bewegte, weil mein Herr und Gebieter uns persönlich beobachtete. Ich spürte die Kälte, die meine Füße emporstieg, dennoch bewegte ich mich nicht. Als ich jedoch spürte, daß ich vor Erschöpfung nachgeben mußte, erwachte ich. Ich war voller Angst, denn ich hatte erkannt, daß es kein Traum war, sondern meine Realität.

Ich könnte versuchen, nicht mehr nach Rußland zurückzukehren, aber dieser Gedanke tötet mich. Es kann doch nicht möglich sein, daß ich nie wieder in meinem Leben das Land wiedersehe, wo ich geboren bin: die Birken, die Luft meiner Kindheit.

Einen lieben Gruß von deinem armen verlassenen
Freund
Pavel Sosnowskij

Opfer

Der Junge mit den Wassereimern
(Tommy Kjellqvist)

Der Doktor (Sven Wollter)
Alexander (Erland Josephs
die Tochter (Filippa Franz
Adelaide (Susan Fleetwood

Der Doktor, der Adelaide
während eines
hysterischen Anfalls beiste

Abendessen vor Alexanders Haus

Alexander vor der alten Landkarte Europas

Die Hexe (Gudrun Gisladottir)

Der Junge unter dem verdorrten Baum

Der Rhythmus vermittelt sich im Kino über das in der Einstellung sichtbare, fixierte Leben des Gegenstandes. So kann man etwa an der Bewegung des Schilfes den Charakter der Flußströmung, den Druck des Flusses erkennen. Und ebenso informiert auch der in seinem Bewegungsablauf in der Einstellung wiedergegebene Lebensprozeß selbst über die Bewegung der Zeit

Seine Individualität zeigt ein Regisseur vor allem durch sein Zeitempfinden, durch den *Rhythmus*. Der Rhythmus schmückt sein Werk mit stilistischen Charakteristika. Der Rhythmus wird nicht erdacht, nicht willkürlich, auf rein spekulative Weise konstruiert. Im Film kommt der Rhythmus organisch auf, in Entsprechung zu dem seinem Regisseur eigenen Lebensgefühl, entsprechend dessen »Zeitsuche«. Ich habe sozusagen die Vorstellung, daß die Zeit in der Einstellung unabhängig und mit eigener Würde ablaufen muß. Nur dann finden die Ideen in ihr ohne übereilte Unruhe Platz. Das Gefühl für den Rhythmus ist dasselbe wie – sagen wir das Gespür für das richtige Wort in der Literatur. Ein ungenaues Wort in der Literatur zerstört den Wahrheitscharakter eines Werkes ebenso wie ein unpräziser Rhythmus im Film.

Doch hier kommt es zu einer ausgesprochen naturgegebenen Schwierigkeit: Sagen wir, ich möchte, daß die Zeit in einer Einstellung selbstwertig und unabhängig ablaufen soll, damit im Zuschauer nicht das Gefühl einer Vergewaltigung aufkomme, damit er sich freiwillig in die »Gefangenschaft« des Künstlers begibt, das Material des Filmes sozusagen als sein eigenes wahrnimmt, es sich als eine neue, *ureigene* Erfahrung aneignet. Nichtsdestoweniger liegt hier ein scheinbarer Widerspruch! Denn das Zeitempfinden eines Regisseurs stellt natürlich in jedem Fall eine *Vergewaltigung* des Zuschauers dar. Und ebenso wird ihm ja auch die innere Welt des Regisseurs aufgedrängt. Entweder »fällt« nun der Zuschauer in deinen Rhythmus (in deine Welt) mit »ein« und wird so zu deinem Verbündeten, oder aber er tut dies nicht, was bedeutet, daß es zu keinerlei Kommunikation kommt. Deshalb gibt es auch seelenverwandte und völlig fremde Zuschauer, was für mich nicht nur völlig natürlich, sondern leider auch unvermeidlich ist.

Aus diesem Grunde betrachte ich es auch als meine professionelle *Aufgabe, einen eigenen, individuellen Zeitstrom zu schaffen, in der*

Einstellung mein eigenes Zeitempfinden wiederzugeben, das von träge-verträumten bis zu sich aufbäumenden, überschnellen Bewegungsrhythmen reichen kann.

Die Gliederungsweise, die Montage stört den Zeitfluß, unterbricht ihn und verleiht ihm eine neue Qualität. Die Veränderung der Zeit ist eine Form ihres rhythmischen Ausdrucks.

Bildhauerei aus Zeit

Doch die gliedernde Anordnung von Einstellungen mit bewußt unterschiedlichem zeitlichen Spannungsdruck darf dem Leben nicht etwa durch willkürliche Vorstellungen entsprechen, sondern muß von innerer Notwendigkeit bestimmt werden, organisch für die Materie des Filmes insgesamt sein. Denn wenn das Organische solcher Übergänge gestört ist, werden die Montageakzente, die der Regisseur ja eigentlich kaschieren wollte, sofort augenfällig.

Eine Koordination von zeitlich ungleichen Einstellungen führt unwillkürlich zu einem Rhythmusbruch. Wenn dieser allerdings durch das innere Leben der hierbei koordinierten Einstellungen vorbereitet wurde, dann kann er sich durchaus als unabdingbar für das hier notwendige Rhythmusbild erweisen. Man denke dabei nur an die verschiedenen möglichen Formen zeitlichen Spannungsdrucks. Symbolisch gesprochen, an die Unterschiede von Bach, Fluß, Strom, Wasserfall und Ozean. Deren Koordinierung erbringt ein einmaliges rhythmisches Gemälde, eine vom Zeitempfinden ihres Autors ins Leben gerufene organische Innovation.

Da nun das Zeitempfinden ein Bestandteil der lebendigen Wahrnehmung eines Regisseurs ist und der jeweilige Rhythmusdruck der montierten Teilstücke den entsprechenden Montageschnitt diktiert, manifestiert sich in der Montage auch die spezifische Handschrift eines Regisseurs. Die Montage bringt das Verhältnis des Regisseurs zu seinem Konzept zum Ausdruck, und durch die Montage wird auch der Weltsicht dieses Regisseurs endgültige Gestalt gegeben. Meiner Meinung nach ist ein Regisseur, der ohne weiteres seine Filme auf verschiedene Arten montieren kann, alles andere als tiefgreifend. Die Montage von Bergman, Bresson, Kurosawa oder Antonioni wird man immer sofort erkennen können. Man wird sie niemals mit irgend jemandem verwechseln. Denn ihr Zeitempfinden, das im Rhythmus zum Ausdruck kommt, ist stets ein und dasselbe.

Die Montagegesetze muß man natürlich genausogut wie alle übrigen Gesetze seines Handwerks beherrschen. Die *schöpferische Arbeit* beginnt aber erst in dem Moment, wo diese Gesetze verletzt und deformiert werden. So kann aus der Tatsache, daß Leo Tolstoi kein derart konsequenter Stilist wie Iwan Bunin[34] war und seine Romane sicher nicht die Eleganz und Vollkommenheit einer Buninschen Erzählung haben, ganz bestimmt nicht der Schluß gezogen werden, daß Bunin »besser« als Tolstoi sei. Man wird vielmehr Tolstoi seine eher gewichtigen, nicht immer gerechtfertigt langen Sätze und etwas schwerfälligen Phrasen nachsehen. Ja, man beginnt sie gar als Besonderheit zu lieben, die die Tolstoische Individualität ausmacht.

Wenn man aus dem Kontext der Werke von Dostojewskij die darin enthaltenen Personenbeschreibungen extrapoliert, dann hat man unwillkürlich schöne Menschen mit ausgeprägten Lippen, bleichen Gesichtern usw. vor sich. Doch angesichts der Tatsache, daß wir es hier nicht bloß mit irgendeinem Handwerker, sondern mit einem Künstler und Philosophen zu tun haben, tut dies letztlich nichts weiter zur Sache. Bunin, der Tolstoi ganz außerordentlich hoch schätzte, hielt dessen Roman »Anna Karenina« für sehr mißlungen und versuchte ihn bekanntlich erfolglos umzuschreiben. Das ist so wie mit organischen Gebilden: Sie sind, ob sie nun gut oder schlecht sind, lebendige Organismen, deren Leben man nicht stören sollte.

Genauso verhält es sich auch mit der Montage: Es kommt nicht darauf an, diese bloß virtuos zu beherrschen. Man muß vielmehr spüren, daß sie für das Besondere, das man zum Ausdruck bringen möchte, auch tatsächlich organisch notwendig ist... Vor allem aber muß man wissen, warum man überhaupt zum Kino kam, was man eigentlich sagen und warum man dies ausgerechnet mit der Poetik des Films tun will. Es muß einmal ausgesprochen werden, daß man in den letzten Jahren immer häufiger junge Leute trifft, die gleich nach Absolvierung der Filmschule bereit sind, das zu tun, was in Rußland »nötig« ist, beziehungsweise, was im Westen besser bezahlt wird. Das ist wirklich eine Tragödie! Handwerkliche Probleme sind letztlich Nebensächlichkeiten! Man kann alles erlernen.

Man kann nur nicht lernen, unabhängig und mit Würde zu denken, ebensowenig wie man erlernen kann, eine Persönlichkeit zu werden.

Wer einmal seine Prinzipien verraten hat, kann auch in der Zukunft keine saubere Haltung mehr zum Leben einnehmen. Wenn also ein Filmregisseur davon spricht, daß er jetzt zunächst einen nur vorläufigen Film mache, um Kräfte zu sammeln für jenen Film, von dem er eigentlich träume, so ist das nichts als Betrug oder – was noch schlimmer ist – Selbstbetrug. Er wird in diesem Falle nämlich niemals *seinen* Film drehen.

Filmkonzept und Drehbuch

Von den ersten Arbeitsschritten bis zum Abschluß seines Films trifft der Regisseur mit einer solchen Menge von Leuten zusammen, trifft auf solche Schwierigkeiten und zuweilen fast unlösbar erscheinende Probleme, daß alle Voraussetzungen dafür gegeben scheinen, damit er aus dem Auge verliert, weshalb er eigentlich an diesen Film heranging.

Ich muß sagen, daß für mich das Problem des Konzepts sehr viel mehr mit dessen Bewahrung in seiner »kindlichen«, ursprünglichen Form als mit dessen Entstehen zu tun hat. Als Stimulans für die Arbeit. Als Symbol des künftigen Films. Denn das Konzept droht in der Hast der Produktion immer wieder zu entarten. Es wird deformiert und zerstört.

Der Weg des Films ist mit endlosen Schwierigkeiten gesäumt – von der Entstehung des Konzepts bis zur Fertigstellung im Kopierwerk. Und hier geht es nicht nur um die in der Tat äußerst komplizierte Technologie der Filmrealisierung, sondern auch darum, daß die Realisierung eines filmischen Projekts von einer großen Menge Leute abhängt, die im schöpferischen Prozeß hinzugezogen werden müssen.

Vermag ein Regisseur während der Arbeit mit den Schauspielern nicht sein Rollenverständnis durchzusetzen, so gerät sein Konzept augenblicklich aus dem Gleichgewicht. Hat der Kameramann seine Aufgabe nicht genau begriffen, so weicht der Film selbst dann, wenn er formal hervorragend aufgenommen wurde, von der Achse der ihn tragenden Idee ab, verliert also letztlich seine Einheitlichkeit.

Selbst noch so hervorragende Dekorationen und Bauten, die der Stolz ihres Filmarchitekten sein können, werden den Film stören und zu seinem Mißerfolg beitragen, wenn sie nicht von jenem Grundimpuls diktiert wurden, der den Regisseur bei seinem Projekt bestimmte. Und wenn der Komponist der Kontrolle des Regisseurs entgleitet und die Filmmusik nach eigener Eingebung schreibt, dann kommt dabei etwas heraus, das weit von dem entfernt liegt, was der Film tatsächlich braucht. Und die Grundidee läuft dann wiederum Gefahr, nicht tatsächlich umgesetzt zu werden.

Ohne Übertreibung kann gesagt werden, daß sich der Regisseur bei jedem seiner Schritte in die Gefahr begibt, ein bloßer Zeuge zu werden, der lediglich beobachtet, was der Drehbuchautor schreibt, der Schauspieler spielt, der Kameramann dreht, und wie schließlich der Cutter den Film schneidet und klebt. Bei einer kommerziellen Fließbandproduktion ist dies eigentlich sogar der Fall. Dort hat ein Regisseur offensichtlich nur noch die Aufgabe, die professionellen Anstrengungen der einzelnen Filmteam-Mitglieder zu koordinieren. Mit einem Wort: Es ist sehr schwierig, auf deinem *Autoren*-Film zu bestehen, wenn alle deine Anstrengungen, die darauf gerichtet sind, daß das einmal Erdachte nicht völlig in die Binsen geht, mit den Bedingungen der üblichen Produktionsroutine zusammenstoßen. Nur wenn die Frische und Lebendigkeit der Grundidee des Regisseurs bewahrt bleibt, kann man auf Erfolg hoffen.

Ich muß sogleich vorwegnehmen, daß ich das Drehbuch niemals für eine besondere literarische Gattung hielt. Nein: Je *filmischer* ein Drehbuch ist, um so weniger kann es mit einem besonderen literarischen Schicksal rechnen, wie es, sagen wir, ein Theaterstück häufig hat. Und schließlich zeigt ja auch die Praxis, daß kein einziges Filmdrehbuch bislang wirkliches literarisches Niveau erreichte.

Eigentlich begreife ich gar nicht recht, wieso ein literarisch begabter Mensch – wenn man rein finanzielle Beweggründe ausschließt – Drehbuchautor werden will. Ein Schriftsteller sollte schreiben. Und derjeniger, der in filmischen Bildern zu denken vermag, soll unter die Regisseure gehen. Denn die Idee, das Konzept und die Umsetzung eines Filmes gehören natürlich in den Verantwortungsbereich eines Autorenregisseurs, sonst kann er die Dreharbeiten nicht wirklich leiten.

Selbstverständlich kann ein Regisseur auch Hilfe bei einem geistesverwandten Literaten suchen, was schließlich auch häufig geschieht. Und in diesem Fall nimmt der Literat, bereits als Koautor des Drehbuchs, an der Ausarbeitung der »literarischen Grundlage« teil. Vorausgesetzt natürlich, daß er die Konzeption des Regisseurs teilt, bereit ist, sich ihr völlig unterzuordnen, ohne dabei die Fähigkeit zu verlieren, diese Konzeption kreativ weiterzuentwickeln, sie in der gemeinsam vereinbarten Richtung zu bereichern.

Wenn ein Drehbuch die Schönheit und den Zauber eines literarischen Werkes besitzt, dann sollte es besser Prosa bleiben. Wenn wir dennoch darin die literarische Basis für unseren künftigen Film sehen wollen, so muß man erst daraus ein Drehbuch machen, das heißt eine tatsächliche Grundlage für die Aufnahmen zu einem zukünftigen Film. Doch das wird dann bereits ein neues überarbeitetes Drehbuch sein, in dem mit literarischen Mitteln ein filmisches Äquivalent gefunden wird.

Falls aber ein Drehbuch von Anfang an eine genaue Projektbeschreibung des Filmes ist, das heißt, wenn in ihm lediglich angegeben ist, was und wie gefilmt wird, so haben wir es mit einer Art Protokoll des zukünftigen Filmes zu tun, das mit Literatur dann schon nichts mehr gemeinsam hat.

Wird die ursprüngliche Drehbuchvariante im Prozeß der Dreharbeiten deutlich verändert (wie das etwa in meinen Filmen fast durchweg der Fall ist), dann verliert sie fast immer ihre Konturen und wird nur mehr für Spezialisten interessant, die sich für die Geschichte dieses oder jenes Filmes interessieren. Diese ständig wechselnden Varianten könnten Forscher interessieren, die sich mit der Natur des filmischen Schaffens befassen, können aber keineswegs Anspruch auf ein unabhängiges literarisches Genre erheben.

Ein Drehbuch in vollendeter literarischer Form ist nur dazu da, um die Produzenten von der Einträglichkeit des künftigen Films zu überzeugen. Obwohl natürlich ein solches Drehbuch – offen gestanden – keinerlei Vorausgarantien für die Qualität des künftigen Films liefert: Wir kennen Dutzende von schlechten Filmen, die nach scheinbar »guten« Drehbüchern gemacht wurden. Ebenso natürlich auch umgekehrte Beispiele. Und es ist schließlich für niemanden ein Geheimnis, daß ein Drehbuch

erst dann richtig bearbeitet wird, wenn es bereits angenommen
oder gekauft ist. Um diese Bearbeitung durchführen zu können,
muß ein Regisseur selbst schreiben können oder aber in engem
Kontakt, in Ko-Autorenschaft, mit seinen literarischen Part-
nern stehen, um deren literarisches Talent geschickt in die
erforderliche Richtung zu lenken. Natürlich spreche ich von der
Arbeit an sogenannten Autorenfilmen.

Früher bemühte ich mich bei der Ausarbeitung des Regie-
drehbuchs darum, ein bereits ziemlich genaues Bild des künftigen Filmes – bis zu seiner Mise-en-scène – vor mir zu sehen.
Heute dagegen neige ich mehr dazu, nur noch eine äußerst
ungefähre Vorstellung der künftigen Szene oder Einstellung zu
entwickeln, damit diese dann im Drehprozeß möglichst spontan
entstehen können. Denn die äußeren Gegebenheiten des Dreh-
ortes, die Atmosphäre auf dem Set, die Stimmung der Schauspieler verleiten einen zu völlig neuen, originellen und unerwarteten Lösungen. Das Leben ist reicher als die Phantasie. Deshalb bin ich jetzt immer häufiger der Ansicht, daß man zu den
Dreharbeiten zwar vorbereitet, aber ohne irgendwelche vorge-
faßten Ideen kommen sollte, um von der Stimmung der Szene
abhängig zu sein und größere Freiheit in bezug auf die Mise-en-
scène zu haben. Früher konnte ich nicht auf dem Set erscheinen,
ohne die zu drehende Episode vorher genau konzipiert zu
haben. Jetzt aber denke ich häufig, daß die Konzeption stets
spekulativ ist und die Phantasie austrocknen läßt. Daß es
vielleicht sinnvoll wäre, einige Zeit lang einfach nicht mehr an
sie zu denken!

Man denke an Proust:

»Die Kirchtürme wirkten so fern, und es sah aus, als ob wir
uns ihnen nur wenig näherten, so daß ich ganz erstaunt war,
als wir gleich darauf vor der Kirche von Martinville hielten. Ich
wußte nicht, weshalb es mich glücklich gemacht hatte, sie am
Horizont zu erblicken, und der Zwang, nach dem Grunde zu
forschen, lastete quälend auf mir; ich hatte Lust, die Erinnerung an die sich verschiebenden Linien in meinem Kopf aufzu-
bewahren und im Augenblick nicht mehr daran zu denken…
Ohne mir zu sagen, daß das, was hinter den Türmen von
Martinville verborgen war, einem wohlgelungenen Satz entsprechen mußte, da es mir ja in Gestalt von Worten, die mir
Freude machten, aufgegangen war, bat ich den Doktor um

Bleistift und Papier, und trotz der Stöße des Wagens verfaßte ich, um mein Bewußtsein zu entlasten und aus Begeisterung das folgende kleine Stück Prosa... Ich dachte niemals an diese Zeilen zurück, aber damals in dem Augenblick, als ich auf der Ecke des Bockes, wo der Kutscher des Doktors gewöhnlich in einem Korb das auf dem Markt von Martinville eingekaufte Geflügel abstellte, sie beendet hatte, spürte ich, daß *sie mich so vollkommen von diesen Kirchtürmen* und von dem, was sich hinter ihnen verbarg, *zu befreien vermocht hatten,* daß ich, als sei ich selber ein Huhn, das ein Ei gelegt hat, mit schriller Stimme zu singen begann.«[35]

Genau dasselbe geschah auch mit mir: Die mich viele Jahre lang verfolgenden, mir keine Ruhe gebenden Bilder meiner Kindheit verflüchtigten sich plötzlich. Ich hörte auf, in meinen Träumen das Haus zu sehen, in dem wir vor so langer Zeit gelebt hatten und von dem ich viele Jahre hindurch regelmäßig geträumt hatte... Wenn ich hier davon spreche, so eile ich damit voraus und erzähle bereits von dem, was geschah, nachdem ich den »Spiegel« beendet hatte.

Damals jedoch, also noch einige Jahre vor den Dreharbeiten zu diesem Film, beschloß ich einfach, diese mich quälenden Erinnerungen auf dem Papier festzuhalten, ohne dabei schon an einen Film zu denken. Einmal wollte ich eine Erzählung über die Evakuierung der Kriegsjahre verfassen, in deren Mittelpunkt die Geschichte mit dem Militärausbilder stehen sollte. Doch dieses Thema erwies sich dann als viel zu unbedeutend, um im Zentrum einer größeren Erzählung oder gar einer Novelle zu stehen. Und ich ließ es dann sein. Aber diese Geschichte, die mich in meiner Kindheit so tief berührt hatte, fuhr fort mich zu quälen, lebte in meinem Gedächtnis weiter und ging dann endlich in einer kleinen Episode in meinen Film ein.

Als endlich die erste Drehbuchvariante des »Spiegels« vorlag, der damals noch »Ein weißer, weißer Tag« hieß, da wurde mir klar, daß das filmische Konzept für mich völlig verschwommen war. Eine derartig unreflektierte, von elegischer Trauer und nostalgischer Kindheitssehnsucht durchzogene Filmerinnerung wollte ich einfach nicht drehen. Ich spürte deutlich, daß etwas ganz außerordentlich Wesentliches des künftigen Filmes in diesem Drehbuch fehlte, und als wir es zum ersten Mal durchsprachen, war in der Tat noch nichts von der Seele des Filmes vorhanden, sie schwebte irgendwo frei im Raum. So verfolgte mich nunmehr die Notwendigkeit einer konstruktiven Idee, die diesen Film über das banale Niveau lediglich lyrischer Reminiszenzen erheben sollte.

Und so entstand eine neue Drehbuch-Variante: Die Kindheitsepisoden wollte ich von authentischen Interview-Passagen mit meiner Mutter durchziehen lassen. Zwei analoge Wahrnehmungen der Vergangenheit (die des Erzählers und seiner Mutter) sollten hier einander konfrontiert werden, dem Zuschauer als wechselseitige Projektion von Erinnerungen zweier einander nahestehender, verschiedenen Generationen angehörenden Menschen präsentiert werden. Noch heute bin ich der Meinung, daß hierbei ein interessanter, unerwarteter und in vielerlei Hinsicht nicht voraussehbarer Effekt erzielt werden könnte...

Doch wie auch immer: Ich bedauere nicht, daß ich dann von dieser doch immerhin auch zu direkten, ja groben Komposition Abstand nehmen und sämtliche im Drehbuch bereits vorgemerkten Interviews mit meiner Mutter durch entsprechende Spielszenen ersetzen mußte. Denn ich spürte trotz alledem nichts von jener organischen Einheit fiktiver und dokumentarischer Elemente, die ich mir hier vorgestellt hatte. Diese beiden Elemente lagen vielmehr im Streit miteinander, und ihre Montage erschien mir eine rein formale, spekulative und ideologisch wirkende Kombination, das heißt, als eine höchst zweifelhafte Einheit. Das war deshalb so, weil diese beiden Elemente von divergierenden Materialkonzeptionen bestimmt wurden, von verschiedenen Zeiten mit jeweils unterschiedlichem Spannungsdruck: Von der dokumentarisch exakten Realzeit des Interviews und von der Zeit des Autors in den Episoden der mit fiktiven Verfahren reproduzierten Erinnerungen. Noch dazu begann das alles ein wenig an das Cinéma vérité von Jean Rouch zu erinnern, was ich schon gar nicht wollte.

Übergänge von deformierter, subjektiver zu realer dokumentarischer Zeit kommen mir immer höchst zweifelhaft, konventionell und monoton vor... wie ein bloßes Ping-Pong-Spiel!

Wenn ich nun hier Abstand von der Montage eines auf zwei Ebenen gedrehten Films nahm, so bedeutet das aber keineswegs, daß eine Montage fiktiver und dokumentarischer Materialien prinzipiell unmöglich sei. Im Gegenteil: Gerade im »Spiegel« ist es meiner Meinung nach zu einem völlig natürlichen Miteinander von Wochenschau-Zitaten und Spielfilmszenen gekommen. So sehr natürlich, daß ich wiederholt die Meinung hörte, daß die in den »Spiegel« integrierten Dokumentarpassagen doch wohl in Wirklichkeit von mir selbst »dokumentargerecht« inszeniert worden, also eine Fälschung seien! Eine derart natürliche Einheit entstand deshalb, weil es mir hier gelungen war, Wochenschaumaterialien von ganz besonderer Qualität aufzuspüren.

Ich mußte viele Tausende von Filmmetern sichten, bis ich endlich auf Dokumentaraufnahmen vom Marsch der sowjetischen Armee durch den Sivasch-See stieß, die mich buchstäblich überwältigten. Noch niemals zuvor war ich auf Vergleichbares gestoßen. In der Regel hatte man es da mit qualitativ nicht sonderlich guten Inszenierungen zu tun, die sich als Dokumentaraufnahmen des Kriegs-»Alltags« ausgaben. In Wirklichkeit aber waren das Paradeaufnahmen, in denen man viel zu viel Geplantes und viel zu wenig authentische Wahrheit spürte. Und ich sah überhaupt keine Möglichkeit, dieses ganze Mischmasch zu einem einheitlichen Zeitgefühl zusammenbringen zu können. Doch plötzlich hatte ich ein Ereignis, beziehungsweise eine Episode vor mir, die sich – welch seltener Glücksfall für eine Wochenschau! – in einer Einheit von Zeit, Ort, Raum und Handlung entwickelte und von einem der dramatischsten Ereignisse des Vormarschs im Jahre 1943 berichtete. Ein ausgesprochen einmaliges Material! Fast unglaublich, daß eine derart große Menge an Filmmaterial für die Aufnahme einer einzigen langen Beobachtung »geopfert« wurde. Als jetzt auf der Leinwand gleichsam aus dem Nichts diese Menschen auftauchten, Opfer eines schrecklichen und tragischen Schicksals, zu Tode erschöpft von einer ihre Kräfte übersteigenden, unmenschlichen Arbeit, da war mir sofort völlig klar, daß genau diese Episode das Zentrum, den Nerv und das Herz meines Filmes bilden würde, der als eine authentische lyrische Erinnerung begonnen hatte.

Vor uns stand ein Bild von ergreifender Kraft und Dramatik. Und das war genau das, was mich ganz persönlich betraf, mich im Innersten ausmachte... Übrigens gerade diese Episode sollte ich auf Drängen des Vorsitzenden von Goskino aus dem Film

nehmen! Diese Bilder sprachen von jenen Qualen und Leiden,
mit denen der sogenannte »historische Fortschritt« erkauft
wird. Von jenen zahllosen menschlichen Opfern, auf denen er
letztlich ewig beruht. Es war unmöglich, auch nur für eine
Sekunde an die Sinnlosigkeit dieser Leiden zu glauben. Dieses
Material sprach uns von der Unsterblichkeit, und das Gedicht
Arsenij Tarkowskijs verlieh dieser Episode einen Rahmen, vollendete sie sozusagen. Uns faszinierte die ästhetische Würde, die
diesem Filmdokument eine erstaunliche emotionale Kraft verlieh. Die einfach und exakt fixierte, auf dem Filmstreifen festgehaltene Wahrheit *hörte auf diese Weise auf, nur der Wahrheit ähnlich
zu sein.* Sie wurde plötzlich zu einem *Bild* der Heldentat und des
Preises dieser Heldentat. Sie wurde zum Bild einer historischen
Wende, für die ein unglaublicher Preis gezahlt werden mußte.
Zweifellos wurde dieses Material von einem sehr begabten
Menschen aufgenommen. Dieses Bild wirkte besonders
schmerzlich und eindringlich, weil darauf nur Menschen zu
sehen waren. Menschen, die unter einem weißlichen, flachen
Himmel bis zu den Knien durch den feuchten Schlamm wate-
ten, so weit sich der Sumpf bis zum Horizont erstreckte. Von
dort kehrte fast niemand mehr zurück. All dies gab den auf den
Filmstreifen festgehaltenen Minuten eine besondere Mehr-
dimensionalität und Tiefe, ließ Gefühle aufkommen, die der
Erschütterung, der Katharsis nahe waren.

Einige Zeit später erfuhr ich übrigens, daß der Frontkamera-
mann, der dieses Material gefilmt hatte, noch an demselben
Tag fiel, den er mit solch erstaunlicher Einfühlungskraft in das
Geschehen rings um ihn festgehalten hatte...

Als uns für den »Spiegel« insgesamt nur noch 400 Meter, also
13 Minuten Laufzeit, zu drehen blieben, existierte der Film als
solcher noch gar nicht. Konzipiert und abgedreht waren die
Kindheitsträume des Erzählers. Doch auch sie vermochten den
Film noch nicht zu etwas Einheitlichem zu formen. Der Film in
seiner endgültigen Struktur entstand erst, als wir auf die Idee
kamen, in das Erzählgefüge auch noch den Erzähler einzufüh-
ren, der weder im Konzept noch im Drehbuch vorgesehen war.

Wir waren mit der Arbeit von Margarita Terechowa, die die
Rolle der Mutter des Erzählers spielte, sehr zufrieden. Aber es
schien uns die ganze Zeit, daß ihre Rolle, so wie sie ursprünglich konzipiert war, den außerordentlichen Möglichkeiten die-

ser Schauspielerin nicht gerecht wurde. Und so beschlossen wir, neue Episoden hinzuzufügen, und die Terechowa erhielt noch eine weitere Rolle – die der Frau des Erzählers. Und erst danach kam die Idee auf, in der Montage Episoden aus der Vergangenheit des Erzählers mit seiner Gegenwart zu verquicken.

In den Dialogen der neuen Episoden suchten wir mit meinem überaus begabten Ko-Autor Alexander Mischarin zunächst noch unsere programmatischen Ideen von den ästhetischen und ethischen Grundlagen kreativen Schaffens anzuwenden. Doch gelang es uns dann, Gott sei Dank, dies zu umgehen und dafür einige dieser Reflexionen – wie ich zu hoffen wage – unauffällig im Gesamtfilm unterzubringen.

Wenn ich hier davon berichte, wie der »Spiegel« eigentlich zustande kam, so möchte ich damit zeigen, welch fragile, lebendige, stets veränderliche Struktur das Drehbuch für mich besitzt und daß der Film erst in jenem Augenblick entsteht, wenn die Arbeit an ihm vollständig abgeschlossen ist. Das Drehbuch liefert lediglich einen Denkanstoß, mich jedoch verläßt bis zum Ende nicht das beunruhigende Gefühl, daß der Film danebengehen könnte...

Allerdings muß ich auch sagen, daß gerade während der Arbeit am »Spiegel« einige meiner schöpferischen Richtlinien ganz außerordentlich deutlich zum Ausdruck kamen. Auch bei der Arbeit an früheren Filmen wurde sehr viel hinzugefügt, im Drehprozeß ergänzt, obwohl sich diese Filme auf kompositorisch erheblich eindeutigere Drehbücher stützen. Doch als wir uns an den »Spiegel« machten, da wollten wir diesen Film bewußt, prinzipiell nicht vorprogrammieren. Es war hier für mich viel wichtiger, herauszubekommen, auf welche Weise sich ein Film während der Dreharbeiten, beim Kontakt mit den Schauspielern, beim Aufbau der Dekorationen und bei der »Belebung« der Außendrehorte gleichsam von selbst »organisiert«.

Dabei gab es keine vorgeschriebene Konzeption einer Einstellung oder Episode als einer visuell bereits ausgeformten Einheit. Aber wir spürten die Atmosphäre, spürten auch jene seelischen Zustände, die sogleich auf dem Set nach ihrer präzisen Bildentsprechung verlangten. Wenn ich vor den Dreharbeiten irgend etwas »sehe«, mir irgend etwas vorstelle, so ist das

vor allem der innere Zustand selbst, der innere Spannungscha-
rakter der hier zu filmenden Szenen, der psychische Zustand
der Akteure. Aber ich weiß noch nichts über die genaue Form,
in der all dies umgesetzt werden soll. Ich begebe mich auf den
Set, um endgültig zu begreifen, auf welche Weise ebendieser
Zustand auf dem Filmstreifen zum Ausdruck gebracht werden
kann. Und wenn ich es begriffen habe, beginne ich zu drehen.

Im »Spiegel« gibt es das Thema des alten Hauses, in dem der
Erzähler seine Kindheit verbrachte, ein Vorwerk, in dem er
geboren wurde und in dem sein Vater und seine Mutter lebten.
Wir rekonstruierten das vom Zahn der Zeit zerstörte Haus mit
aller Genauigkeit nach alten Photographien, ließen es auf den
erhaltenen Fundamenten an derselben Stelle, an der es vierzig
Jahre davor gestanden hatte, wieder »auferstehen«. Als wir
dann meine Mutter dorthin brachten, die ihre Jugend an *jenem*
Ort und in *jenem* Haus verbracht hatte, da übertraf ihre Reaktion in dem Moment, als sie es erblickte, meine kühnsten
Erwartungen. Sie kehrte in ihre Vergangenheit zurück. Und da
erkannte ich, daß wir auf dem richtigen Weg waren: Das Haus
weckte in ihr dieselben Gefühle, die wir in unserem Film zum
Ausdruck bringen wollten…

… Vor dem Haus gab es ein Feld. Ich erinnere mich, daß
damals zwischen dem Haus und dem Weg, der in das Nachbar-
dorf führte, ein Buchweizenfeld lag. Wenn der Buchweizen
blüht, dann ist das ein phantastisch schönes Bild. Seine weiße
Farbe, die das Feld wie verschneit aussehen läßt, hat sich
meinem Gedächtnis als ein charakteristisches und wesentliches
Detail meiner Kindheitserinnerungen eingeprägt. Doch als wir
jetzt auf der Suche nach einem Drehort dorthin kamen, da
konnten wir keinerlei Buchweizen entdecken: Die Kolchosbauern säten hier schon viele Jahre lang Klee und Hafer. Als wir sie
baten, für uns an dieser Stelle noch einmal Buchweizen auszu-
säen, da begannen sie uns mit allem Nachdruck zu versichern,
daß hier überhaupt kein Buchweizen wachsen könne, weil sich
der Boden dafür ganz und gar nicht eigne. Als wir dann
dennoch auf unser eigenes Risiko hin dieses Feld pachteten und
Buchweizen darauf säten, ging dieser zum größten Erstaunen
der Kolchosbauern prachtvoll auf. Wir betrachteten unseren
Erfolg als ein günstiges Vorzeichen. All das illustrierte gleichsam die besonderen Eigenschaften unserer Erinnerung, ihre

Fähigkeit, unter die von der Zeit ausgebreitete Decke vorzustoßen. Und genau davon sollte ja auch der Film handeln, das war
die Idee, die ihm zugrunde lag.

Ich weiß nicht, was aus dem Film geworden wäre, wenn das
Buchweizenfeld nicht geblüht hätte!... Wie wichtig das damals
für mich war, daß es blühte!

Als ich am »Spiegel« zu arbeiten begann, mußte ich immer
wieder an Folgendes denken: Ein richtiger Film, bei dem man
sich seiner Sache (um nicht gleich von Mission zu reden)
ernsthaft widmet, ist nicht bloß eine weitere Arbeit, sondern ist
in jedem Fall ein *Akt* menschlichen Handelns, der dein Schicksal bestimmt. In diesem Film hatte ich mich zum ersten Mal
dazu entschlossen, unmitelbar und vorbehaltlos von dem zu
sprechen, was für mich das Wichtigste und Wertvollste, das
Intimste ist.

Nachdem die Leute den »Spiegel« gesehen hatten, war es
äußerst schwierig klarzustellen, daß hinter dem Film keine
andere, keine verborgene, chiffrierte Absicht steckte. Wenn ich
erklärte, daß er ausschließlich von dem Wunsch, die Wahrheit
zu sagen, bestimmt war, rief dies häufig Mißtrauen und Enttäuschung hervor.

Einigen Zuschauern schien diese Erklärung wirklich nicht zu
genügen. Sie suchten nach verborgenen Symbolen, nach Absichten, nach dem Geheimnis. Denn sie waren einfach nicht an
filmische, bildliche Poesie gewöhnt, was mich wiederum sehr
enttäuschte.

Das waren die Zuschauer. Die Kollegen dagegen stürzten
sich auf mich, ziehen mich der Unaufrichtigkeit und warfen mir
vor, ich hätte ausschließlich einen Film über mich selbst machen wollen. Gerettet hat uns dann wohl nur eines – der *Glaube*
daran, daß diese Arbeit für den Zuschauer ebenso wichtig wie
für uns selbst sein müsse. Der Film sollte das Leben von
Menschen rekonstruieren, die ich unendlich liebe und sehr gut
kenne. Ich wollte von den Leiden eines Menschen berichten,
dem es scheint, er werde niemals die ihm teuren Menschen für
ihre Zuneigung, für das, was sie ihm gegeben, entgelten können.
Er glaubt, er habe sie nicht genug geliebt – und dies ist für ihn
wirklich ein quälender, schwer zu ertragender Gedanke.

Wenn man von Dingen zu sprechen beginnt, die einem sehr
wichtig sind, dann machen einem die Reaktionen auf das, was

man sagen und vertreten will, ganz besonders zu schaffen. Man will es dann in jedem Fall vor Unverstehen bewahren. Wir waren sehr besorgt, wie die Zuschauer auf den Film reagieren würden. Und doch glaubten wir mit geradezu leidenschaftlicher Beharrlichkeit daran, daß sie den Film verstehen würden. Die späteren Ereignisse bestätigten ja dann auch unsere Erwartung. Die zu Beginn dieses Buches zitierten Zuschauerbriefe sind da sehr aufschlußreich.

Im »Spiegel« wollte ich nicht von mir selbst erzählen, sondern vielmehr *von den Gefühlen*, die ich mir nahestehenden Menschen gegenüber empfinde, von meinen Beziehungen zu ihnen, meinem ewigen Mitgefühl für sie, aber auch von meinem Versagen und meinem Gefühl unaufhebbarer Schuld ihnen gegenüber. Die Ereignisse, an die sich der Held bis ins letzte Detail während seiner schwersten Krise erinnert, lassen ihn leiden, rufen in ihm Sehnsucht und Unrast hervor.

Wenn man ein Theaterstück liest, kann man seinen Sinn verstehen. Dieser Sinn kann in unterschiedlichen Inszenierungen auf jeweils andere Art interpretiert werden. Aber das Stück besitzt von Anfang an sein eigenes Profil. Aus einem Drehbuch dagegen läßt sich das Profil des künftigen Filmes nicht ablesen. Das Drehbuch stirbt mit dem Film; und selbst wenn ein Film seine Dialoge der Literatur entlehnt, hat das Kino seinem Wesen nach keinerlei Beziehung zur Literatur. Ein Bühnenwerk wird zu einem Stück Literatur, weil die Ideen Charaktere sind, die in den Dialogen ihr Wesen zum Ausdruck bringen. Der Dialog aber ist etwas Literarisches. Im Film dagegen ist der Dialog nur einer der Bestandteile der materiellen Struktur.

All das, was in einem Drehbuch Anspruch auf Literatur, auf Prosa erhebt, muß dann im Entstehungsprozeß des Filmes prinzipiell und konsequent umgestoßen und neu bearbeitet werden. Literatur wird zu Filmkunst umgeschmolzen. Das bedeutet, daß sie aufhört, Literatur zu sein, wenn der Film abgedreht ist. Nach Abschluß der Filmarbeiten bleibt nur noch die Montageliste übrig, die niemand mehr als Literatur bezeichnen wird. Sie ähnelt eher einer Nacherzählung von dem, was ein Blinder gesehen hat.

Die größte Schwierigkeit im Umgang mit dem Filmarchitekten und dem Kameramann besteht darin, sie ebenso wie alle anderen Mitglieder des Teams zu gleichgesinnten Mitgestaltern des Konzepts zu machen. Es ist von großer Bedeutung, daß sie keinesfalls passive, gleichgültige Erfüllungsgehilfen, sondern vollwertige Mitgestalter des Films sind, mit denen wir unsere Gefühle und Gedanken teilen. Um jedoch, sagen wir, einen Kameramann zu seinem Gesinnungsgenossen zu machen, muß man zuweilen Diplomat sein. Das kann so weit gehen, daß man als Regisseur sein eigenes Konzept, sein Endziel verschweigt, um eine seiner Idee optimal entsprechende Kameraarbeit zu gewährleisten. Ich sah mich manchmal sogar gezwungen, das gesamte Konzept zu verheimlichen, um den Kameramann auf den richtigen Weg zu bringen. In diesem Sinne erlebte ich eine äußerst aufschlußreiche Geschichte mit dem Kameramann Vadim Jusow, mit dem ich bis einschließlich »Solaris« alle meine Filme drehte.

Als Jusow das »Spiegel«-Drehbuch durchgelesen hatte, lehnte er es ab, an dem Film mitzuarbeiten. Er begründete dies mit dem allzu unverhohlen autobiographischen Charakter, der ihm aus moralischen Gründen zuwider sei, auch stoße ihn die zu offen lyrische Intonation der gesamten Erzählweise, der Wunsch des Regisseurs, nur von sich selbst zu sprechen, ab (dies auch als Erinnerung an die bereits erwähnten Reaktionen meiner Kollegen auf den »Spiegel«). Auf seine Weise handelte Jusow natürlich ehrlich und anständig. Offenbar hielt er meine Position tatsächlich für zu wenig bescheiden. Später, als den Film dann ein anderer Kameramann, Georgij Rerberg, abgedreht hatte, gestand mir Vadim Jusow allerdings: »Es tut mir leid, Andrej, aber das ist dein bester Film!« Ich hoffe, daß auch diese Worte aufrichtig waren.

Vielleicht hätte ich, gerade weil ich Vadim Jusow schon sehr lange kannte, etwas gewitzter sein müssen: Ich hätte ihm nicht gleich mein gesamtes Konzept anvertrauen und ihm statt dessen das Drehbuch nur stückweise aushändigen sollen. Aber es fällt mir schwer, mich zu verstellen, ich kann nicht diplomatisch mit meinen Freunden sein.

Auf jeden Fall betrachtete ich den Kameramann in allen

Filmen, die ich bisher machen konnte, als einen Ko-Autoren. Wenn du im Film arbeitest, genügt es nicht, mit den Mitarbeitern nur enge Kontakte zu haben. Die Diplomatie, von der ich gerade sprach, ist in der Tat nötig, ehrlich gesagt, gelangte ich jedoch erst »post factum« und sozusagen rein theoretisch zu einer solchen Ansicht. In der Praxis hatte ich niemals irgendwelche Geheimnisse vor meinen Mitarbeitern. Im Gegenteil, unser Team war stets eine verschworene, untrennbare Gemeinschaft. Denn solange nicht alle Mitarbeiter gleichsam organisch durch einen gemeinsamen »Blutkreislauf« miteinander verbunden sind, kann kein wirklicher Film zustande kommen.

Als wir den »Spiegel« drehten, bemühten wir uns, immer zusammenzubleiben, erzählten einander von dem, was wir wissen und lieben, was uns teuer und verhaßt ist. Und alle zusammen phantasierten wir in gleicher Weise über das künftige Schicksal unseres Films. Dabei spielte es überhaupt keine Rolle, welchen Anteil die Arbeit des einen oder anderen Teammitglieds hatte. Der Komponist Artemjew zum Beispiel schrieb nur einige wenige Melodien für diesen Film, trug dazu aber zweifellos ebenso bei wie alle anderen, denn ohne ihn wäre der Film schließlich nicht zu dem geworden, was er heute ist.

Als die Aufbauten an der Stelle, wo vordem das alte Haus gestanden hatte, endlich fertig waren, fuhr das gesamte Filmteam frühmorgens dorthin, um den Sonnenaufgang abzuwarten: wir wollten uns mit den Besonderheiten des Ortes vertraut machen, ihn bei wechselndem Wetter, zu verschiedenen Tageszeiten erfahren. Wir versuchten, uns in die Empfindungen jener Menschen einzufühlen, die einst in diesem Haus gewohnt und hier vor etwa vierzig Jahren Sonnenauf- und -untergänge, Regen und Nebel erlebt hatten. Wir wurden alle von der Stimmung des Hauses, von den hier gegenwärtigen Erinnerungen so sehr angesteckt und empfanden unsere Einheit so stark, daß wir bei Abschluß der Arbeit regelrecht verstimmt und betrübt waren – es schien uns, daß wir erst jetzt mit der Arbeit beginnen müßten. So eng waren wir damals alle miteinander verbunden.

Der geistige Kontakt des Teams erwies sich als überaus wichtig. In Momenten der Krise (und deren gab es einige), wenn es etwa zu Meinungsverschiedenheiten mit dem Kameramann kam, geriet ich völlig aus der Fassung: Alles glitt mir aus

den Händen, manchmal konnten wir einige Tage nicht weiter-
drehen. Erst wenn wir eine Form der Verständigung gefunden
hatten und das Gleichgewicht wiederhergestellt war, konnte die
Arbeit fortgesetzt werden. Das bedeutet, daß unser Film sein
Zustandekommen nicht etwa einem strengen Arbeitsplan und
einer eisernen Disziplin verdankte, sondern eher einem bestimmten Klima innerhalb unseres Teams selbst. Und bei all
dem haben wir damals auch noch den Zeitplan übererfüllt.

Die Filmarbeit hat sich, wie jede schöpferische Autorenarbeit, vor allem an ihren *inneren*, nicht etwa an äußeren Aufgaben
zu orientieren. Administrative und Produktionsaufgaben, mißt
man ihnen allzu große Bedeutung bei, stören nur den Arbeits-
rhythmus.

Man kann Berge versetzen, wenn Menschen, die an der
Verwirklichung einer Idee arbeiten, obgleich von verschiedenem
Charakter, Temperament und Alter, gleichsam zu einer Familie
werden, beseelt von einer gemeinsamen Leidenschaft. Wenn in
dieser Gemeinschaft eine echte schöpferische Atmosphäre aufkommt, wird es völlig unwesentlich, wer eigentlich der Urheber
dieser oder jener Idee war, wer auf diese Großaufnahme oder
jenen hervorragenden Lichteffekt kam, oder wem es als erstem
einfiel, einen Gegenstand aus einem besonders günstigen Blick-
winkel aufzunehmen. Daher ist es wirklich nicht möglich, von
einer dominierenden Rolle des Kameramannes, des Regisseurs
oder Filmarchitekten zu sprechen: Die gefilmte Szene wird
einfach zu etwas Organischem, das heißt, hier verschwinden
aller Ehrgeiz und Eigenliebe.

Was nun den »Spiegel« konkret angeht, so sollte jeder selbst
beurteilen, wieviel Takt das gesamte Team aufbringen mußte,
um ein ihm im Grunde genommen fremdes, ausgesprochen
intimes Konzept als sein eigenes zu akzeptieren. Noch dazu ein
Konzept, das ich den eigenen Kollegen nur schwer vermitteln
konnte – schwerer vielleicht als den Zuschauern selbst. Denn
der Zuschauer ist bis zur Premiere ja doch nur ein fernes
Abstraktum.

Damit die Leute des Teams tatsächlich in deinem Konzept
aufgehen, muß manche Barriere überwunden werden. Daher
konnte man, als der »Spiegel« fertig war, ihn schon nicht mehr
nur als die Geschichte meiner Familie betrachten, denn an
dieser Geschichte hatte ja inzwischen eine ganze Gruppe ver-

schiedenster Menschen Anteil genommen – meine Familie war
gleichsam gewachsen.

Unter solchen Voraussetzungen wirklich kreativer Kollegialität treten rein technische Probleme wie von selbst in den Hintergrund. Für diesen Film taten Kameramann und Filmarchitekt nicht nur das, was sie bereits beherrschten beziehungsweise was man von ihnen forderte, nein, sie suchten jedesmal ihre professionellen Möglichkeiten noch zu übertreffen. Sie taten nicht nur einfach das Gängige, sondern was ihnen jeweils als unbedingt nötig erschien, und das war mehr als einfaches handwerkliches Arbeiten, bei dem der Kameramann etwa bloß ihm technisch vertraute Vorschläge des Regisseurs aufgreift. Nur unter solchen Bedingungen kann man Wahrheitstreue und Aufrichtigkeit erreichen. Der Zuschauer darf nicht daran zweifeln, daß die Wände der Filmbauten *beseelt* sind von menschlichem Geist.

Eines der ernstesten Probleme der Darstellung im Film ist natürlich das der Farbe. Man muß unbedingt einmal ernsthaft über das Paradox nachdenken, daß die *Farbe* die getreue Wiedergabe echter Empfindungen auf der Leinwand ganz erheblich erschwert. Die Farbe im Film ist vor allem eine kommerzielle Forderung, keine ästhetische Kategorie. Nicht zuletzt deshalb tauchten häufiger und häufiger wieder schwarzweiße Filme auf.

Das Aufnehmen von Farbe einer bestimmten Qualität ist ein physiologisches und psychologisches Phänomen, und der Mensch achtet in der Regel nicht besonders darauf. Der *malerische* Charakter einer Einstellung, der sehr oft nur eine mechanische Folge der Kopienqualität ist, belastet die Darstellung mit *zusätzlicher Konventionalität*, die es zu überwinden gilt, wenn man auf Lebenstreue Wert legt.

Man muß sich um Neutralisierung der Farbe bemühen, eine aktive Wirkung der Farbe auf den Zuschauer vermeiden. Wird die Farbe als solche zu einer dramaturgischen Dominante der Einstellung, dann bedeutet dies, daß Regisseur und Kameramann von der Malerei wirksame Methoden entlehnen, um das Publikum zu beeinflussen. Die Rezeption eines mittelmäßigen, handfest professionellen Films ähnelt heute vielfach einer Rezeption »luxuriös« illustrierter Zeitschriften. Es stellt sich die Frage nach der Ausdrucksmöglichkeit der Farbphotographie.

Vielleicht sollte man die aktive Wirkung der Farbe durch eine

Kombination von Farbe mit monochronen Szenen neutralisieren, um auf diese Weise die Wirkung des vollen Farbspektrums zu dämpfen und sie zurückzuschrauben. Die Kamera fixiert doch anscheinend nur das reale Leben auf den Filmstreifen, warum aber erscheint einem fast immer das farbige Filmbild als ausgesprochen unecht, ja falsch? Das Ganze erklärt sich daraus, daß bei einer mechanisch genauen Farbreproduktion die Position des Künstlers fehlt, der hier seine gestaltende Rolle verloren hat und in dieser Sphäre die Möglichkeit der Auswahl einbüßt. Die Farbpartitur, die ihre eigene Entwicklungslogik besitzt, fehlt, sie ist dem Regisseur durch den technischen Prozeß genommen. Ebenso unmöglich wird auch eine bewußt auswählende Akzentuierung der Farbelemente der realen Welt. So seltsam dies anmutet: Obwohl die uns umgebende Welt farbig ist, gibt der Schwarzweißfilm ihr Bild näher zur psychologischen, naturalistischen und poetischen Wahrheit hin wieder und entspricht daher dem Wesen einer Kunst besser, die vornehmlich auf den Eigenschaften des Sehens beruht.

Im Grunde ist der echte Farbfilm das Resultat einer Auseinandersetzung mit der Technologie des Farbfilms und der Farbe überhaupt.

Über den Filmschauspieler

Wenn ich einen Film drehe, bin ich letztlich für alles allein verantwortlich, also auch für die Leistungen der Schauspieler. Im Theater ist die Eigenverantwortung des Schauspielers für seine Rolle und Funktion innerhalb der Aufführung erheblich größer.

Für einen Schauspieler, der zu Filmaufnahmen am Drehort erscheint, ist es mitunter schädlich, das Gesamtkonzept des Regisseurs zu kennen. Denn der Regisseur strukturiert die Rolle selbst, während er dabei dem Schauspieler in einzelnen Passagen unerhörte Freiheit einräumt, eine Freiheit, die im Theater nicht denkbar ist. Strukturiert der Filmschauspieler seine Rolle selbst, dann beraubt er sich der Möglichkeit, spontan, unbewußt in den vom Konzept vorgegebenen Umständen zu handeln, die sein Verhalten diktieren. Und der Regisseur, der ihn in den gewünschten Zustand versetzt, muß darauf achten, daß

sich dabei kein falscher Ton einschleicht. Den Filmschauspieler
kann man auf verschiedene Weisen in die erforderliche Verfassung bringen. Das hängt von den äußeren Gegebenheiten und vom Naturell des Schauspielers ab, mit dem man gerade arbeitet. Im Grunde muß sich der Schauspieler in einem psychischen Zustand *befinden*, den man einfach nicht *spielen* kann. Wenn es einem Menschen schwer ums Herz ist, kann er dies nicht völlig verbergen. Genauso ist es beim Film: In der Einstellung muß die Wahrheit eines Seelenzustandes präsent sein, der sich einfach nicht überlagern läßt. Man kann natürlich die Rollen aufteilen: Der Regisseur erarbeitet die Partitur dieser »Zustände« für die Gestalten des Films, und die Schauspieler haben sie darzustellen oder, besser gesagt, sich in ihnen während der Aufnahmen zu befinden. Dies auf dem Set zu vereinen, vermag der Schauspieler nicht. Daher tut er das, wozu er, wenn er am Theater arbeitet, verpflichtet ist.

Vor dem Objektiv der Kamera muß ein Schauspieler entsprechend den jeweiligen dramaturgischen Bedingungen authentisch und unmittelbar wirken. Wenn dann der Regisseur die jeweiligen Kopienausschnitte in die Hand bekommt, betrachtet er sie so, als stünde der Schauspieler wirklich vor der Kamera. Er montiert diese dann im Sinne seiner künstlerischen Zielsetzungen, indem er der Handlung seine innere Logik gibt.

Allerdings geht dem Kino der Reiz eines unmittelbaren Schauspieler-Publikums-Kontaktes ab, der das Theater so anziehend macht. Deshalb wird das Kino auch niemals an die Stelle des Theaters treten. Die Filmkunst dagegen lebt aus ihrer Möglichkeit, ein und dasselbe Ereignis, sooft man will, auf der Leinwand wiedererstehen zu lassen. Es ist von Natur aus *nostalgisch*. Im Theater jedoch lebt das Spektakel, entwickelt sich, schafft Kommunikation. Das ist eine ganz andere Äußerungsform des kreativen Geistes.

Ein Filmregisseur erinnert an einen Sammler. Seine Einstellungs-Exponate präsentieren ein Leben, das er aus einer Riesenmenge ihm teurer Details, Ausschnitte konstituiert und ein für allemal fixiert hat. Ein Teil davon kann auch der Schauspieler und seine Figur sein. Doch das muß nicht unbedingt so sein.

Der Schauspieler ist, wie Kleist einmal sehr treffend bemerkte, einem Schnee-Bildhauer vergleichbar. Daher ist er beglückt über den Kontakt mit dem Publikum im Moment seiner Inspiration. Und es gibt nichts Wichtigeres und nichts Höheres als diesen Moment der Einheit, in dem Schauspieler und Zuschauer durch ihre Kommunikation Kunst schaffen. Eine Theateraufführung existiert nur so lange, wie ein Schauspieler als Schöpfer tätig ist, solange er anwesend, vorhanden ist, solange er physisch und geistig lebendig ist. Ohne Schauspieler gibt es auch kein Theater.

Im Unterschied zu einem Filmschauspieler muß ein Bühnendarsteller unter der Leitung des Regisseurs seine Rolle innerlich selbst *strukturieren* – vom Anfang bis zum Ende. Er muß sozusagen das Lineament seiner Gefühle auf der Grundlage des gesamten Inszenierungskonzepts selbst *gestalten*. Für den Film dagegen ist eine solche Selbststrukturierung, die Verteilung der Akzente, der Kräfte, der Intonationen durch den Schauspieler entschieden abzulehnen, da der Schauspieler nicht die Teile kennen kann, aus denen sich der Film zusammensetzen wird. Seine einzige Aufgabe besteht darin, zu leben und dem Regisseur zu vertrauen. Der Regisseur wählt jene Momente seiner Existenz aus, welche die Idee des Films am klarsten zum Ausdruck bringen. Der Schauspieler darf sich nicht selbst im Wege stehen, darf seine Freiheit nicht übertreiben, die unvergleichlich, fast göttlich ist.

Bei der Filmarbeit bemühe ich mich, so wenig wie möglich den Schauspieler mit Gesprächen zu quälen. Ich bin auch entschieden dagegen, daß ein Schauspieler selbst einen Zusammenhang des von ihm gespielten Ausschnitts mit dem Filmganzen herstellt. Ja, er soll dies nicht einmal mit Szenen tun, die an den eigenen Part grenzen. So hielt ich es zum Beispiel in der Szene, in der die Heldin des »Spiegels«, den Ehemann und Vater ihrer Kinder erwartend, zigarettenrauchend auf einem Zaun sitzt, für gut, daß die Schauspielerin Margarita Terechowa das Drehbuchsujet noch nicht kannte: Um diese Rolle richtig spielen zu können, sollte sie noch nicht wissen, ob ihr Mann in den folgenden Szenen zu ihr zurückkehrt oder überhaupt nicht mehr kommt. Ich verschwieg der Schauspielerin hier das Sujet, damit sie dieses *nicht etwa spielen* würde. Sie sollte in diesem Augenblick vielmehr in derselben seelischen Verfassung sein wie damals meine Mutter, das Vorbild ihrer Rolle, die ihr Schicksal nicht voraussah. Man wird mir wohl zustimmen, daß das Verhalten der Terechowa in dieser Szene ein anderes gewesen wäre, hätte sie um ihre künftigen Beziehungen zu ihrem Mann gewußt. Ihr Verhalten wäre nicht nur anders gewesen, sondern auch nicht aufrichtig, verzerrt durch ihre Vorinformation; sie hätte entsprechend dem Ausgang der Geschichte die Szene resigniert gespielt. Eher beiläufig, unbewußt, ohne es selbst zu wollen, wenn dies nicht auch der Regisseur gewollt hätte, brachte Margarita Terechowa hier ein Gefühl letzter Erwartung ein, und wir spürten das deutlich. Im Film jedoch sollten wir nur die Einmaligkeit ebenjenes Moments empfinden, losgelöst von allen anderen.

Was dem Willen des Schauspielers zuwiderläuft, geht zu Lasten des Regisseurs. Im Theater dagegen sollen wir in jeder Szene die philosophische Konzeption des Bildes erkennen. Für das Theater wäre das natürlich und das einzig Richtige. Wenn also die Schauspielerin das künftige Schicksal der Heldin des »Spiegels« bereits gekannt hätte, wäre das für sie nicht ohne Folgen geblieben. Für uns jedoch war es wichtig, daß sie diese Minuten so durchlebte, als ob es Minuten ihres eigenen Lebens wären, dessen »Drehbuch« ihr zum Glück unbekannt war. Vermutlich hätte sie dann zwischen Hoffnung und Resignation geschwankt. Im Rahmen der gegebenen Umstände – also des Wartens auf den Ehemann – mußte die Schauspielerin ein geheimnisumwobenes Stück eigenen Lebens durchmachen, das für sie in völliges Dunkel gehüllt war.

Das Wichtigste ist, daß der Schauspieler entsprechend seiner psycho-physischen, emotionalen und intellektuellen Struktur einen nur ihm selbst eigenen seelischen *Zustand* zum Ausdruck bringt, in einer Form, die nur ihm eigen ist. Auf welche Weise er das tut, ist egal. Das bedeutet, daß man meiner Meinung nach kein Recht hat, einem Schauspieler eine Ausdrucksform aufzuzwingen, wenn ein bestimmter Seelenzustand tatsächlich zu seiner Individualität gehört. Jeder Mensch erlebt ein und dieselbe Situation auf eigene, einmalige Art. Von den von Schwermut und Trauer Geplagten etwa suchen die einen sich zu eröffnen, sozusagen ihre »Seele auszugießen«, während andere sich verschließen, mit ihrem Schmerz allein bleiben wollen.

In vielen Filmen konnte ich beobachten, wie Schauspieler die Gesten und Verhaltensformen ihres Regisseurs kopieren. Das war so bei Wassilij Schukschin, der stark unter dem Einfluß

Sergej Gerasimows stand,[36] ebenso bei Kurawljow, als dieser unter Schukschins Regie spielte. Ich erwischte ihn dabei, wie er Schukschin regelrecht nachäffte. Ich verpflichte die Schauspieler niemals zu einem bestimmten Rollenverständnis und bin bereit, ihnen völlige Freiheit einzuräumen, wenn sie mir vor den Dreharbeiten ihre absolute Unabhängigkeit von einem Grundkonzept bewiesen haben.

Wenn ein Regisseur seinen Schauspieler in einen bestimmten Zustand versetzen will, muß er diesen zunächst einmal in sich selbst empfinden. Nur so wird er den richtigen Ton treffen können. So kann man etwa nicht in ein unbekanntes Haus gehen, um dort eine andernorts bereits einstudierte Szene zu drehen. Es ist schließlich ein fremdes Haus, in dem unbekannte Menschen leben. Und daher kann es auch Menschen, die aus einer anderen Welt stammen, nicht helfen, sich auszudrücken.

Die Hauptaufgabe des Regisseurs bei der Erarbeitung einer Filmszene besteht vor allem darin, die Schauspieler jeweils in einen authentischen, glaubhaft überzeugenden seelischen Zustand zu versetzen. Selbstverständlich muß man jeden Schauspieler anders anpacken. Die Terechowa kannte also das Gesamtdrehbuch nicht, sondern spielte lediglich einzelne Abschnitte daraus. Als sie endlich begriffen hatte, daß ich ihr das Sujet des Films und den gesamten Sinn ihrer Rolle keinesfalls mitteilen würde, war sie völlig bestürzt. Das Mosaik der von ihr dargestellten Passagen, die ich dann später in eine einheitliche Bildstruktur brachte, verwirklichte sie also intuitiv. Anfangs war das ziemlich schwierig. Es fiel ihr nicht leicht, sich mir einfach *anzuvertrauen*, mir zu glauben, daß ich an ihrer Stelle, sozusagen »für sie«, voraussehen könne, was schließlich aus ihrer Rolle würde.

Zuweilen hatte ich es auch mit Schauspielern zu tun, die meinem Konzept bis zum Schluß kein rechtes Vertrauen entgegenbrachten. Sie strebten irgendwie die ganze Zeit danach, Regisseur ihrer eigenen Rolle zu sein, nachdem sie sie aus dem Kontext des künftigen Films gelöst hatten. Ich halte solche Darsteller für unprofessionell. Für mich ist derjenige ein professioneller Filmschauspieler, der sich schnell, natürlich und vor allem ohne erkennbare Anstrengung auf jede beliebige, ihm nahegebrachte Spielregel einlassen kann. Er muß in der Lage sein, auf jede improvisierte Situation spontan und *individuell* zu reagieren. Mich interessiert nur die Arbeit mit solchen Schau-spielern. Mit anderen zu arbeiten, finde ich einfach belanglos, sie spielen doch nur mehr oder weniger vereinfachte »Allge-meinplätze«.

Was für ein glänzender Schauspieler war dagegen der inzwi-schen verstorbene Anatolij Solonizyn, der mir jetzt so außeror-dentlich fehlt! Auch Margarita Terechowa hatte bei ihrer Arbeit im »Spiegel« dann letztlich doch verstanden, was von ihr erwartet wurde, so daß sie leicht und frei, mit grenzenlosem Vertrauen in das Regiekonzept spielte. Dies sind Schauspieler, die einem Regisseur wie Kinder glauben. Und dieses Vertrauen inspiriert mich dann ganz außerordentlich.

Anatolij Solonizyn war tatsächlich ein geborener Filmschau-spieler, ein nervös-sensibler Mensch, leicht zu beeinflussen, emotional leicht zu entfachen – es war nicht schwer, ihn in die nötige seelische Verfassung zu versetzen.

Sehr wichtig ist für mich, daß ein Schauspieler nur ja nicht die obligatorische, meines Erachtens nach völlig absurde Frage des nach dem traditionellen Stanislawskij-System ausgebildeten sowjetischen Schauspielers stellt: »Warum, weshalb und mit welcher Grundidee?« Anatolij Solonizyn belästigte mich glück-licherweise nie mit solchen Fragen. Er hatte den Unterschied zwischen Theater und Film begriffen.

Oder nehmen wir einen Schauspieler wie Nikolaj Grigorje-witsch Grinjko, der häufig in meinen Filmen spielte. Grinjko ist ein sehr liebenswerter, nobler Mensch und Schauspieler. Ich liebe und schätze ihn sehr wegen seiner Aufrichtigkeit und Sensibilität, wegen seines seelischen Reichtums.

Als man René Clair einmal nach seiner Arbeit mit Schauspie-lern fragte, antwortete er, er »arbeite« mit ihnen gar nicht, sondern er bezahle sie. In diesem vermeintlichen Zynismus, dessen ihn seinerzeit die sowjetische Kritik beschuldigte, steckt im Grunde eine hohe Achtung des Schauspielerberufs. Jeden-falls ein tiefes Vertrauen zu dem, der sein Handwerk tatsächlich beherrscht. Zuweilen muß ein Regisseur aber auch mit Men-schen *arbeiten*, die ganz und gar nicht zu Schauspielern taugen. Wie großartig dagegen etwa Antonionis Schauspielerarbeit in seinem Film »L'Avventura« oder jene von Orson Welles in »Citizen Kane«. Bei ihnen kommt einfach das Gefühl auf, *einmalig überzeugende* Figuren vor sich zu haben. Doch das ist eine qualitativ ganz andere, filmspezifische Überzeugungskraft, die sich *prinzipiell* von der Expressivität eines Theaterschauspielers unterscheidet.

So kam es seinerzeit nicht zu einer wirklich kreativen Zusammenarbeit mit Donatas Banionis, der die Hauptrolle in meinem »Solaris«-Film spielte. Banionis gehört nämlich zur Kategorie analytischer Schauspieler, die einfach nicht arbeiten können, wenn sie noch nicht *begriffen* haben, »wozu« und »weshalb« sie etwas spielen. Er ist unfähig, spontan, aus sich heraus zu spielen, und muß seine Rolle zunächst erst einmal strukturieren. Das heißt, er braucht genaue Informationen über den Zusammenhang der einzelnen Passagen und über die anderen Schauspieler, die nicht nur in seinen eigenen Szenen, sondern überhaupt im Film mitspielen. Auf diese Weise versucht er, sich selbst an die Stelle des Regisseurs zu setzen, was wahrscheinlich eine Folge langjähriger Theaterarbeit ist. Er kann sich einfach nicht mit dem Gedanken abfinden, daß ein Filmschauspieler außerstande ist, sich den fertigen Film vorzustellen. Sogar der beste Regisseur, der genau weiß, was er will, kann dies nicht immer. Dennoch gelang Donatas die Rolle Kelvins sehr, und ich bin dem Schicksal dafür dankbar, daß gerade er sie gespielt hat. Aber die Arbeit mit ihm war alles andere als leicht.

Ich habe bereits an anderer Stelle gesagt, daß man mit jedem Schauspieler anders umgehen muß. Ja mehr noch, man muß sogar ein und denselben Schauspieler – je nach seiner Rolle – ganz verschieden behandeln. Hier muß der Regisseur durchaus erfinderisch sein, um die gewünschte Wirkung zu erzielen. Nehmen wir zum Beispiel Kolja Burljajew, der in »Andrej Rubljow« den Boris, den Sohn des Glockengießers, spielte. Nach »Iwans Kindheit« stand er das zweite Mal bei mir vor der Kamera. Während der Dreharbeiten mußte ich ihm durch meine Assistenten das Gerücht hinterbringen lassen, daß ich mit seiner Arbeit außerordentlich unzufrieden sei und die Szene möglicherweise mit einem anderen Schauspieler wiederholen werde. Für mich war es einfach dringend nötig, daß er in seinem Rücken eine drohende Katastrophe spürte und unsicher wurde – und daß er diese Unsicherheit auch überzeugend in seiner Rolle zum Ausdruck brachte. Burljajew ist ein äußerst zerstreuter, auf Effekt bedachter und oberflächlicher Schauspieler mit einem gleichsam künstlichen Temperament. Gerade deswegen sah ich mich gezwungen, ihn zu verunsichern. Trotz allem spielte er seine Rolle nicht auf dem Niveau meiner Lieblingsdarsteller Irma Rausch, Anatolij Solonizyn, Nikolaj Grinjko oder der Beischenowa und der Nasarowa.

Auch der Schauspieler Iwan Lapikow, der meiner Meinung nach die Rolle des Kirill viel zu vordergründig spielt, hebt sich aus der allgemeinen schauspielerischen Tonlage dieses Filmes zu sehr heraus. Er ist theatralisch, das heißt, er spielt das Konzept, seine Beziehung zur Rolle, seinen Charakter.

Was ich hier eigentlich meine, macht ein Blick auf Ingmar Bergmans »Schande« deutlich. In diesem Film gibt es praktisch keine einzige sogenannte Schauspielerpassage, in der ein Schauspieler die Regie-Idee »vorträgt«, also die Konzeption eines Charakters und seine Beziehung zu ihm spielt, als würde er es aus der Perspektive ebendieser Grundidee sehen. Der Schauspieler ist hier hinter einer lebendigen Figur verborgen, geht völlig in ihr auf. Die Helden dieses Filmes sind ein Spielball der Umstände, denen sie völlig ausgeliefert sind, und verhalten sich dementsprechend. Sie versuchen uns weder eine Idee, noch eine Schlußfolgerung aus dem Geschehenen mitzuteilen, sie überlassen dies alles dem Film als ganzem und der Idee des Regisseurs. Und diese Aufgabe bewältigen sie in geradezu glänzender Weise! Man kann bei diesen Menschen niemals mit Bestimmtheit sagen, wer von ihnen »böse« oder »gut« ist. So könnte ich zum Beispiel niemals sagen, daß Max von Sydow ein schlechter Mensch ist. Alle Menschen sind hier ein wenig gut und ein wenig schlecht. In diesem Film wird niemand verurteilt, weil seine Darsteller ohne auch nur einen Anklang von Tendenz spielen. Weil der Regisseur die äußeren Umstände dazu einsetzt, um zu untersuchen, wie der Mensch in Ausnahmesituationen reagiert, wenn alle ethischen Werte in Frage gestellt sind. Das heißt, der Regisseur benutzt sie hier keinesfalls zur Illustration einer a priori gegebenen Idee.

Man schaue sich nur einmal die phantastisch erarbeitete Rolle Max von Sydows an. Das ist ein sehr guter Mensch. Ein sanfter und sensibler Musiker. Scheinbar ein Feigling. Doch längst nicht jeder kühne Mensch ist zugleich gut, wie auch nicht jeder Feigling automatisch ein Schurke sein muß. Sicher ist der Held in Bergmans »Schande« ein charakterschwacher Mensch. Seine Frau ist da erheblich stärker, bei ihr holt er sich auch

Kräfte, um seine Angst zu überwinden. Und doch reicht dies bei weitem nicht aus. Er leidet an der eigenen Schwäche, an seiner Verletzbarkeit und fehlenden Widerstandsfähigkeit. Versucht sich zu verstecken, in eine Ecke zu verkriechen, nichts zu sehen und nichts zu hören – und er tut dies wie ein Kind, naiv und völlig aufrichtig. Doch als ihn dann das Leben dennoch zwingt, sich zu verteidigen, verwandelt er sich augenblicklich in einen Schurken. Er verliert dabei das Beste, das in ihm steckte, aber die ganze Dramatik und Absurdheit der Situation besteht darin, daß er gerade mit dieser neuen Eigenschaft jetzt für seine Frau wichtig wird. Sie, die ihn bisher verachtet hat, braucht ihn nunmehr und sucht Schutz und Rettung bei ihm. Ja, sie kriecht ihm sogar dann noch nach, als er sie ins Gesicht schlägt und hinauswirft. Hier klingt die uralte Idee von der Passivität des Guten und der Aktivität des Bösen an. Doch wie komplex wird sie zum Ausdruck gebracht! Der Mann, der zunächst nicht einmal ein Huhn zu töten vermochte, wird zu einem Zyniker, als er endlich eine Methode der Selbstbehauptung gefunden hat. In diesem Charakter steckt etwas von Hamlet.

Denn meiner Meinung geht der Prinz von Dänemark nicht erst nach dem Duell zugrunde, wo er seinen physischen Tod stirbt. Das geschieht vielmehr gleich nach der »Mausefalle«, als er die Unerbittlichkeit der Lebensgesetze erkannt hat, die ihn, den Humanisten und Intellektuellen, dazu zwingen, es dieser nichtswürdigen Kreatur gleichzutun, die sich in Elsinore eingenistet hat. Auch der von Max von Sydow verkörperte finstere Typ schreckt jetzt vor nichts mehr zurück: Er mordet und rührt keinen Finger zur Rettung eines Nächsten. Er *handelt* zu seinem eigenen Wohl und Nutzen. Man muß in der Tat ein äußerst aufrechter Mensch sein, um Angst und Schrecken vor der schmutzigen Notwendigkeit von Mord und Totschlag zu empfinden. Wenn ein Mensch diese Angst verliert, sozusagen »mutig« wird, dann kommen ihm dabei auch seine Spiritualität, seine intellektuelle Aufrichtigkeit und seine Unschuld abhanden. Gerade der Krieg mobilisiert in den Menschen besonders deutlich grausame, antihumane Kräfte. In dem Film Bergmans wird der Krieg zu einem Phänomen, das uns das Menschenbild dieses Regisseurs ebenso klar enthüllt, wie es die Krankheit der Heldin in seinem Film »Wie in einem Spiegel« tut.

In der Regel weiß ich noch nicht im vorhinein, welcher

Schauspieler in meinen Filmen mitspielen wird. Die einzige
Ausnahme bildete wahrscheinlich Anatolij Solonizyn, der zu
seinen Lebzeiten in jedem meiner Filme vertreten war. In
meiner Beziehung zu ihm steckte fast etwas Abergläubisches.
Auch das Drehbuch von »Nostalghia« hatte ich mit Blick auf
ihn hin geschrieben. Es ist beinahe schon symbolisch, daß der
Tod dieses Schauspielers mein künstlerisches und auch mein
persönliches Leben in zwei Hälften trennte: in jenes, das in
Rußland lag, und in das, was danach begann.

Die Darstellerwahl ist für mich gewöhnlich ein quälend
langer Prozeß. Bis etwa zur Mitte der Dreharbeiten ist es *völlig*
unmöglich zu sagen, ob man den Schauspieler richtig gewählt
oder ob man geirrt hat. Ja, am schwierigsten ist es vielleicht,
Vertrauen in die Richtigkeit meiner Wahl zu entwickeln, daran
zu glauben, daß die Individualität des gewählten Schauspielers
auch tatsächlich meinen Vorstellungen entspricht. Bei dieser
Wahl sind mir meine Assistenten eine große Hilfe. Als wir
»Solaris« vorbereiteten, fuhr Larissa Pawlowna Tarkowskaja,
meine Frau und hilfreiche Stütze, in das Leningrader Filmstu-
dio, um dort einen Darsteller für die Rolle Snauts zu finden. Sie
brachte den hervorragenden estnischen Schauspieler Juri Jarvet
mit, der damals in Grigorij Kosinzews »King Lear«-Verfilmung
mitspielte.

Von Anfang an war uns klar, daß wir für Snauts Rolle einen
Darsteller mit einem naiven, verschreckten und verstörten Blick
brauchten. Mit seinen wunderbar blauen Kinderaugen entsprach Jarvet unseren Vorstellungen geradezu hervorragend.
Heute bedaure ich es zutiefst, daß wir ihn damals seinen Text
russisch sprechen ließen. Da wir so immer wieder nachdrehen
mußten, hätten wir besser gleich an eine Synchronisierung
denken und ihn lieber estnisch sprechen lassen sollen. Er hätte
dann sicher noch freier, deutlicher und nuancenreicher gespielt.

Als wir einmal eine Szene mit ihm probten, bat ich Jarvet das
Ganze noch einmal zu wiederholen und es ein klein wenig
»trauriger« zu bringen. Jarvet tat alles genau nach Wunsch.
Und als wir dann die Szene abgedreht hatten, fragte er mich in
seinem schauderhaften Russisch: »Was bedeutet eigentlich ›ein
wenig trauriger‹?«

Der Film unterscheidet sich vom Theater – wie gesagt –
dadurch, daß er Individualität in einem Mosaik von Ablichtun-

gen auf dem Filmstreifen festhält, aus denen dann der Regisseur eine künstlerische Einheit konstituiert. Das Theater dagegen erfordert eine Schauspielerarbeit, bei der gerade auch das Spekulativ-Analytische von großer Bedeutung ist: Hier wird es wichtig, das Prinzip jeder einzelnen Darstellung im Kontext des Gesamtkonzepts zu bestimmen, das Aktionsschema der beteiligten Personen zu skizzieren, die Sphäre ihrer gegenseitigen Beeinflussung, eine allgemeine Linie des schauspielerischen Verhaltens und ihrer Motivation zu erarbeiten. Im Film jedoch kommt es ausschließlich auf die Wahrheit jeweils momentaner Zustände, Verfassungen an. Doch wie schwierig ist es manchmal, diese Wahrheit zu erreichen, wie schwierig ist es, den Schauspieler nicht daran zu hindern, in der Einstellung sein Leben zu leben! Wie schwierig ist es, bis zu den geheimsten Tiefen der psychologischen Verfassung eines Schauspielers vorzudringen, die ihm bei der Verkörperung seiner Rolle erstaunliche Möglichkeiten verleiht, um sich selbst auszudrücken.

Ein inszeniertes Leben kann kein dokumentarisches sein. Wenn man nun einen Spielfilm analysiert, so kann und sollte man sicher untersuchen, *wie und auf welche Weise* der Regisseur hier das Leben vor dem Objekt organisiert hat, nicht aber die Methoden, derer sich der Kameramann beim Filmen dieser Aktion bedient hat. Otar Ioseliani[37] kommt zum Beispiel vom »Blätterfall« über »Es war einmal eine Singdrossel« zur »Pastorale«. Und nur ein sehr oberflächlicher und gleichgültig-formaler Blick bleibt an den hier dokumentierten Details kleben, ohne dabei das Wichtigste, Ioselianis poetische Weltsicht zu bemerken. Ob seine Kamera – also seine Art zu filmen – nun »dokumentarisch« oder poetisch ist, spielt für mich überhaupt keine Rolle. Jeder Künstler trinkt sozusagen aus der eigenen Quelle. Und für den Autor der »Pastorale« gibt es eben nichts Wertvolleres als einen Lastwagen auf einer staubigen Straße, als die konsequente und skrupulöse Verfolgung der Sommergäste auf ihrem Spaziergang, der von alltäglicher Belanglosigkeit und dennoch voller Poesie ist. Davon möchte er ohne besondere Romantisierung und äußeres Pathos berichten.

Eine auf diese Weise zum Ausdruck gebrachte Liebe ist hundertmal überzeugender als die pseudopoetische Intonation in Nikita Michalkow-Kontschalowskijs »Romanze von den Verliebten«. In diesem Film wird großspurig dahergeredet, entsprechend den Gesetzen irgendeines erfundenen Genres, von dem der Regisseur schon während der Dreharbeiten gewichtig und hochtrabend getönt hatte. Und was für eine Kälte, was für eine unerträgliche Anmaßung und Unaufrichtigkeit strömt dieser Film aus! Kein Genre dieser Welt vermag eine Rechtfertigung dafür zu sein, daß ein Regisseur mit fremder Stimme über ihm völlig gleichgültige Dinge redet. Nichts ist irriger als die Annahme, Otar Ioselianis Filme seien »prosaisch«, die von Nikita Michalkow-Kontschalowskij dagegen höchst »poetisch«. Nur verkörpert sich das Poetische bei Ioseliani in dem, was er liebt, und nicht etwa in dem, was er sich ausdenkt, um damit die Pseudo-Romantik seiner Lebenssicht zu demonstrieren.

Überhaupt kann ich alle diese Aufkleber und Schubläden nicht ertragen! Es berührt mich beispielsweise seltsam, wenn man von Bergmans »Symbolismus« redet. Für mich wird hier eher das Gegenteil offenkundig: Bergman stößt mit einem fast biologischen Naturalismus zu einer im geistigen Sinne menschlichen Wahrheit vor, die für ihn wichtig ist.

Ich will damit sagen, ob ein Regisseur Tiefe besitzt oder nicht, wird daran deutlich, weshalb er dreht. Wie und mit welcher Methode er das tut, ist völlig unwesentlich.

Ein Regisseur sollte nicht etwa über den »poetischen«, »intellektuellen« oder »dokumentarischen« Stil nachdenken, sondern einzig und allein darüber, daß er seine eigenen Ideen konsequent bis zum Schluß durchhält. Was für eine Kamera er dafür benutzt, ist seine Privatsache. Denn in der Kunst kann es keine dokumentarische Authentizität und Objektivität geben. Die Objektivität ist hier immer die eines Autors, das heißt, sie ist subjektiv. Dies gilt sogar in dem Fall, wo dieser Autor Dokumentarmaterial montiert.

Wenn meiner Ansicht nach Darsteller ausschließlich lebensecht spielen sollen, dann erhebt sich die Frage, was man zur Tragikomödie, Farce oder zum Melodram sagen soll, wo die Darbietung des Schauspielers doch durchaus hyperbolisch sein kann.

Eine unkritische Übertragung theatralischer Gattungsbegriffe auf den Film scheint mir grundsätzlich unangebracht. Schon deshalb, weil das Theater ja mit einem ganz anderen Maß an konventionellen Gegebenheiten operiert. Wenn von filmischen »Gattungen« gesprochen wird, dann geht es in der Regel um kommerzielle Filmproduktion, um Situationskomödie, Western, psychologische Dramen, Krimi, Musical, Horror- und Katastrophenfilm, Melodram usw. Doch hat dies alles vielleicht etwas mit Kunst zu tun? Das sind »Massenmedien«, Gebrauchsartikel, wenn man so will. Der Filmkunst wurden diese inzwischen leider allgegenwärtigen Formen von außen, von kommerziellen Interessen aufgezwungen. Doch das Kino im eigentlichen Sinne kennt nur eine einzige Form des Denkens – die des Poetischen, das das Unvereinbare und Paradoxe vereint, Filmkunst zu einer adäquaten Ausdrucksform der Gedanken und Gefühle seines Autors macht.

Das wirkliche Filmbild basiert auf einer Überwindung der Gattungsgrenzen. Und der Filmkünstler bemüht sich hier eindeutig darum, seine Ideale zum Ausdruck zu bringen, die in den Parametern einer Gattung nicht zu erfassen sind.

In welchem Genre arbeitet denn etwa Robert Bresson? Doch wohl in gar keinem. Bresson ist Bresson. Er ist ein Genre für sich. Antonioni, Fellini, Bergman, Kurosawa, Buñuel sind doch letztlich nur mit sich selbst identisch. Und Chaplin? Repräsentiert er etwa die Filmkomödie? Nein, er ist nur Chaplin und weiter gar nichts, ein einmaliges, unwiederholbares Phänomen. Schon allein von dem Begriff »Gattung« geht Eiseskälte aus. Künstler sind aber doch eigene Mikrokosmen. Wie soll man sie da in die konventionellen Grenzen irgendeiner Gattung pressen? Daß Bergman auch eine Filmkomödie kommerziellen Zuschnitts zu drehen versuchte, ist eine andere Sache. Er hat das übrigens nicht sonderlich erfolgreich gemacht. Den Ruhm seines Namens trugen ganz andere Filme in die Welt.

Nehmen wir mal Chaplin. Hier haben wir die Hyperbel in Reinkultur, aber das Wesentlichste ist, daß Chaplin in jeder Sekunde durch das wahrheitsgetreue Verhalten der von ihm verkörperten Helden fasziniert. Selbst in der mißlichsten Situation ist er immer noch natürlich und reizt auf diese Weise zum Lachen. Seine Helden sind gerade durch die Absurdität der hyperbolisierten Welt, die sie umgibt, von bezwingender Logik. Manchmal scheint es, als sei Chaplin bereits vor über 300 Jahren gestorben. So sehr ist er Klassiker, eine absolute Größe.

Kann es etwas Paradoxeres geben als diese unwahrscheinliche Situation, in der ein Mensch, der gerade Spaghetti ißt, unbemerkt auch gleich noch von der Zimmerdecke herabhän-

gende Papierschlangen mit hinunterwürgt? Doch Chaplins
Darstellungsweise bleibt dabei fast naturalistisch ungekünstelt.
Selbstverständlich wissen wir, daß das alles Fiktion und Übertreibung ist. Doch da die Darstellung dieser hyperbolischen
Idee völlig wahrheitsgetreu und natürlich bleibt, wirkt sie auch
überzeugend und überwältigend komisch. Chaplin spielt hier
nicht. Er lebt in diesen zuweilen völlig idiotischen Situationen
ein ausgesprochen natürliches Leben.

Das Kino hat seine eigene Spezifik schauspielerischer Darstellung. Das bedeutet allerdings überhaupt nicht, daß Filmregisseure stets auf dieselbe Art und Weise mit ihren Darstellern
arbeiten: Fellinis Schauspieler unterscheiden sich selbstverständlich von denen Bressons. Einfach schon deshalb, weil diese
Regisseure jeweils ganz andere menschliche Typen brauchen.

Wenn man sich beispielsweise heute die Stummfilme des
seinerzeit beim breiten russischen Publikum äußerst populären
Jakow Protasanow[38] anschaut, dann fällt einem unangenehm
auf, wie absolut hier die Schauspieler reinen Theaterkonventio-
nen unterworfen werden. Wie schamlos hier veraltete Theater-
schablonen eingesetzt und schauspielerische Plastizität mit aller
Gewalt herbeigezwungen wird. Diese Filme geben sich alle
Mühe, in der Komödie komisch und in dramatischen Situationen so »ausdrucksvoll« wie nur irgend möglich zu wirken. Doch
je bemühter sie dies tun, um so deutlicher erwies sich dann im
Laufe der Jahre auch die Unhaltbarkeit ihrer »Methode«. Die
Mehrheit der frühen Filme alterte auch deshalb so schnell, weil
sie keinen Sinn für die Besonderheiten des schauspielerischen
Verhaltens entwickelten.

Die Schauspieler in Bressons Filmen werden dagegen meiner
Meinung nach niemals altmodisch wirken. Ebensowenig wie
wohl auch diese Filme selbst. Denn in ihnen gibt es nichts
Herausragendes, Spektakuläres. Dafür aber eine sehr tiefe
Wahrheit menschlichen Selbstgefühls. Seine Schauspieler mi-
men keine Bilder, sondern leben vor unser aller Augen ihr
zutiefst verinnerlichtes Leben. Man denke nur an »Mouchette«!
Könnte hier irgend jemand auf den Gedanken kommen, daß die
Hauptdarstellerin in diesem Film auch nur eine Sekunde lang
an den Zuschauer gedacht hätte? Darüber, wie sie ihm die
»Tiefe« ihres Erlebens vermitteln müsse? Zeigt sie dem Zu-
schauer, wie »schlecht« es ihr geht? Nein, das tut sie niemals, an

keiner einzigen Stelle. Sie scheint noch nicht einmal auf die Idee zu kommen, daß ihr inneres Leben ein Gegenstand der Beobachtung sein, von irgend etwas zeugen könne. Sie lebt in ihrer verschlossenen, tiefen, konzentrierten Welt und fasziniert uns gerade deshalb. Und ich bin fest überzeugt, daß dieser Film noch jahrzehntelang auf uns denselben überwältigenden Eindruck wie bei seiner Premiere machen wird. Genauso, wie auch Carl Theodor Dreyers stummer Jeanne d'Arc-Film[39] heute noch auf uns wirkt.

Doch aus der Geschichte lernt bekanntlich niemand. So wenden sich nun moderne Filmemacher wieder dieser schon überwunden geglaubten theatralischen Darstellungsweise der Vergangenheit zu. An Larissa Schepitkos Film »Der Aufstieg« (besser: »Die Erhöhung« Anm. d. Übers.) überzeugte mich doch nicht endgültig der nachdrückliche Wunsch nach vieldeutiger »Expressivität«, was dann zur Eindeutigkeit einer »gleichnishaften« Erzählweise führte. Ebenso wie auch andere Regisseure wollte Larissa Schepitko den Zuschauer aus irgendeinem Grunde durch übertrieben akzentuierte Erlebnisse ihrer Heldin »erschüttern«. Sie schien zu befürchten, daß man sie nicht verstehen werde, und stellte ihre Helden auf geradezu unglaubliche Kothurne. Sogar die Ausleuchtung der Schauspieler war hier von der Sorge diktiert, der Erzählung eine besondere »Vieldeutigkeit« zu geben. Doch leider verkehrt sich diese dann in Spekulation und Unglaubwürdigkeit. Um den Zuschauer zum Mitleid *zwingen* zu können, zwang die Regisseurin ihre Darsteller, die Leiden der von ihnen verkörperten Gestalten zu demonstrieren. Alles an dem Film ist viel quälender und schmerzhafter als im Leben selbst. Und deshalb gehen von ihm Kälte und Gleichgültigkeit aus. Die Autorin hat gleichsam ihr eigenes Konzept nicht begriffen. Man sollte sich überhaupt nicht darum bemühen, »dem Zuschauer einen Gedanken nahezubringen« – das ist eine undankbare und sinnlose Aufgabe. Man *zeige* ihm besser das Leben, er wird es schon selber richtig einzuschätzen wissen. Es tut mir sehr leid, Derartiges über eine so ausgezeichnete Regisseurin sagen zu müssen, wie es Larissa Schepitko war.

Das Kino braucht keine Schauspieler, die »spielen«. Es wird einem regelrecht übel, wenn man mit ansehen muß, wie Schauspieler immer noch beharrlich und ausführlich ihren Text der

Zuschauern zu erklären versuchen, obwohl diese schon längst
begriffen haben, wie sie reagieren sollen. Doch die Schauspieler insistieren weiter und scheinen auf die Vorstellungskraft
ihrer Zuschauer nicht viel geben zu wollen. Worin liegt dann
aber eigentlich noch der Unterschied zwischen solchen Schauspielern und Iwan Mozschuchin zum Beispiel, dem »Star« des
vorrevolutionären russischen Films? Etwa darin, daß die Filme
inzwischen auf technisch anderem Niveau gemacht werden? In
der Kunst bedeutet technisches Niveau als solches noch gar
nichts. Sonst könnte man ja gleich sagen, Film habe mit Kunst
nichts zu tun. Daß es hier nur um rein kommerzielle Show-
Probleme geht, die den Kern der Sache, das Geheimnis filmischer Wirkung überhaupt, nicht tangieren. Wenn dem so wäre,
dann könnten uns heute weder Chaplin, noch Dreyer oder
Dowshenkos »Erde« berühren. Aber sie wirken heute auf uns
noch ebenso stark wie früher.

Lächerlich sein bedeutet nicht etwa, jemanden zum Lachen
zu bringen. Ganz gewiß bedeutet es auch nicht, Mitleid zu
erregen, auf die Tränendrüsen der Zuschauer zu drücken. Eine
Hyperbel ist nur als Bauprinzip des Werkes insgesamt möglich,
als eine Eigenschaft seines Bildsystems, nicht aber als eine
seiner Methoden. Die Handschrift eines Schauspielers darf
weder gewollt, akzentuiert, noch kalligraphisch sein. Manchmal bringt das völlig Irreale die Wirklichkeit selbst zum Ausdruck. Schon Dimitrij Karamasow[40] sprach davon: »Der Realismus – was für ein übler Streich!«

Als eine Form des Erkennens tendiert jede Kunst zum Reali-
stischen, doch das Realistische ist natürlich nicht mit Milieube-
schreibung und Naturalismus gleichzusetzen. Oder hat etwa
ein Choralpräludium Johann Sebastian Bachs keinen Bezug zur
Wahrheit und ist daher in diesem Sinne nicht realistisch?

In unserer »Hamlet«-Inszenierung am Moskauer Komso-
mol-Theater wollten wir die Ermordung des Polonius folgendermaßen gestalten: Von Hamlet tödlich verletzt, kommt Polonius aus seinem Versteck heraus und drückt seinen roten Turban so gegen die Brust, als wollte er damit seine Wunde
verdecken. Dann läßt er ihn fallen, verliert ihn, versucht sich
umzudrehen, um ihn wieder aufzuheben, als wolle er hinter sich
aufräumen. Es ziemt sich nicht, vor seinem Herrn den Boden
mit Blut zu beschmieren, aber die Kräfte verlassen ihn. Der rote

Turban, den Polonius fallen läßt, war ein wirklicher Turban, aber auch ein Zeichen für Blut, seine Metapher. Wirkliches Blut kann im Theater nicht überzeugend eine poetische Wahrheit beweisen, wenn es in eindeutig naturalistischer Funktion eingesetzt wird. Im Film dagegen ist Blut – Blut, also kein Symbol, nichts, das für irgend etwas steht. Wenn daher der Held in Andrej Wajdas »Asche und Diamant«, der inmitten der zum Trocknen aufgehängten Wäsche tödlich getroffen wird, im Fallen ein weißes Wäschestück an sich drückt, so daß darauf ein dunkelroter Blutfleck – Rot und Weiß, die Farben der polnischen Fahne – erscheint, dann ist dies eher ein literarisches als ein kinematographisches Bild, wenngleich dieses Bild eine ungemein starke emotionale Wirkung besitzt.

Der Film hängt allzusehr vom Leben ab, schenkt ihm viel zu sehr Aufmerksamkeit, um es in ein Genre zu zwingen und Emotionen mit Hilfe von genrehaften Schablonen zu erzeugen – im Gegensatz zum Theater, das mit Ideen arbeitet, in dem sogar der Charakter eines Menschen Idee ist.

Selbstverständlich ist alle Kunst auch artifiziell. Sie symbolisiert nur die Wahrheit. Das ist eine allgemein bekannte Tatsache, doch darf man »Künstlichkeit«, die bloß auf mangelhaftem Können, auf fehlender Professionalität beruht, nicht als bewußte Stilisierung hinstellen, wenn diese Überzeichnung nicht auf die Erfordernisse einer bestimmten Bildlichkeit zurückgeht, sondern lediglich auf ein übertrieben angestrengtes Bemühen und das Bedürfnis, um jeden Preis Eindruck zu machen.

Der Wunsch – koste es, was es wolle –, als bemerkenswert kreativer Künstler erscheinen zu wollen, ist eher ein Zeichen von Provinzialismus. Man muß den Zuschauer, seine Würde achten. Man sollte ihm nicht ins Gesicht blasen, so etwas mögen nicht einmal Katzen und Hunde.

Natürlich ist das auch eine Frage des Vertrauens in den Zuschauer, wobei sicher nicht an jeden einzelnen gedacht werden kann, der da im Kinosaal sitzt. Der Künstler träumt von einem Höchstmaß an Verständigung, wiewohl er dem Zuschauer doch stets nur einen Bruchteil seiner Botschaft vermitteln kann. Doch sollte er sich nicht allzuviel Sorgen machen: Das einzige, woran er beharrlich denken sollte, ist, seine Idee so aufrichtig wie möglich auszudrücken. Oft sagt man den Schauspielern, sie hätten diesen oder jenen Gedanken zu vermitteln

Infolgedessen werden sie dann zu braven »Gedankenträgern«, und man opfert damit die Wahrheit des Bildes.

Das Bemerkenswerteste an Otar Ioselianis Film »Es war einmal eine Singdrossel« war das Vertrauen zu nichtprofessionellen Darstellern. Was bedeutete das? An der Authentizität des Hauptdarstellers bestehen keinerlei Zweifel: Er lebt auf der Leinwand ganz sicher und unübersehbar ein blutvoll authentisches Leben, das unmittelbaren Bezug zu jedem von uns, zu unseren eigenen Erlebnissen hat.

Um als Filmschauspieler ausdrucksvoll wirken zu können, genügt es nicht, einfach nur verständlich zu sein. Man muß auch aufrichtig, wahrhaftig sein, aber diese Aufrichtigkeit wird häufig nicht genügend verstanden.

Über Musik und Geräusche

Bekanntlich kam die Musik im Kino bereits zur Stummfilmzeit auf, als ein Klavierspieler das Geschehen auf der Leinwand durch eine musikalische Begleitung illustrierte, die dem Rhythmus und der emotionalen Spannung des jeweils Gezeigten entsprach. Das war eine ziemlich mechanische, zufällige und im illustrativen Sinne primitive Befrachtung des Bildes mit Musik. Seltsamerweise hat sich dieses Prinzip kinematographischen Musikeinsatzes fast durchweg in geradezu buchstäblichem Sinne bis heute erhalten. Eine Episode wird durch musikalische Begleitung »gestützt«, um ein weiteres Mal das Grundthema zu illustrieren und dessen emotionale Klangfarbe zu verstärken. Und manchmal soll die Musik einfach nur dazu dienen, eine mißlungene Szene zu retten.

Mir schwebt noch am ehesten eine Methode vor, bei der die Musik gleichsam als poetischer Refrain aufkommt. Begegnen wir in einem Gedicht einem poetischen Refrain, so kehren wir, bereichert durch die Information des gerade Gelesenen, wieder zurück zu jenem Ausgangspunkt, der den Autor beim ersten Mal zum Niederschreiben der Verszeilen inspirierte. Der Refrain läßt in uns jenen ursprünglichen Zustand wiedererstehen, mit dem wir in diese für uns neue poetische Welt eintraten. Gleichzeitig läßt er sie uns nunmehr unmittelbar und von neuem erfahren. Wir kehren sozusagen zu den Quellen zurück.

In einem solchen Fall verstärkt und illustriert die Musik nicht etwa nur einen parallelen Bildinhalt, sondern eröffnet die Möglichkeit eines neuen, qualitativ veränderten Eindrucks von ein und demselben Material. Wenn wir uns nun der entsprechenden, refrainartig provozierten musikalischen Elementarkraft aussetzen, dann kehren wir mit einem neuen emotionalen Erfahrungsschatz immer wieder zu den bereits durchlebten Gefühlen zurück. In einem solchen Falle verändert die Einführung eines musikalischen Elements das Kolorit, ja zuweilen sogar das Wesen des in der Einstellung fixierten Lebens. Mehr noch: Die Musik vermag in das Material bestimmte lyrische Intonationen hineinzutragen, die der Erfahrung des Autors entstammen. So ist im »Spiegel«, einem biographischen Film, die Musik häufig aus dem Leben selbst genommen, ist Teil der geistigen Erfahrung seines Autors und stellt eine wichtige Komponente für die Gestaltung der Welt des lyrischen Helden dieses Films dar.

Musik kann dann eine funktionale Rolle spielen, wenn das visuelle Filmmaterial in der Zuschauerrezeption eine bestimmte Deformation erfahren soll. Wenn es im Wahrnehmungsprozeß schwerer oder leichter, transparenter und zarter oder aber auch gröber und handfester erscheinen soll. Indem ein Regisseur diese oder jene Musik zum Einsatz bringt, erhält er die Möglichkeit, die Gefühle seiner Zuschauer in die ihm nötige Richtung zu lenken, deren Beziehungen zu dem visuell gezeigten Objekt zu verbreitern. Damit verändert sich nicht der Sinn des Objekts, aber es erhält auf solche Weise eine zusätzliche Farbtönung. Der Zuschauer rezipiert es – zumindest potentiell – im Kontext einer neuen Einheit, zu deren organischen Bestandteilen nunmehr auch die Musik gehört. Der Wahrnehmung wird also ein weiterer Aspekt hinzugefügt.

Ich hege die Hoffnung, die Musik möge in meinen Filmen nicht nur eine eindimensionale »Bildillustration« bleiben; auch möchte ich auf gar keinen Fall, daß sie als eine emotionale Aura der dargestellten Dinge rezipiert wird, die den Zuschauer *veranlassen* soll, die Darstellung in der von mir gewollten Intonation zu sehen. Filmmusik ist für mich in jedem Fall ein natürlicher Bestandteil der tönenden Welt, ein Teil des menschlichen Lebens, wenn es auch durchaus möglich ist, daß es in einem theoretisch konsequent erarbeiteten Tonfilm überhaupt keinen Platz mehr für Musik geben, daß sie hier von filmkünstlerisch immer interessanter konzipierten Geräuschen abgelöst wird, was mir wohl in meinen letzten beiden Filmen, »Stalker« und »Nostalghia«, gelang.

Um das filmische Bild tatsächlich voll und umfassend tönen zu lassen, muß man vermutlich ganz zielbewußt auf Musik verzichten. Strenggenommen bilden ja die filmisch und die musikalisch transformierte Welt zwei parallele, miteinander in Konflikt liegende Welten. Eine auf wirklich adäquate Weise organisierte *tönende Welt* ist schon ihrem Wesen nach musikalisch, also eine zutiefst kinematographische Musik.

Otar Ioseliani zum Beispiel operiert ganz hervorragend mit dem Ton, dennoch unterscheidet sich seine Methode völlig von der meinen: Er besteht auf einer Kulisse natürlicher Alltagsgeräusche, und zwar mit einer Beharrlichkeit, die uns derart nachdrücklich von der Gesetzmäßigkeit des auf der Leinwand Gezeigten überzeugt, daß man sich dieses schon gar nicht mehr ohne das detaillierte Phonogramm vorstellen kann.

Was ist eine naturalistisch exakt tönende Welt? Im Film ist das auf jeden Fall etwas Unvorstellbares, denn es müßte hier in einer Einstellung alles gleichzeitig vorhanden sein: Schritte, Lärm, Wortfetzen, Wind, Hundegebell, Hahnenschreie usw. Alle in der Einstellung festgehaltenen Bilder müßten auch im Phonogramm ihren klanglichen Ausdruck finden. Was herauskäme, wäre eine wahre Kakophonie, und der Film müßte letztlich auf die Tonebene völlig verzichten. Wenn keine Tonauswahl getroffen wird, wäre der entsprechende Film letztlich dem Stummfilm gleichzusetzen, da ihm ja das Bild der tönenden Welt, jedwede eigene Ton-Expressivität abgehen würde.

Wenn bei Bergman beispielsweise hallende Schritte in einem leeren Korridor, das Schlagen von Uhren oder Kleiderrascheln vorkommen, dann scheint der Regisseur die Töne hier naturalistisch einzusetzen. Doch in Wirklichkeit überzieht dieser »Naturalismus« die Töne, gliedert und hyperbolisiert sie. Er greift ein einziges Geräusch heraus und ignoriert dabei alle übrigen, nebensächlichen akustischen Ereignisse, die man im realen Leben ganz sicher wahrnehmen würde. So ist im »Licht im Winter« in der Szene, wo der Leichnam der Selbstmörderin am Flußufer gefunden wird, nur das Rauschen des Wassers zu hören. Während der ganzen Episode, in allen ihren Totalen und Halbtotalen, ist nichts anderes zu hören als dieses nie verstummende Rauschen des Wasser, man vernimmt überhaupt keine anderen Geräusche, weder die Schritte noch die Wörter, die sich die Leute am Ufer zurufen. Das ist ganz und gar Bergmans eigene akustische Expressivität.

Im Grunde neige ich zu der Auffassung, daß die Welt schon von sich aus sehr schön klingt, daß das Kino überhaupt keine Musik benötigt, wenn wir nur richtig zu hören lernten. Allerdings gibt es im modernen Film auch Beispiele eines hervorragenden, virtuosen Musikeinsatzes. So ertönen etwa in Bergmans »Schande« aus einem miserablen Transistorradio von Pfeif- und Summgeräuschen gestörte Partien wunderbarer Musikwerke. Oder denken wir an Nino Rotas phantastische Musik zu Fellinis »Achteinhalb«, die traurig, sentimental, auch ein wenig ironisch ist.

In einzelnen Szenen des »Spiegels« brachten wir zusammen mit dem Komponisten Artemjew elektronische Musik zum Einsatz, die meiner Meinung nach im Kino sehr große Anwendungsmöglichkeiten hat. Sie sollte sich hier wie ein fernes Echo, wie außerirdisches Rauschen und Stöhnen ausnehmen. Damit sollte eine Ersatzwirklichkeit ausgedrückt werden, zugleich aber auch konkrete Seelenzustände, Laute, die das Klingen des inneren Lebens sehr genau reproduzierten. Die elektronische Musik verschwindet genau in dem Moment, wo wir sie wahrzunehmen beginnen, wo wir begreifen, wie sie gestaltet wurde. Artemjew erzielte die Klänge auf sehr komplizierten Wegen. Der elektronischen Musik mußten alle Merkmale ihrer experimentell-künstlichen Herkunft genommen werden, um sie als ein organisches Klingen der Welt erfahren zu können.

Demgegenüber ist die Instrumentalmusik eine derart eigenständige Kunst, daß sie sich erheblich schwerer in einen Film als dessen organischer Bestandteil integrieren läßt. Ihr Einsatz bedeutet also eigentlich immer einen Kompromiß, er ist stets illustrativ. Zudem kann sich elektronische Musik im Tongebilde eines Films verlieren, sich hinter anderen Geräuschen verstekken, irgendwie unbestimmt wirken: Sie vermag sich wie die Stimme der Natur auszunehmen, als Artikulation unbestimmter Empfindungen, kann aber auch dem Atmen eines Menschen ähnlich werden. Mir aber liegt an diesem Unbestimmten. Der Ton soll in der Schwebe bleiben, gleich, ob er Musik ist, eine Stimme oder nur der Wind.

Zum Verhältnis
von Künstler
und Publikum

Die zwiespältige Lage des zwischen Kunst und industriell-kommerzieller Produktion angesiedelten Kinos prägt insbesondere auch entscheidend das Verhältnis zwischen Filmautor und Publikum. Von dieser allgemein bekannten Tatsache ausgehend, versuche ich hier, einige Gedanken zu den zahlreichen Problemen zu formulieren, die sich für den Film aus dieser Situation ergeben.

Bekanntlich muß jede Produktion rentabel sein: Sie muß nicht nur die Investitionen ausgleichen, sondern auch noch einen gewissen Profit erbringen. Aus der Perspektive des Produktionsindex entscheiden also paradoxerweise Begriffe wie »Angebot« und »Nachfrage«, das heißt Marktgesetze reinsten Wassers, über Erfolg oder Mißerfolg eines Films und seinen ästhetischen Wert. Derlei Maßstäbe wurden bis jetzt noch auf keine andere Kunst angewandt. Und solange sich das Kino in der heutigen Lage befindet, wird es jedes echte Filmkunstwerk sehr schwer haben, ein breiteres Publikum zu erreichen, ja überhaupt erst entstehen zu können.

Die Kriterien, mit denen man »Kunst« von »Nichtkunst«, von bloßer Nachahmung unterscheiden kann, sind derart relativ, fließend und nicht objektivierbar, daß es ein leichtes ist, ästhetische Beurteilungsmaßstäbe unbemerkt gegen rein utilitaristische auszutauschen. Gegen solche, die entweder von dem Wunsch nach maximalem ökonomischem Profit oder aber von dieser oder jener ideologischen Zielsetzung bestimmt werden. Meiner Meinung nach sind beide Kriterien gleich weit von den eigentlichen Aufgaben der Kunst entfernt.

Kunst ist schon ihrer Natur nach aristokratisch und trifft daher auch eine Art *Auswahl* unter dem Publikum. Denn selbst bei den »kollektiven« Künsten Theater und Film ist ihre Wirkung mit dem Erleben eines jeden einzelnen verknüpft, der mit einem Kunstwerk in Berührung kommt. Im individuellen Rezeptionserlebnis des einzelnen wird die Kunst um so bedeutsamer, je mehr sie dessen Seele zu *erschüttern* vermag. Die aristokratische Natur der Kunst entbindet allerdings den Künstler noch lange nicht von seiner Verantwortung gegenüber dem Publikum oder – wenn man so will – dem Menschen schlechthin. Ganz im Gegenteil. Da der Künstler seine Zeit und Welt am vollständigsten erfaßt, wird er zur Stimme jener, die ihre Beziehung zur Wirklichkeit nicht zu reflektieren und auszudrücken vermögen. In diesem Sinne ist der Künstler in der Tat die Stimme des Volkes. Und deshalb ist er auch dazu berufen, seinem Talent und damit seinem Volk zu dienen. Es liegt an ihm zu entscheiden, ob er dieses Talent so umfassend wie nur irgend möglich realisieren oder seine Seele für dreißig Silberlinge verkaufen will. Die inneren Kämpfe eines Leo Tolsto, Dosto-jewskij oder Gogol hatten doch wohl ihren Grund gerade darin, daß sie sich ihrer Rolle und ihrer Bestimmung vollauf bewußt waren.

Ich glaube daran, daß kein einziger Künstler, der seine *eigene* geistige Idee zu realisieren sucht, seine Arbeit in der Überzeu-gung begonnen hätte, daß sich niemals irgend jemand mit seinem Werk beschäftigen würde. Zugleich aber muß der Künstler bei seinem Schaffen auch sozusagen einen Vorhang zwischen sich und den Menschen zuziehen, um sich gegenüber eitlen, kleinlichen Alltagsdingen abzugrenzen. Denn nur unein-geschränkte Aufrichtigkeit und Ehrlichkeit, zu der noch das Bewußtsein seiner Verantwortung gegenüber den Menschen hinzukommt, kann die Garantie liefern, daß der Künstler sein schöpferisches Schicksal auch tatsächlich meistert.

Bei meiner Arbeit in der Sowjetunion wurde mir häufig der ungemein verbreitete Vorwurf gemacht, daß ich »wirklichkeits-fern« sei, mich sozusagen in selbstgewählter Isolation von den wesentlichsten Interessen des Volkes befände. Ich muß aller-dings bekennen, daß ich niemals so recht begriffen habe, was diese Anschuldigungen denn eigentlich sollten. Denn es ist ja letztlich eine idealistische Annahme, daß ein Künstler oder irgendein anderer Mensch einfach aus seiner Gesellschaft, aus seiner Zeit »aussteigen«, frei von jener Zeit und jenem Raum sein könne, in die er hineingeboren wurde. Mir schien es, daß jeder Mensch, also auch jeder Künstler (so vielfältig und unter-schiedlich auch die ideellen und ästhetischen Positionen von Künstlern ein und derselben Epoche sein mögen), ganz unwill-kürlich ein gesetzmäßiges Produkt der ihn umgebenden Wirk-lichkeit sei. Man kann auch sagen, daß ein Künstler diese Realität in einer irgend jemandem nicht gefälligen Weise reflek-tiert. Aber warum sollte man denn gleich von »wirklichkeits-fern« sprechen? Es besteht ja wohl kein Zweifel, daß jeder Mensch seine Zeit zum Ausdruck bringt und deren Gesetzmä-ßigkeiten in sich trägt. Egal, ob er diese nun anerkennen oder vor ihnen lieber die Augen verschließen möchte.

Ich erwähnte bereits, daß die Kunst vor allem auf die Emotionen des Menschen, nicht etwa auf dessen Verstand einwirkt. Sie zielt darauf ab, seine Seele zu »erweichen«, für das Gute empfänglich zu machen, denn wenn man sich einen wertvollen Film ansieht, ein schönes Bild betrachtet oder gute Musik hört, dann ist es doch von allem Anfang an nicht etwa die Idee, der Gedanke als solcher, der dich entwaffnet und fesselt; angenommen natürlich, daß es sich um »deine« Kunst handelt. Dies gilt um so mehr, als ja die Ideen großer Kunstwerke, wie Thomas Mann sagte, immer doppelgesichtig und doppeldeutig sind, uneindeutig und mehrdimensional wie das Leben selbst. Deshalb kann ein Autor auch gar nicht mit einer eindeutigen, seinem eigenen Eindruck entsprechenden Rezeption seines Werkes rechnen. Der Künstler unternimmt lediglich den Versuch, sein eigenes Weltbild zu präsentieren, damit die Menschen dann auf die Welt mit seinen Augen blicken, sie mit seinen Gefühlen, Zweifeln und Gedanken erfahren.

Übrigens bin ich davon überzeugt, daß das Publikum erheblich differenziertere, interessantere und auch überraschendere Forderungen an die Kunst stellt, als dies gewöhnlich von jenen angenommen wird, die über die Verbreitung von Kunstwerken entscheiden. Deshalb kann jede, selbst die komplizierteste und elitärste Auffassung von Kunst zumindest ein gewisses, wenn auch manchmal bescheidenes Publikumsecho finden. Ja, sie ist dazu regelrecht verdammt. Der Streit darüber, ob ein bestimmtes Kunstwerk den sogenannten »breiten Massen«, jener mythischen Mehrheit, nun auch wirklich verständlich sei, vernebelt dagegen nur das tatsächliche Verhältnis des Künstlers zu seinem Publikum, das heißt, zu seiner Zeit. »Der Poet ist in seinen wahren Werken immer volkstümlich. Was immer er tut, welches Ziel und welchen Gedanken auch immer er in seinem Schaffen verfolgt, er drückt stets willentlich oder unwillentlich die Naturkraft des Volkscharakters aus und bringt sie tiefer und klarer zum Ausdruck, als dies die Geschichte selbst des Volkes tut…« Dies schrieb Herzen in seinem »Byloe i Dumy«.

Künstler und Publikum konditionieren einander gegenseitig. Bleibt der Künstler sich selbst treu und unabhängig von alltäglichen Werturteilen, dann schafft und hebt er selbst das Rezeptionsniveau seines Publikums. Und wachsendes gesellschaftliches Bewußtsein akkumuliert dann seinerseits jene gesellschaftliche Energie, die wiederum eine Geburt neuer Künstler zur Folge hat.

Betrachtet man die großen Meisterwerke der Kunst, dann muß man zugeben, daß sie unabhängig von ihrem jeweiligen Autor und Publikum einen Teil der Natur, einen Teil der ewigen Wahrheit bilden. Tolstois »Krieg und Frieden« oder Thomas Manns »Joseph und seine Brüder« tragen ganz gewiß ihren eigenen Wert in sich, weitab von nichtigen Tendenzen und Moden ihrer Zeit.

Diese Distanz, dieser Blick auf die Dinge von einer bestimmten moralischen und geistigen Warte aus ermöglicht es dem Kunstwerk, ein historisches Leben zu haben, immer wieder auf neue und andere Weise rezipiert zu werden.

Ingmar Bergmans »Persona« habe ich mir beispielsweise viele Male auf immer wieder neue, andere Art angesehen. Da dieser Film ein authentisches Kunstwerk ist, bietet er seinem Betrachter die Möglichkeit, sich immer wieder ganz persönlich zur Welt dieses Films in Beziehung zu setzen, ihn jedesmal neu zu interpretieren.

Der Künstler besitzt nicht das moralische Recht, sich auf irgendein abstraktes Durchschnittsniveau einzulassen, um sein Werk verständlicher und zugänglicher zu machen. So etwas würde nur einen Verfall der Kunst zur Folge haben, während wir doch gerade ihr Aufblühen erwarten, an die potentiellen, noch unentfalteten Möglichkeiten des Künstlers wie auch an eine Hebung der Publikumsansprüche glauben, beziehungsweise glauben möchten.

Karl Marx sagte einmal« »Wer die Kunst genießen will, muß ein künstlerisch gebildeter Mensch sein.« Der Künstler aber kann nun ebensowenig daran denken, »verständlich« zu sein, wie es ja auch umgekehrt absurd wäre, wenn er »unverständlich« bleiben wollte.

Der Künstler, sein Werk und der Rezipient bilden ein unteilbar einheitliches Ganzes, einen Organismus, der durch ein und denselben Blutkreislauf miteinander verbunden ist. Wenn es nun zu einem Konflikt zwischen den einzelnen Teilen dieses Organismus kommt, dann macht das eine äußerst kompetente »ärztliche Behandlung« und eine aufmerksame Selbstbeobachtung erforderlich.

Auf jeden Fall muß mit eindeutiger Gewißheit auch festgehalten werden, daß die Durchschnittsnormen des Kommerzfilms und die gängige Fernsehproduktion das Publikum auf geradezu unverzeihliche Weise verderben, da sie es aller Kontaktmöglichkeiten mit wirklicher Kunst berauben.

Es ist bereits zu einem fast vollständigen Verlust der so außerordentlich wichtigen Kategorie des Schönen in der Kunst gekommen, die für mich das Streben nach dem Idealen bedeutet. Jede Zeit steht im Zeichen der Wahrheitssuche. Und so schrecklich nun diese Wahrheit auch sein mag, sie kann durchaus zur Gesundung der Nation beitragen. Denn wenn man sich ihrer bewußt wird, dann stellt dies das Zeichen einer gesunden Zeit dar, und so etwas kann niemals in Widerspruch zum moralischen Ideal geraten.

Wenn man diese Wahrheit allerdings zu verbergen und zu verschweigen, sie in künstlichen Widerspruch zu einem falsch interpretierten Ideal zu bringen versucht, indem man einfach behauptet, daß diese unangenehme Wahrheit das Ideal desavouieren würde, dann bedeutet das letztlich, ästhetische Maßstäbe gegen rein ideologisch-pragmatische eintauschen. Denn nur die große Wahrheit einer Zeit kann ein tatsächliches, also nicht nur künstlich propagiertes moralisches Ideal zum Ausdruck bringen.

Genau davon handelt auch mein Film »Andrej Rubljow«: Zunächst scheint für dessen Hauptfigur die grausame Lebenswahrheit in krassem Widerspruch zum harmonischen Ideal seines künstlerischen Schaffens zu stehen. Doch die Kernaussage dieses Filmes liegt darin, daß ein Künstler das moralische Ideal seiner Zeit nur dann auszudrücken vermag, wenn er vor deren blutigen Wunden nicht zurückschreckt, sie am eigenen Leibe, in sich selbst erfährt. Die voll bewußt gewordene grausame und »niedrige« Wahrheit im Namen höheren geistigen Tuns zu überwinden – das ist die eigentliche Mission der Kunst, die ihrem Wesen nach fast etwas Religiöses ist, eine geheiligte Bewußtwerdung hoher geistiger Pflicht.

Ungeistige Kunst trägt die eigene Tragödie bereits in sich. Selbst die Erkenntnis der Ungeistigkeit seiner Zeit fordert vom Künstler eine bestimmte Spiritualität. Denn der wirkliche Künstler steht immer im Dienst der Unsterblichkeit: Er versucht, diese Welt und die in ihr lebenden Menschen unsterblich

zu machen. Wenn er sich dagegen nicht auf die Suche nach der
absoluten Wahrheit begibt, das globale Ziel gegen Nichtigkeiten
eintauscht, dann bleibt er lediglich eine Eintagsfliege.

Wenn ich einen Film beendet habe und der nun nach kürzerer und längerer Zeit, nach geringeren oder größeren Mühen, endlich in den Verleih kommt, dann höre ich auf, über ihn nachzudenken. Wozu auch? Der Film hat sich von mir losgemacht und sein eigenes, von seinem »Vater« unabhängiges, »erwachsenes« Leben begonnen. Ein Leben, auf das ich bereits keinen Einfluß mehr habe.

Ich weiß schon von vornherein, daß auf eine einmütige Reaktion der Zuschauer nicht zu zählen ist. Doch es geht nicht allein darum, daß der Film den einen gefallen und anderen mißfallen wird. Ich muß darüber hinaus auch noch damit rechnen, daß dieser Film selbst von jenen, denen er keinesfalls gleichgültig ist, durchaus unterschiedlich aufgenommen wird. Mir bereitet es übrigens Freude, wenn ein Film tatsächlich die Möglichkeit zu verschiedenen »Lesarten« offen läßt.

Meiner Meinung nach ist es völlig sinnlos und unfruchtbar, schon bei der Entstehung eines Films nach dessen möglichem »Erfolg« zu schielen, sich arithmetisch, zahlenmäßig die künftigen Kinogänger auszurechnen. Denn es ist doch offenkundig, daß nichts je stets auf dieselbe Weise und eindeutig aufgenommen wird. Der Sinn eines künstlerischen Bildes liegt vielmehr in seiner Überraschung, da ja in ihm eine menschliche Individualität fixiert wurde, die die Welt entsprechend ihren subjektiven Besonderheiten wahrnimmt.

Diese Wahrnehmungsform, diese Individualität mag nun dem einen sehr nahe und dem anderen unendlich fern liegen. Doch daran ist nun einmal nichts zu ändern! Die Kunst wird sich so oder so, unabhängig von irgend jemandes Willen weiterentwickeln. Genauso, wie das auch bisher der Fall war. Und die heute verteidigten ästhetischen Prinzipien werden von den Künstlern selbst immer wieder umgestoßen werden.

Aus diesem Grunde interessiert mich der Erfolg eines Filmes *in einem bestimmten Sinne* überhaupt nicht: Der Film ist nun einmal abgeschlossen, ich kann nichts mehr an ihm ändern. Zugleich glaube ich allerdings auch jenen Regisseuren nicht, die da behaupten, daß sie die Meinung des Publikums nicht interessiere. Ich wage zu behaupten, daß jeder Künstler in der

Tiefe seines Herzens doch an eine Begegnung mit dem Zu-
schauer denkt, daß er die Hoffnung und den Glauben hat, daß
gerade sein Werk den Nerv der Zeit trifft und deshalb dem
Publikum ganz außerordentlich wichtig wird, verborgene Sai-
ten von dessen Seele berührt. Es ist sicher kein Widerspruch,
wenn ich einerseits nichts Besonderes dafür tue, um meinem
Zuschauer zu gefallen, und andererseits doch mit zitternder
Seele darauf hoffe, daß er meinen Film annimmt und liebt.
Denn hierin liegt für mich eine Bestätigung des Wesens der
Künstler-Publikum-Beziehung, die eine zutiefst dramatische
ist!

Daß ein Regisseur nicht einsam sein darf, versteht jedermann, das Recht auf ein *eigenes*, größeres oder kleineres Publikum ist eine normale Existenzbedingung der künstlerischen
Individualität, wie auch der Entwicklung kultureller Traditionen in einer Gesellschaft. Selbstverständlich möchte jeder von
uns einer möglichst großen Zahl von Menschen nahe und nötig
sein, anerkannt werden. Doch kein einziger Künstler kann sich
im vorhinein seinen Erfolg ausrechnen oder die Prinzipien
seiner Arbeit so wählen, daß sie ihm den größtmöglichsten
Zuspruch garantieren. Dort, wo es um eine vorsätzliche »Publi-
kumsorientierung« geht, haben wir es mit Unterhaltungsindu-
strie zu tun, mit Showstätten und Massen, keinesfalls aber mit
Kunst, die unweigerlich ihren inneren, immanenten Gesetzen
folgen muß. Ganz gleich, ob uns das nun paßt oder nicht
genehm ist.

Der schöpferische Prozeß realisiert sich bei jedem Künstler
auf unterschiedliche Weise. Doch sämtliche Künstler gleichen
sich meiner Meinung nach darin, daß sie offen oder versteckt
auf einen Kontakt und das Verständnis des Publikums hoffen,
daß jeder Mißerfolg für sie eine schmerzliche Erfahrung ist.
Bekanntlich war es für den von seinen Kollegen anerkannten, ja
vergötterten Cézanne ein großes Unglück, daß ihn sein Nach-
bar nicht für einen Maler hielt. An seiner Malweise konnte er
aber dennoch nichts ändern.

Ich kann mir durchaus vorstellen, daß ein Künstler einen
Auftrag zu irgendeinem Thema annimmt. Doch ausgesprochen
unsinnig scheint mir die Vorstellung einer Kontrolle über die
Machart, über die Weise, in der er das Thema behandeln wird.
Es gibt objektive Gründe, die einem Künstler verbieten, in

Abhängigkeit vom Publikum oder von irgend jemandem sonst zu geraten. In diesem Fall wird sein eigenes innerstes Anliegen, sein Schmerz und sein Leiden augenblicklich von Dingen abgelöst, die ihm ausgesprochen fremd sind, von außen an ihn herangetragen werden. Denn die schwierigste und zermürbendste Aufgabe des Künstlers ist rein moralischer Natur: Ihm werden nämlich extreme Ehrlichkeit und Aufrichtigkeit sich selbst gegenüber abverlangt, und das bedeutet Aufrichtigkeit und Verantwortung gegenüber dem Zuschauer.

Ein Regisseur hat kein Recht, jedermann gefallen zu wollen, sich mit Blick auf den zu erwartenden Erfolg in seinem Arbeitsprozeß zu kontrollieren. Der unweigerliche Preis einer solchen Kontrolle wären prinzipiell andersgeartete Beziehungen zum Publikum, die der Regisseur dann mit seinem Konzept und mit der Realisierung dieses Konzepts eingehen würde. Das wäre jedoch bereits ein bloßes »Schlagabtausch«-Spiel. Und selbst wenn der Künstler von vornherein mit einem geringen Publikumsecho rechnen muß, vermag er dennoch nichts an seinem Künstlerschicksal zu ändern.

Puschkin hat dem einmal auf ganz wunderbare Weise Ausdruck verliehen:

»Du bist der Zar. Leb einsam. Geh auf deinem freien Weg, wohin dein freier Geist dich treibt. Verwirkliche die Früchte deiner teuren Gedanken. Und fordere keine Belohnung für deine edle Tat. Sie liegt in dir selber. Du selbst bist dein höchstes Gericht: Strenger als all die anderen vermagst du zu beurteilen dein eigenes Werk.

Bist du mit ihm zufrieden, anspruchsvoller Künstler?«

Wenn ich hier davon spreche, daß ich gar keinen Einfluß auf das Verhältnis des Publikums zu mir nehmen kann, dann versuche ich damit, meine Aufgabe als Filmemacher zu präzisieren. Das ist offensichtlich eine sehr einfache Aufgabe: Man macht seine Sache im Rahmen des Möglichen und unterwirft sich dabei selbst dem unerbittlichsten Urteil. Wie soll ich dabei auch noch »dem Zuschauer zu Gefallen sein« oder etwa, wie es von sowjetischen Künstlern gefordert wird, »dem Zuschauer ein Beispiel zur Nachahmung« bieten? Wer ist denn dieser Zuschauer? Eine anonyme Masse? Roboter?...

Zur Aufnahme von Kunst ist nur wenig nötig: Man braucht dazu lediglich eine wache, sensible Seele, die offen für das

Schöne und Gute, fähig zu unmittelbarem ästhetischem Erleben ist. In Rußland beispielsweise gab es unter meinen Zuschauern viele solcher Menschen mit noch nicht einmal besonders hohem Wissensstand und Bildungsgrad. Meiner Meinung nach wird die Rezeptionsfähigkeit dem Menschen bereits mit in die Wiege gelegt, sie hängt von seiner spirituellen Veranlagung ab.

Die Formel »Das begreift das Volk nicht!« hat mich schon immer ganz schrecklich empört. Was soll das eigentlich? Wer nimmt sich hier das Recht heraus, im Namen des Volkes zu sprechen, sich selbst als die Inkarnation der Mehrheit des Volkes auszugeben. Und wer weiß schon, was »das Volk« nun begreift oder nicht, was es braucht oder ablehnt? Oder hat vielleicht irgendwann einmal jemand zumindest eine bescheidene, ehrliche Befragung dieses Volkes durchgeführt, um sich Klarheit über dessen tatsächliche Interessen, Überlegungen, Sehnsüchte, Hoffnungen und Enttäuschungen zu verschaffen? Ich selbst bin ein Teil meines Volkes: Ich lebte mit meinen Landsleuten im selben Vaterland zusammen, machte dabei – meinem Alter entsprechend – die gleichen historischen Erfahrungen wie sie, beobachtete und reflektierte die gleichen Lebensprozesse. Und auch jetzt, wo ich im Westen lebe, bleibe ich ein Sohn meines Volkes. Ich bin ein kleiner Tropfen, ein winziges Teilchen von ihm und hoffe, daß ich seine Ideen zum Ausdruck bringe, die tief in seinen kulturellen und historischen Traditionen wurzeln.

Wenn man einen Film dreht, hat man selbstverständlich keinerlei Zweifel daran, daß das, was einen selbst beschäftigt und erregt, auch für andere interessant sein muß. Und daher rechnet man auch mit einem entsprechenden Publikumsecho und kommt erst gar nicht auf die Idee, den Zuschauern schönzutun, sich bei ihnen einschmeicheln zu wollen. Achtet man sein Publikum wirklich, so ist man davon überzeugt, daß es nicht dümmer ist als man selbst. Um allerdings mit einem anderen Menschen sprechen zu können, muß man zumindestens eine gemeinsame, beiden Gesprächspartnern verständliche Sprache beherrschen. Goethe sagte einmal, daß man nur dann eine kluge Antwort erhalte, wenn man auch eine kluge Frage stelle. Zu einem wirklichen Dialog zwischen Künstler und Publikum kommt es nur dann, wenn sich beide auf demsel ben Verständnisniveau bewegen. Zumindest sollten sie sich auf gleiche Weise der Ziele bewußt sein, die sich der Künstler in seinem Werk stellt.

So kann die Literatur zum Beispiel bereits auf eine Tradition von rund zwei Jahrtausenden zurückblicken. Das unvergleichlich viel jüngere Kino hat bewiesen und beweist es bis zum heutigen Tag ständig, daß es den Problemen seiner Zeit gerecht zu werden vermag. Aber es ist immer noch äußerst fraglich, ob die Filmkunst tatsächlich schon solche Persönlichkeiten hervorgebracht hat, die sich mit den Schöpfern der Meisterwerke der Weltliteratur messen könnten. Ich persönlich bin davon keineswegs überzeugt und habe dafür sogar eine Erklärung: Die Filmkunst sucht noch immer nach ihrem eigenen Ausdruck, gerät lediglich zuweilen in deren Nähe... Bis zum heutigen Tag ist die Frage einer spezifischen Filmsprache offen. Und auch dieses Buch stellt lediglich einen weiteren Klärungsversuch auf diesem Gebiet dar. Auf jeden Fall verleitet einen der Zustand des modernen Kinos immer wieder dazu, den Wert der Filmkunst zu überdenken.

Ein Maler weiß, daß sein Material die Farben sind, und auch einem Schriftsteller ist sehr wohl bekannt, daß die Waffe seiner Wirkung auf das Publikum das Wort ist. Nur wir Filmemacher sind uns noch nicht mit letzter Gewißheit über das »Material« klar, aus dem der künftige Film »geformt« wird. Das Kino sucht noch insgesamt nach seiner Spezifik, und innerhalb seiner allgemeinen Entwicklung sucht auch der einzelne Filmkünstler nach einer eigenen, individuellen Stimme. Damit es tatsächlich die »massenwirksamste Kunst« werden kann, müssen Filmkünstler und -publikum noch unendliche Anstrengungen leisten.

Ich habe mich hier bewußt auf jene objektiven Schwierigkeiten konzentriert, vor denen heute das Kinopublikum und die Filmkünstler gleichermaßen stehen. Daß ein künstlerisches Bild sozusagen selektive Wirkung besitzt, da es ja im Publikum die unterschiedlichsten Reaktionen erzeugt, ist eigentlich etwas ganz Natürliches. In der Filmkunst nimmt dieses Problem jedoch eine besondere Schärfe an, weil die Filmproduktion eben ein ziemlich teurer Spaß ist. Daher ist heute auch eine Situation entstanden, in der der Zuschauer zwar das Recht und die Möglichkeit hat, sich einen ihm geistesverwandten Regisseur auszuwählen, während dieser dagegen keinesfalls zeigen kann, daß ihn jener Teil der Zuschauer nicht im geringsten interessiert, der das Kino nur als eine Stätte der Unterhaltung und der Ablenkung von den Nöten und Sorgen des Alltags betrachtet.

An seinem schlechten Geschmack ist der Zuschauer übrigens nur zum Teil selber schuld, da uns das Leben keine Chancengleichheit für die Vervollkommnung unserer ästhetischen Kriterien einräumt. Darin liegt die wirkliche Tragik dieser Situation! Nur sollte man doch bitte nicht so tun, als sei das Publikum der »höchste Richter« eines Künstlers. Denn wer genau soll das sein? Wer von den Zuschauern? Und die kulturpolitisch Verantwortlichen sollten sich deshalb gefälligst um die Schaffung eines bestimmten kulturellen Klimas und um ein bestimmtes künstlerisches Produktionsniveau kümmern, anstatt den Zuschauer mit bewußten Surrogaten und Abziehbildern vollzustopfen, die ihm nur rettungslos den Geschmack verderben. Das ist allerdings eine Aufgabe, die leider nicht von den Künstlern, sondern von den verantwortlichen Kulturpolitikern entschieden wird. Wir Künstler dagegen tragen lediglich die Verantwortung für das Niveau unserer eigenen Werke. Ein Künstler spricht aufrichtig und konsequent über all das, was ihn beschäftigt. Soll nun das Publikum entscheiden, ob sein Thema von tatsächlicher Tiefe und Bedeutung ist.

Ich muß bekennen, daß ich mich nach dem Abschluß des »Spiegels« mit dem Gedanken trug, meine Filmarbeit aufzugeben, der ich so viele, gewiß nicht leichte Jahre geopfert hatte. Doch als ich dann jene überwältigende Menge von Zuschauerpost erhielt, aus der ich eingangs einige Briefe zitierte, da meinte ich doch kein Recht zu einem derart radikalen Schritt zu haben. Mir schien es damals, wenn es Menschen gibt, die zu so unverfälschtem Urteil, zu solcher Aufgeschlossenheit fähig sind, Menschen, die meine Filme wirklich brauchen, so verpflichtet mich dies, um jeden Preis meine Arbeit fortzusetzen.

Wenn es einen Zuschauer gibt, für den es wichtig und fruchtbar ist, in einen Dialog mit mir zu treten, dann kann das ein großes Stimulans für meine Arbeit sein. Und wenn Zuschauer existieren, die dieselbe Sprache sprechen wie ich, warum sollte ich dann ihre Interessen denen einer mir fremden und fernstehenden Gruppe von Menschen opfern? Jenen Leuten, die doch bereits ihre eigenen Götter und Abgötter haben, mit denen uns überhaupt nichts verbindet.

Der Künstler hat nur eine Möglichkeit, dem Publikum ehrlich und offen seinen Einzelkampf mit dem Material zu präsentieren. Der Zuschauer erkennt dann den Sinn seiner Anstrengungen und weiß ihm dafür Dank.

Wer seinem Zuschauer gefallen will und dessen Geschmackskriterien bedenkenlos übernimmt, hat keine Achtung vor ihm: Das bedeutet nur, daß er ihm das Geld aus der Tasche ziehen will. Wir erziehen dann nicht etwa dieses Publikum mit Musterbeispielen hoher Kunst, sondern bringen nur anderen Künstlern bei, sich ihr Einkommen zu sichern. Und der Zuschauer wird dabei fortfahren, sich in Selbstzufriedenheit und -gerechtigkeit zu wiegen. Wenn wir ihn nicht zu einem selbstkritischen Verhältnis gegenüber seinen eigenen Urteilen erziehen, verhalten wir uns ihm gegenüber letztlich gleichgültig.

Von der
Verantwortung
des Künstlers

Zunächst noch einmal zurück zum Vergleich oder – genauer – zur Konfrontation von Literatur und Film. Das einzige, was diese beiden völlig eigenständigen, unabhängigen Kunstarten tatsächlich gemeinsam haben, ist ihre großzügige Freiheit im Umgang mit dem Material.

Wir erwähnten bereits an anderer Stelle die Abhängigkeit eines Filmes von der Erlebniswelt seines Autors und Zuschauers. Nun besitzt sicher auch die Prosa die allen Künsten eigene Möglichkeit, mit emotionalen, geistigen und intellektuellen Lesererfahrungen operieren zu können. Doch die eigentliche Besonderheit der Literatur liegt ja wohl darin, daß der Leser ganz unabhängig von der Intensität, mit der ein Schriftsteller bestimmte Seiten seines Buches ausgearbeitet hat, sich dann schließlich eben das »herausliest«, das »entdeckt«, was ganz allein seiner eigenen Erfahrung und Wesensart entgegenkommt, die in ihm bleibende Geschmacksnormen herausgebildet haben. Selbst die naturalistischsten Details seiner Prosa entziehen sich so gleichsam der Kontrolle des Schriftstellers, da sie sein Leser ja trotz alledem auf subjektive Weise rezipieren wird.

Der Film dagegen ist die einzige Kunst, in der sich ein Autor als Schöpfer einer unumschränkten Realität, einer im wörtlichen Sinne eigenen Welt empfinden kann. Die im Menschen angelegte Neigung zur Selbstbestätigung realisiert sich gerade im Kino am umfassendsten und unmittelbarsten. Der Film ist eine emotionale Realität und wird so auch vom Zuschauer als eine *zweite Realität* rezipiert.

Aus diesem Grund erscheint mir auch die ziemlich weitverbreitete Auffassung des Kinos als eines Zeichensystems töricht und prinzipiell falsch.

Worin liegt für mich der Grundfehler der Strukturalisten? Es geht hier um die *Art* des Verhältnisses zur Wirklichkeit, auf dem jede Kunstart basiert und in dem sie die für sie jeweils charakteristischen Gesetze entwickelt. Film und Musik zähle ich in diesem Sinne den *unmittelbaren* Künsten zu, die keiner Vermittlung durch die Sprache bedürfen. Diese fundamentale, entscheidende Eigenschaft macht Musik und Film zu Verwandten und begründet zugleich deren unüberbrückbare Ferne zur Literatur, wo alles durch Sprache ausgedrückt wird, also durch ein System von Zeichen und Hieroglyphen. Die Rezeption eines literarischen Werkes erfolgt ausschließlich über ein Symbol, über einen Begriff, wie ihn das Wort vorstellt. Film und Musik bieten dagegen die Möglichkeit einer unmittelbaren, emotionalen Rezeption des Kunstwerks.

Die Literatur beschreibt mit dem Wort ein Ereignis, jene innere und äußere Welt, die ein Schriftsteller reproduzieren will. Der Film aber operiert mit Materialien, die von der Natur selbst gegeben sind, die unmittelbar in Raum und Zeit auftauchen, die wir um uns herum beobachten können, in denen wir leben. In der Vorstellung des Schriftstellers taucht zunächst ein bestimmtes Bild von der Welt auf, das er dann mit Hilfe von Wörtern auf dem Papier beschreibt, während der Filmstreifen die im Gesichtsfeld der Kamera erscheinenden Umrisse der unmittelbaren Welt geradezu mechanisch aufzeichnet. Jene Umrisse, aus denen dann das Bild des Filmganzen komponiert wird.

Filmregie ist daher in buchstäblichem Sinne die Fähigkeit, »das Licht von der Finsternis, die Wasser von der Feste zu scheiden«. Diese Möglichkeit schafft die Illusion, *daß sich der Regisseur als ein Demiurg fühlt*. Und von daher rühren auch weitgehende Unklarheiten über das Regiehandwerk. In diesem Kontext drängt sich die Frage nach der enormen, fast schon »strafrechtlichen« Verantwortung auf, die ein Filmregisseur tragen muß. Seine Haltung teilt sich dem Zuschauer in offenkundig-unmittelbarer, fast photographisch genauer Weise mit, wobei die Emotionen des Zuschauers gleichsam zu Emotionen eines Zeugen, wenn nicht gar des Autors selbst, werden.

Noch einmal möchte ich unterstreichen, daß das Kino ebenso wie die Musik mit *Realität* operiert. Deshalb widersetze ich mich auch den Versuchen der Strukturalisten, die Einstellung als ein Zeichen von etwas anderem, als ein Sinnergebnis zu betrachten. Das ist eine rein formale und unkritische Übertragung von Untersuchungsmethoden anderer Kunstarten. Ein musikalisches Element ist interessenlos, unideologisch. Und ebenso ist auch eine filmische Einstellung stets ein ideenfreier Wirklichkeitsausschnitt. Der Film enthält nur als Ganzes eine auf bestimmte Art ideologisierte Realität. Das *Wort* dagegen ist schon als solches eine Idee, ein Begriff, eine bestimmte Abstraktionsebene. Ein Wort kann kein bedeutungsloser Laut sein.

In seinen »Sewastopoler Erzählungen« beschreibt Leo Tolstoi

die Schrecken eines Militärlazaretts in detailrealistischer Manier. Doch so sorgfältig-getreu er diese grauenhaften Details auch schildern mag, dem Leser bleibt danach immer noch die Möglichkeit, diese naturalistisch unerbittlich wiedergegebenen Bilder seinen eigenen Erfahrungen, Wünschen und Anschauungen entsprechend zu adaptieren. Denn der Leser rezipiert jeden Text selektiv, gemäß den Gesetzen seiner eigenen Vorstellungen.

Ein tausendmal gelesenes Buch – das sind tausend verschiedene Bücher. Ein mit unbegrenzter Phantasie ausgestatteter Leser vermag hier lakonische Beschreibungen sogar deutlicher als ursprünglich vom Schriftsteller intendiert wahrzunehmen (mit derart ergänzender Lektüre rechnen Schriftsteller auch zumeist). Ein zurückhaltender, moralisch unfreier oder beschränkter Leser dagegen wird die unerbittlich genauen Details mit Auslassungen, durch seinen bereits vorhandenen moralisch-ethischen Filter sehen. Und so kommt es zu einer eigentümlichen Korrektur der subjektiven Wahrnehmung, die für die Schriftsteller-Leser-Beziehung ein prinzipielles Phänomen ist, sich zugleich aber auch als trojanisches Pferd erweist, in dessen Innern sich der Schriftsteller in die Seele seines Lesers einschleicht. Hieraus ergibt sich die Notwendigkeit einer inspirierten Ko-Autorenschaft des Lesers. Und das ist übrigens auch der Grund für die gängige Meinung, daß es viel schwerer und anstrengender sei, ein Buch zu lesen, als sich einen Film anzuschauen, den man ja gewöhnlich völlig passiv konsumiere: »Der Zuschauer hat sich hingesetzt, und der Vorführer läßt nun den Film abspulen«...

Hat der Kinogänger überhaupt irgendeine Wahlfreiheit? Da eine einzelne Einstellung, Szene oder Episode eine Handlung, eine Landschaft oder ein Gesicht ja nicht etwa beschreibt, sondern im wortwörtlichen Sinne fixiert, kommt es im Kino zu einer eigenwilligen ästhetischen Normierung, zu einer nur Eindeutiges zulassenden Konkretheit, gegen die sich die persönliche Zuschauererfahrung häufig genug auflehnt.

Man ziehe zum Vergleich auch noch die Malerei heran: Dort gibt es in jedem Fall eine gewisse Distanz zwischen Bild und Betrachter, die durch eine bestimmte Ehrfurcht gegenüber dem Dargestellten, durch das Bewußtsein vorprogrammiert ist, man habe ein verständliches oder unverständliches *Bild* der Wirklichkeit vor sich. Niemand würde es in den Kopf kommen, dieses Wirklichkeitsbild mit dem Leben zu identifizieren. Bestenfalls wird man von »Ähnlichkeit« oder »Unähnlichkeit« der Darstellung mit dem tatsächlichen Leben sprechen. Nur im Kino verläßt den Zuschauer nicht das Gefühl einer unmittelbaren Faktizität des sich auf der Leinwand abspielenden Lebens, weshalb er den Film dann auch immer wieder nach den Gesetzen des Lebens beurteilt. Auf diese Weise wechselt er aber die Prinzipien, nach denen der Autor seinen Film strukturierte, gegen Prinzipien seiner ganz gewöhnlichen Alltagserfahrung aus. Von daher rühren auch die bekannten Paradoxa der Zuschauerrezeption.

Warum bevorzugt das Massenpublikum im Kino häufig exotische Sujets, die nichts mit seinem eigenen Leben zu tun haben? Es meint dieses eigene Leben hinlänglich zu kennen, hat es bis zur Ermüdung über und will im Kino lieber unbekannte Erfahrungen machen: Je exotischer, je entfernter die nun von seinem Alltag sind, um so interessanter, unterhaltsamer und informativer scheint ihm der entsprechende Film zu sein.

Doch das ist schon eher eine soziologische Problematik: Warum sucht eigentlich die eine Zuschauergruppe im Kino ausschließlich ablenkende Unterhaltung, während die andere hier einen klugen Gesprächspartner erwartet? Weshalb zählt für die einen nur Äußerliches, vermeintlich »Schönes«, das in Wirklichkeit nur Geschmackloses, unbegabte Handwerkelei ist, während andere durchaus die Fähigkeit zu äußerst sensiblen, tatsächlichen ästhetischen Erlebnissen haben? Worin liegen die Gründe für die ästhetische und zuweilen auch moralische Abgestumpftheit eines großen Teils der Menschen? Wer trägt die Schuld daran? Und kann man diesen Leuten überhaupt zu jenem Höheren und Schönen, zu jener spirituellen Aktivität verhelfen, die wirkliche Kunst im Menschen zu wecken vermag?

Die Antwort bietet sich von selbst an, und wir wollen uns dabei nur auf eine einzige Feststellung beschränken. Aus unterschiedlichen Gründen »füttern« die verschiedenen sozialen Systeme das Massenpublikum mit schrecklichen Surrogaten, ohne je daran zu denken, wie man ihm Geschmack anerziehen oder einimpfen könne. Der einzige Unterschied besteht darin, daß im Westen jeder Mensch seine freie Wahl treffen und sich ohne weiteres die Filme der bedeutendsten Regisseure ansehen kann. Doch deren Wirkung scheint offensichtlich recht unbedeutend zu sein, da die Filmkunst im Westen häufig im ungleichen Kampf mit dem kommerziellen Film unterliegt.

Gerade wegen dieser Konkurrenz mit dem kommerziellen Kino kommt dem Filmregisseur eine *besondere Verantwortung* gegenüber den Zuschauern an. Denn aufgrund der spezifischen Filmwirkung (also jener Gleichsetzung von Film und Leben) können selbst die unsinnigsten Kommerzschinken auf ein unkritisches und unaufgeklärtes Publikum denselben magischen Effekt ausüben, den echte Filmkunst für einen anspruchsvollen Kinogänger hat. Der entscheidende, ja tragische Unterschied liegt darin, daß ein künstlerischer Film bei seinem Publikum Emotionen und Gedanken weckt, während das Massenkino mit seiner besonders eingängigen und unwiderstehlichen Wirkung auch noch die restlichen Gedanken und Gefühle seines Publikums endgültig und unwiederbringlich erlöschen läßt. Menschen, die schon gar kein Bedürfnis mehr nach dem Schönen und Geistigen haben, benutzen den Film wie eine Coca Cola-Flasche.

Aus diesem Grunde begreife ich auch nicht, wie Künstler von absoluter Schaffensfreiheit sprechen können. Meiner Meinung nach ist sogar das Gegenteil der Fall: Wer sich auf den Weg schöpferischen Tuns begibt, der gerät in die Fesseln unendlicher Zwänge, die ihn an seine eigenen Aufgaben, an sein Künstlerschicksal binden.

Alles und jeder ist an Zwänge gebunden. Wenn man nur einen einzigen Menschen unter den Bedingungen völliger Freiheit sehen könnte, dann würde der einem Tiefseefisch auf dem Trockenen gleichen. Eine seltsame Vorstellung – aber selbst der geniale Rubljow arbeitete im Rahmen kanonischer Vorschriften!

Tragisch ist nur, daß wir es gar nicht verstehen, wirklich frei zu sein: Wir fordern eine Freiheit, die auf Kosten anderer geht, und sind nicht bereit, um eines anderen willen zurückzustecken, da wir hierin eine Beeinträchtigung unserer persönlichen Rechte und Freiheiten sehen. Uns alle charakterisiert heute ein geradezu unglaublicher Egoismus. Doch nicht etwa hierin liegt die Freiheit. Sie bedeutet vielmehr, daß wir endlich lernen müssen, nichts vom Leben oder unseren Mitmenschen, sondern

nur von uns selbst etwas zu fordern. Freiheit – das ist das
Bringen von Opfern im Namen der Liebe.

Um nicht mißverstanden zu werden: Ich spreche hier von der
Freiheit im hohen ethischen Sinne dieses Wortes. Damit möchte
ich keinesfalls gegen die unbezweifelten Werte polemisieren, die
die europäischen Demokratien auszeichnen. Doch auch unter
den Bedingungen dieser Demokratien taucht das Problem fehlender Spiritualität und Einsamkeit des Menschen auf. Mir
kommt es so vor, als hätte der moderne Mensch in seinem
Kampf für sicher recht wichtige politische Freiheiten jene Freiheit vergessen, über die die Menschen aller Zeiten verfügten –
die Freiheit nämlich, sich selbst ihrer Zeit und Gesellschaft zum
Opfer zu bringen.

In meinen bisher realisierten Filmen wollte ich stets von
Menschen erzählen, die sich trotz der Tatsache, daß sie von
ihren Mitmenschen abhängig, also unfrei waren, ihre *innere*
Freiheit zu bewahren wußten. Ich zeigte scheinbar schwache
Menschen. Doch ich sprach auch von der Kraft dieser
Schwachheit, die aus deren moralischer Überzeugung und Posi-
tion erwächst.

Stalker ist ein scheinbar schwacher Mensch. Doch gerade ihn
macht sein Glauben und sein Wunsch, anderen Menschen zu
dienen, unbesiegbar. Künstler über ihren Beruf schließlich
ebenfalls nicht aus, um irgend jemandem irgend etwas zu
erzählen. Sie wollen den Menschen damit vielmehr demonstrieren, daß sie ihnen dienen wollen. Ich bin jedesmal überrascht,
wenn Künstler die Meinung vertreten, daß sie sich in Freiheit
selbst erschaffen. Denn der Künstler sollte doch unbedingt
begreifen, daß er ein Geschöpf seiner Zeit und der Menschen
ist, in deren Mitte er lebt. Schon Pasternak schrieb davon:

> »Schlaf nicht, Künstler, schlafe nicht,
> Gib nicht dem Schlaf dich hin…
> Du bist der Ewigkeit Geißel,
> ein Gefangener der Zeit…«

Gelingt es dem Künstler, etwas zu schaffen, so geschieht dies
meiner Meinung nach nur deshalb, weil er damit ein bereits
existierendes Bedürfnis der Menschen erfüllt, selbst wenn es
diesen noch nicht bewußt sein sollte. Und deshalb siegt und

gewinnt stets der Zuschauer, während der Künstler dabei stets etwas verliert und verspielt.

Ein völlig freies Leben, bei dem man einfach nach eigenem Gutdünken etwas tun oder lassen kann, ist für mich unvorstellbar. Ich sehe mich vielmehr gezwungen, immer das zu tun, was mir in einer bestimmten Lebensetappe als das Wichtigste und Notwendigste erscheint. Die einzig angemessene Kommunikation mit dem Zuschauer ist die, bei der man sich selbst treu bleibt. Und zwar ohne Rücksicht auf jene achtzig Prozent Zuschauer, die aus unerfindlichen Gründen von uns Filmregisseuren unterhalten werden wollen. Zugleich jedoch haben wir Filmregisseure so sehr diese achtzig Prozent Zuschauer zu verachten begonnen, daß wir zu deren Unterhaltung bereit sind, weil von ihnen schließlich die Finanzierung des nächsten Films abhängt: Eine ziemlich ausweglose Situation!

Doch kehren wir nun zu jener Publikumsminderheit zurück, die vom Kino trotz allem echte ästhetische Eindrücke erwartet. Also zu jenem idealen Zuschauer, auf den unbewußt jeder wirkliche Filmkünstler setzt und in dessen Seele er nur dann ein Echo finden wird, wenn der Film eine von seinem Autor tatsächlich erlebte und erlittene Erfahrung widerspiegelt. Ich achte den Zuschauer so sehr, daß ich ihn einfach nicht betrügen kann: Ich vertraue ihm und habe mich deshalb entschlossen, ihm nur von dem zu erzählen, das für mich das Wichtigste und Wertvollste ist.

Vincent van Gogh betonte, daß Pflicht etwas Absolutes sei und ihm kein Erfolg mehr Freude machte, als wenn sich einfache, arbeitende Menschen seine Zeichnungen in ihr Zimmer oder ihre Werkstatt hängten. Er stimmte Hubert von Herkomer zu, daß »Kunst im vollsten Sinne für dich, das Volk« gemacht werde, und war weit davon entfernt, irgend jemandem besonders gefallen oder entsprechen zu wollen. Gerade weil sich van Gogh so verantwortungsbewußt gegenüber seiner Wirklichkeit verhielt, erkannte er sie in ihrer vollen gesellschaftlichen Bedeutung und sah daher seine Aufgabe als Künstler auch darin, sich mit allen seinen Kräften und bis zum letzten Atemzug mit den Dingen des Lebens »herumzuschlagen«, um jene ideale Wahrheit gestalten zu können, die in ihnen verborgen liegt. In seinem Tagebuch lesen wir: »Genügt es etwa nicht, wenn ein Mensch das, was er sagen will, klar zum Ausdruck bringt. Ich bestreite nicht, daß es angenehmer ist, ihm zuzuhören, wenn er seine Gedanken auch noch schön auszudrücken versteht. Doch das fügt der Wahrheit, die ja schon an sich schön ist, nicht allzuviel Schönheit hinzu.«

Eine Kunst, die die geistigen Bedürfnisse und Hoffnungen der Menschheit zum Ausdruck bringt, spielt letztlich eine kolossal wichtige Rolle für die moralische Erziehung. Zumindest ist sie dazu berufen. Doch wenn es nun nicht dazu kommt, dann bedeutet das, daß irgend etwas in der Gesellschaft nicht in Ordnung ist. Rein utilitaristische und pragmatische Aufgaben darf man der Kunst nicht stellen. Wenn in einem Film eine solche Absicht offenkundig wird, dann zerstört das dessen künstlerische Einheit. Denn die Wirkung des Films wie auch jeder anderen Kunst ist erheblich komplexer und tiefergehend. Sie wirkt auf den Menschen schon allein durch das bloße Faktum ihrer Existenz positiv ein und stellt jene besonderen geistigen Bindungen her, die die Menschheit zu einer Gemeinschaft zusammenfügen. Sie bildet aber auch jene moralische Atmosphäre, in der die Kunst sich immer wieder wie in einem Nährboden selbst erneuert und vervollkommnet. Wenn es anders ist, dann verkommt sie wie die Äpfel eines verlassenen, wieder in Wildnis verwandelten Gartens. Wenn die Kunst nicht ihrer Bestimmung entsprechend genutzt wird, dann stirbt sie, und das bedeutet dann, daß niemand mehr ihrer bedarf.

In meiner Praxis habe ich wiederholt feststellen können, daß ein Film nur dann emotionale Wirkung auf den Zuschauer hat, wenn seine äußere emotionale Bildstruktur auf dem Gedächtnis seines Autors basiert, wenn das im Bild Gezeigte dessen eigenen Lebenseindrücken entspricht. Falls aber eine Szene spekulativ *konstruiert* ist, wird sie selbst dann noch den Zuschauer kalt lassen, wenn dies höchst sorgfältig und überzeugend, aber eben doch nach den Rezepten einer literarischen Vorlage geschah. Selbst wenn ein solcher Film dann auf der Leinwand dem einen oder anderen interessant und gelungen vorkommen mag, wird er in Wirklichkeit doch nicht lebensfähig und sein baldiger Tod vorprogrammiert sein.

Das heißt, da man, objektiv gesehen, im Film keinesfalls mit der Zuschauererfahrung so operieren kann, wie das in der Literatur der Fall ist, die ja jene ästhetische Adaptation voraussetzt, zu der es in der Rezeption jedes Lesers kommt, muß ein

Filmemacher mit größtmöglicher Aufrichtigkeit den anderen seine eigenen Erfahrungen mitteilen. Doch das ist gar nicht so einfach, dazu gehört Entschlußkraft. Und deshalb bleibt dies selbst heute, obwohl inzwischen sehr vielen Leuten der Zugang zum Filmen gegeben ist, eine Kunst, die in der ganzen Welt nur wenige Menschen beherrschen.

Ich, zum Beispiel, bin prinzipiell nicht damit einverstanden, wie Sergej Eisenstein mit seinen intellektuellen, in der Einstellung verschlüsselten Formeln arbeitete. Meine Art, dem Zuschauer Erfahrungen zu vermitteln, unterscheidet sich grundsätzlich von der Eisensteins. Sicher muß man der Gerechtigkeit halber hinzufügen, daß dieser Regisseur nicht einmal den Versuch gemacht hat, irgend jemandem eigene Erfahrungen weiterzugeben. Er wollte statt dessen Gedanken und Ideen in Reinform vermitteln. Dahinter steckt ein Filmverständnis, das mir absolut konträr ist. Und Eisensteins Montage-Diktat scheint mir überhaupt die generelle Grundlage filmspezifischer Wirkung zu beeinträchtigen... Es nimmt seinem Zuschauer das größte Privileg, das ihm das Kino aufgrund der ihm eigenen Rezeptionsweise im Unterschied zu Literatur und Philosophie bieten kann – die Möglichkeit nämlich, das, was sich auf der Leinwand ereignet, als eigenes Leben zu empfinden, eine zeitlich fixierte Erfahrung als eine eigene, zutiefst persönliche Erfahrung zu übernehmen, das eigene Leben zu dem auf der Leinwand Gezeigten in Beziehung zu setzen.

Eisensteins Denken ist despotisch. Es nimmt einem die »Luft«, jenes Unaussprechliche, das möglicherweise die bestechendste Eigenart der Kunst als solcher ist – das, was es dem Zuschauer ermöglicht, einen Film auf sich selbst zu beziehen. Und ich möchte schließlich Filme machen, die keine rhetorischen, propagandistischen Reden vorstellen, sondern zutiefst intim erlebt werden können. In dieser Richtung liegt für mich meine Verantwortung gegenüber dem Zuschauer, und ich glaube, ihm ein einmaliges Erlebnis vermitteln zu können, das für ihn zugleich so nötig ist, daß er sich nur seinetwegen in den dunklen Saal eines Kinotheaters begibt.

Möge jeder, der dies wünscht, sich meine Filme wie einen Spiegel anschauen, in dem er sich selbst erblickt. Wenn die Filmkunst ihr Konzept in lebensähnlichen Formen fixiert, es so organisiert, daß es vor allem emotional spürbar wird, dann kann sich der Zuschauer dazu auch unter Rückbesinnung auf seine eigene Erfahrung beziehen. Doch das wird eben nicht geschehen, wenn man auf den spekulativen Formeln der sogenannten »poetischen Einstellung«, also auf einer Einstellung mit einer gedanklich akzentuierten Mise-en-scène beharrt.

Für mich ist es, wie bereits gesagt, unabdingbar, daß man mit seinen eigenen Absichten hinter dem Berg hält. Wenn man auf ihnen insistiert, so mag dabei vielleicht ein im alltäglichen Sinne aktuelleres Kunstwerk herauskommen. Doch es wird dann sicher auch von viel vergänglicherer Bedeutung sein. Die Kunst beschäftigt sich in diesem Falle nicht etwa mit einer Vertiefung ihres Wesens, sondern stellt sich vielmehr in den Dienst von Propaganda, Journalistik, Philosophie und anderen verwandten Wissenszweigen, sie übernimmt somit rein utilitäre Funktionen.

Der Wahrheitscharakter eines in der Kunst reproduzierten Phänomens offenbart sich in einem Rekonstruktionsversuch seiner logischen *Lebens*bezüge insgesamt. Allerdings ist auch der Filmkünstler bei seiner Auswahl und Verknüpfung von Fakten eines »Zeitblocks« beliebiger Ausmaße keinesfalls uneingeschränkt frei. Denn seine Künstlerpersönlichkeit wird hierbei unwillkürlich und unabdingbar zu Tage treten.

Doch die Wirklichkeit beruht auf *zahllosen* Kausalverknüpfungen, von denen ein Künstler immer nur einen bestimmten Teil erfassen kann. Er wird es also immer nur mit denen zu tun haben, die er selbst einzufangen und zu reproduzieren verstand. Und genau hierin wird sich seine Individualität und Einmaligkeit zeigen. Je mehr ein Autor also auf den Realismus seiner Darstellung abzielt, um so größer wird seine Verantwortung für sie. Ein Künstler muß ehrlich sein. Er braucht saubere Hände.

Das Unglück (oder der Hauptgrund für die Entstehung der Filmkunst) besteht darin, daß vor dem Kameraobjektiv niemand seine eigene Wahrheit zu rekonstruieren vermag. Deshalb ist es sinnlos, im Film den Begriff des »Naturalismus« zu verwenden, der zumindest für sowjetische Kritiker ein Schimpfwort darstellt. (»Naturalistisch« nennt man dabei übertrieben grausame Einstellungen. »Naturalismus« war auch einer der Hauptvorwürfe gegen »Andrej Rubljow«, in dem man eine absichtliche und eigenwertige Ästhetisierung des Grausamen zu entdecken glaubte.)

Jeder Mensch neigt dazu, die Welt für das zu halten, wie er sie sieht und wahrnimmt. Doch leider ist sie völlig anders! Das »Ding-als-solches« wird erst im Prozeß menschlicher Praxis zu einem »Ding-für-uns«. Genau hierin liegt auch der Sinn der notwendigen menschlichen Erkenntnisabläufe. Die Welterkenntnis des Menschen wird dabei durch die ihm von der Natur verliehenen Sinnesorgane beschränkt. Wenn wir allerdings – wie Nikolaj Gumiljow[42] einmal schrieb – ein Organ für den sechsten Sinn« entwickeln könnten, dann würde sich die Welt uns zweifelsohne in ganz anderen Dimensionen darstellen. Genauso eingeschränkt wird nun auch der Künstler von seiner jeweiligen Weltsicht, von seinem Verständnis dessen, was die ihn umgebende Welt zusammenhält. Auch dies zeigt, wie sinnlos es ist, von einem filmischen Naturalismus als einem Phänomen zu sprechen, das die Kamera wahllos, also ohne irgendwelche künstlerischen Prinzipien, sozusagen »im Naturzustand« fixiert. Einen solchen Naturalismus gibt es einfach nicht.

Etwas ganz anderes ist der von den Kritikern erdachte »Naturalismus«, der von ihnen als theoretische, gleichsam »objektive« und »wissenschaftliche« Grundlage für ihre Zweifel an der Rechtmäßigkeit einer künstlerischen Faktensicht gebraucht wird, der sie gleichsam auf den Plan ruft, um die Zuschauer vor Grausamkeiten zu schützen. Das ist ein »Problem«, das von den »Beschützern« der Zuschauer aufgebracht wurde, die einem vorschreiben wollen, daß man die Augen und Ohren des Publikums nur streicheln dürfe. Derlei Vorwürfe könnte man auch gegen die heute zum Denkmal erhobenen Regisseure Serge Eisenstein und Alexander Dowshenko erheben. Oder auch gegen Dokumentaraufnahmen aus Konzentrationslagern, die aufgrund ihrer undenkbaren Wahrheit menschlichen Leidens und Sterbens unerträglich sind.

Als man einzelnen, aus dem Zusammenhang gerissenen Szenen und Episoden meines »Andrej Rubljow«-Films (etwa der »Blendungs«-Episode oder einigen Szenen von der »Eroberung Wladimirs«) »Naturalismus« vorwarf, da habe ich, ehrlich gesagt, weder damals noch heute den Sinn solcher Anschuldigungen begreifen können: Ich bin doch kein Salonkünstler und somit auch nicht für die gute Stimmung meines Publikums verantwortlich!

Zur Verantwortung sollte man mich ziehen, wenn ich in

meiner Kunst lüge. Wenn ich unter Ausnutzung der offenkundi-
gen »Authentizität« der Filmkunst an sich, also mit Hilfe von
deren überzeugendsten Wirkungsformen einen Anspruch auf
weitgehendste Wirklichkeitsnähe erhöbe, diese aber in irgendeiner Absicht verfälschen würde.

Nicht zufällig sprach ich bereits eingangs von der »strafrechtlichen« *Verantwortung* des Filmkünstlers! Das mag einigen ruhig
übertrieben vorkommen. Doch mit dieser Übertreibung möchte
ich die Tatsache unterstreichen, daß man in der *wirksamsten* aller
Künste auch besonders verantwortungsvoll arbeiten muß.
Denn mit den Mitteln filmischer Wirkung kann man sein
Publikum erheblich leichter und schneller verderben und geistig hilflos machen, als dies in den alten, traditionellen Kunstarten möglich ist.

Dostojewskij schrieb einmal: »Man sagt also, daß das künstlerische Schaffen das Leben usw. widerzuspiegeln habe. Das ist
doch alles Unfug: Der Schriftsteller/Dichter schafft doch das
Leben selbst. Noch dazu ein Leben, das es in diesem Umfang
noch gar nicht gegeben hat« … Die Idee eines Künstlers
entsteht irgendwo in den verborgensten Tiefen seines Ichs. Sie
kann von keinerlei äußeren »Sach«-Vorstellungen diktiert werden, sondern muß unbedingt mit der Psyche und dem Gewissen
des Künstlers zusammenhängen, ein Resultat seiner gesamten
Lebenseinstellung sein. Anderenfalls ist sein Vorhaben von
Anfang an dazu verurteilt, künstlerisch leer und unproduktiv zu
bleiben. Man kann sich natürlich rein berufsmäßig mit Film
oder Literatur beschäftigen, ohne gleich ein Künstler zu sein,
man bleibt dabei so etwas wie ein bloßer Realisator fremder
Ideen.

Eine wirkliche künstlerische Idee ist für den Künstler stets
etwas Quälendes, ja fast Lebensgefährliches. Ihre Verwirklichung kann nur mit einem entscheidenden Schritt im Leben
eines Menschen verglichen werden. Und so war das schon
immer und mit jedem, der sich auf Kunst einließ. Und doch
entsteht zuweilen der Eindruck, als würden wir uns heute mehr
oder weniger mit dem Nacherzählen uralter Geschichten beschäftigen. Als ob das Publikum zu uns wie zu einer Großmutter mit Kopftuch und Strickzeug käme und wir es dann mit
allerlei Märchengeschichten unterhalten würden. Eine Erzählung mag etwas Unterhaltsames und Kurzweiliges sein. Doch

dem Publikum verhilft sie einzig und allein zu einem Zeitvertreib mit leerem Geschwätz.

Warum fürchten wir uns so sehr davor, in unserer Filmarbeit Verantwortung zu übernehmen? Warum sichern wir uns von vornherein so ab, daß unser Resultat dann so ungefährlich wie überflüssig ausfällt? Doch nicht etwa deshalb, weil wir unverzüglich unsere Arbeit mit Geld und Komfort entlohnt sehen wollen? In diesem Sinne sollte man einmal die Arroganz moderner Künstler mit der Bescheidenheit etwa der unbekannten Erbauer der Kathedrale von Chartres vergleichen! Ein Künstler sollte sich durch selbstlose Pflichterfüllung auszeichnen. Doch das ist etwas, das wir alle längst vergessen haben.

Der Mensch, der an der Maschine steht oder zur Feldarbeit geht, also der Produzent materieller Werte, hält sich unter sozialistischen Bedingungen für den Herren des Lebens. Und dieser Mensch gibt nun sein Geld aus, um ein bißchen »Unterhaltung« dafür zu bekommen, die dienstfertige »Künstler« für ihn bereitstellen. Doch die Dienstfertigkeit dieser »Künstler« wird von Gleichgültigkeit bestimmt: Zynisch stehlen sie diesem ehrlichen, arbeitsamen Menschen die Freizeit und nützen seine Schwäche, sein mangelndes Verständnis und seine ästhetische Ungebildetheit dazu aus, um ihn geistig zu vernichten und dabei auch noch Geld zu verdienen. Die Tätigkeit solcher »Künstler« ist anrüchig. Ein wirklicher Künstler aber hat nur dann ein Recht zu kreativem Schaffen, wenn das für ihn auch eine Lebensnotwendigkeit ist. Wenn dieses Schaffen nicht nur eine zufällige Nebenbeschäftigung, sondern die einzige Existenzform seines reproduzierenden Ichs ist.

Bei der Literatur ist es im geistigen Sinne letztlich gar nicht so wichtig, was für ein Buch man schreibt. Bis zu einem gewissen Grad mag das eine Privatsache des Autors sein, weil ja schließlich der Leser entscheidet, welches Buch er kaufen und welches er in den Regalen des Buchgeschäftes verstauben lassen wird. Vergleichbares gibt es im Kino lediglich auf der formalen Ebene, da ein Zuschauer natürlich selbst entscheiden kann, welchen Film er sich ansehen will... Doch in Wirklichkeit erfordert die Filmproduktion natürlich große, zuweilen sogar schwindelerregend hohe Kapitaleinsätze, die während der Produktion noch ständig steigen und den Verleih zu maximaler Profiteintreibung verpflichten. Wir verkaufen unsere Filme gleichsam noch »am Halm«, und das erhöht natürlich die Verantwortung für unsere »Ware« noch mehr.

... Immer wieder bin ich von der konzentrierten Arbeitsweise Robert Bressons überrascht. Kein einziger seiner Filme ist zufällig oder eine »Übergangslösung«. Das Asketische seiner Ausdrucksmittel verschlägt einem regelrecht den Atem! Wegen seiner Ernsthaftigkeit und Tiefe gehört er zu jenen Meisterregisseuren, deren Filme stets zu einem Faktum ihrer geistigen Existenz werden. Offensichtlich dreht er sie nur in extremen inneren Lebenssituationen. Warum? Das weiß niemand.

In Ingmar Bergmans Film »Schrei und Flüstern« gibt es eine sehr starke, fast seine wichtigste Episode: Zwei Schwestern fahren ins Elternhaus, wo die ältere Schwester stirbt. Das Warten auf den Tod bildet die Ausgangssituation dieses Films. Und während sie nun so zusammen sind, fühlen sie sich in einem bestimmten Moment ganz stark zueinander hingezogen: Sie reden und reden, liebkosen einander. All das schafft das Gefühl einer beklemmenden menschlichen Nähe, die ersehnt und zerbrechlich ist... Sie ist um so ersehnter, weil solche Momente in Bergmans Filmen sonst eher selten oder nur ganz flüchtig angedeutet sind. Dort können sich Schwestern sehr viel häufiger nicht versöhnen, einander selbst im Angesicht des Todes nicht vergeben. Meist sind sie voller Haß, bereit, die andere und sich selbst zu quälen. In der Szene ihrer kurzen Nähe bringt Bergman statt Wortrepliken eine Violinensuite von Bach, was den Eindruck um ein Vielfaches verstärkt, ihm eine zusätzliche Tiefendimension verleiht.

Sicher ist dieser positiv hervorgehobene Ausflug in etwas geistig Höheres bei Bergman eine Illusion, ein Traum: Denn was nicht ist, kann auch nicht sein. Und das ist genau jenes, wonach der menschliche Geist strebt, wovon er träumt: die Harmonie als ein gleichsam in diesem Moment spürbar gewordenes Ideal. Doch sogar dieser illusorische Ausflug ermöglicht dem Menschen eine Katharsis, eine geistige Reinigung und Befreiung mit Hilfe der Kunst.

Mit dem hier Gesagten möchte ich betonen, daß ich ein Anhänger jener Kunst bin, die in sich eine *Sehnsucht nach dem Idealen* trägt, das Streben danach zum Ausdruck bringt. Ich bin für eine Kunst, die dem Menschen Hoffnung und Glauben gibt, Je hoffnungsloser die Welt ist, von der ein Künstler erzählt, u so deutlicher wird er vielleicht das ihr entgegengesetzte Ideal erspüren lassen – sonst lohnt es sich nicht zu leben!

Die Kunst symbolisiert den Sinn unserer Existenz.

Aus welchem Grunde versucht ein Künstler eigentlich jene Stabilität zu stören, nach der die Gesellschaft strebt? In Thomas Manns »Zauberberg« sagt Settembrini: »Ich hoffe, Sie haben nichts gegen die Bosheit, Ingenieur? In meinen Augen ist sie die glänzendste Waffe der Vernunft gegen die Mächte der Finsternis und der Häßlichkeit. Bosheit, mein Herr, ist der Geist der Kritik, und Kritik bedeutet den Ursprung des Fortschrittes und der Aufklärung.« Der Künstler versucht die Stabilität einer Gesellschaft im Namen seines Strebens nach dem Idealen zu stören: Die Gesellschaft strebt nach Stabilität, der Künstler dagegen nach Unendlichkeit. Ihn beschäftigt die absolute Wahrheit, weshalb er auch nach vorne schaut und so früher als andere etwas erblickt.

In allen meinen Filmen kam es mir sehr darauf an, Verknüpfungen herzustellen, die Menschen zusammenbringen (abgesehen von allen rein physischen Interessen). Verknüpfungen, die beispielsweise mich selbst mit der Menschheit verbinden und uns alle mit dem, was um uns herum ist. Ich muß unbedingt meine Kontinuität spüren können, die Tatsache, daß ich nicht nur zufällig auf dieser Welt bin. In jedem von uns muß es eine bestimmte Wertskala geben. Im »Spiegel« versuchte ich das Gefühl zu vermitteln, daß Bach, Pergolesi, der Puschkin-Brief, die den Sivasch überquerenden Soldaten und die ausgesprochen intimen häuslichen Szenen in einem bestimmten Sinn auch für alle anderen Menschen den gleichen Wert besitzt. Für die geistige Erfahrung des Menschen kann das, was ihm gestern abend persönlich und der Menschheit vor Jahrhunderten zustieß, gleichrangige Bedeutung haben.

In allen meinen Filmen war mir stets das Thema meiner Wurzeln, meiner Bindungen an das Vaterhaus, an die Kindheit, das Vaterland und die Erde wichtig. Unbedingt mußte ich hier meine Zugehörigkeit zu einer Tradition und Kultur, zu einem bestimmten Menschen- und Ideenkreis herausstellen.

Ganz außerordentlich bedeutsam sind für mich die von Dostojewskij herkommenden russischen Kulturtraditionen. Im wesentlichen sind diese allerdings im modernen Rußland nicht zu voller Entfaltung gekommen. Ja, man vernachlässigt sie dort

eher oder ignoriert sie sogar völlig. Dafür gibt es mehrere
Gründe, von denen wohl der wichtigste der ist, daß diese
Tradition prinzipiell mit dem Materialismus unvereinbar ist.
Eine weitere Ursache dieser zurückhaltenden Dostojewskij-
Rezeption im heutigen Rußland ist sicher die geistige Krise, die
für die Helden dieses Schriftstellers, für dessen eigenes Werk
insgesamt, aber auch für das seiner Nachfolger so bezeichnend
ist. Warum fürchtet man diesen Zustand einer »geistigen Krise«
im modernen Rußland so sehr?

Für mich ist eine »geistige Krise« immer ein Zeichen von
Gesundheit. Denn meiner Meinung nach bedeutet sie einen
Versuch, zu sich selbst zu finden, einen neuen Glauben zu
erlangen. In den Zustand einer geistigen Krise gerät jeder, der
sich geistigen Problemen stellt. Und wie sollte das auch anders
sein? Schließlich dürstet die Seele nach Harmonie, während das
Leben voller Disharmonien ist. In diesem Widerspruch liegt
das Stimulans für Bewegung, zugleich aber auch die Quelle
unseres Schmerzes und unserer Hoffnung. Er ist eine Bestätigung unserer geistigen Tiefe, unserer spirituellen Möglichkeiten.

Hiervon handelt auch unser »Stalker«: Dessen Hauptfigur
erlebt Minuten der Verzweiflung. Er schwankt in seinem Glauben, spürt dann aber doch immer wieder seine Berufung zum
Dienst an den Menschen, die ihre Hoffnungen und Illusionen
verloren haben. Äußerst wichtig war es für mich, daß das
Drehbuch hier die Einheit von Zeit, Raum und Handlungsort
wahrte. Während es mir im »Spiegel« noch interessant schien,
Dokumentarmaterial, Träume, Erscheinungen, Hoffnungen,
Ahnungen und Erinnerungen, also das ganze Chaos der Umstände zu montieren, die den Helden dieses Filmes mit unausweichlichen Seinsfragen konfrontierten, sollte es im »Stalker«
zwischen den einzelnen Montagestücken keinerlei Zeitsprünge
geben. Ich wollte, daß man den Zeitablauf hier *innerhalb* einer
Einstellung ausmachen konnte, daß die Montage hier also
nichts weiter als die Fortsetzung der Handlung markiert. Die
Einstellung sollte also weder Zeitballast, noch die Funktion
einer dramaturgischen Materialorganisation haben. Alles sollte
so wirken, als hätte ich den gesamten Film nur in einer einzigen
Einstellung gedreht. Eine solche einfache, ja asketische Methode schien mir große Möglichkeiten zu bieten. Ich warf also alles

aus dem Drehbuch hinaus, was mich daran gehindert hätte, mit einem Minimum an äußeren Effekten auszukommen. Ich strebte hier nach einer einfachen und bescheidenen Architektur der filmischen Gesamtstruktur.

Ich wollte den Zuschauer dabei noch mehr davon überzeugen, daß das Kino als ein Instrument der Kunst eigene Möglichkeiten hat, die keinesfalls geringer als die der Prosa sind. Ich wollte ihm die Fähigkeit des Kinos vorführen, das Leben gleichsam ohne sichtliche, grobe Verletzung seines realen Ablaufs zu beobachten. Denn hierin liegt für mich das tatsächliche *poetische* Wesen der Filmkunst.

Eine gewisse Gefahr sah ich darin, daß diese extreme Vereinfachung der Form geziert und manieriert wirken könnte. Dem versuchte ich dadurch aus dem Weg zu gehen, daß ich der Einstellung all das Nebulöse und Unbestimmte nahm, das man gemeinhin die »poetische Atmosphäre« eines Filmes nennt. Normalerweise wird eine solche Atmosphäre mit viel Sorgfalt erzeugt. Doch für mich stand fest, daß ich mich um sie überhaupt nicht zu kümmern hatte. Denn sie kommt bei der Realisierung der Hauptaufgabe eines Filmregisseurs gleichsam von selbst mit auf. Je deutlicher nun diese Hauptaufgabe, also der Sinn dessen, was gezeigt werden soll, formuliert ist, um so bedeutsamer tritt hierbei auch die Atmosphäre hervor. Und auf diese Grundnote beginnen dann auch die Dinge, die Landschaft und die Intonation der Schauspieler zu antworten. Alles gerät dann in Zusammenhänge, nichts bleibt mehr zufällig. Alles greift ineinander und überschneidet sich, so daß sich die Atmosphäre als ein Resultat, als eine Folge der möglich gewordenen Konzentration auf das Wichtigste einstellt. Eine Atmosphäre als solche schaffen zu wollen, wäre dagegen ein ausgesprochen widersinniges Unternehmen! Aus diesem Grunde blieb mir übrigens auch immer die Malerei der Impressionisten fremd, die sich ja zur Aufgabe gemacht hatten, das Vorüberfliegende, den Augenblick als solchen darzustellen. Im »Stalker«, wo ich mich auf das Wesentliche zu konzentrieren versuchte, kam Atmosphäre dagegen gleichsam »nebenbei« auf. Und, wie mir scheint, wirkt sie sogar erheblich aktiver und emotional anstekkender als in meinen vorangegangenen Filmen.

Welches Hauptthema sollte in »Stalker« anklingen? Ganz allgemein gesagt, die Frage, worin eigentlich der Wert eines

Menschen besteht und was das nur für ein Mensch sei, der unter dem Fehlen seiner Würde leidet.

Ich möchte daran erinnern, daß das Ziel der Menschen, die sich in diesem Film auf ihre Reise in die »Zone« machen, ein Zimmer ist, in dem sich ihre geheimsten Wünsche erfüllen sollen. Und während sie nun auf dem Weg dorthin das seltsame Gelände der »Zone« durchqueren, erzählt der Stalker dem Schriftsteller und dem Gelehrten irgendwann einmal die tatsächlich geschehene oder legendäre Geschichte von Dikoobras, der an diesen Ort der Sehnsucht mit der Bitte kam, seinen Bruder, dessen Tod er verschuldet hatte, wieder ins Leben zurückkehren zu lassen. Als dann aber Dikoobras aus dem »Zimmer« zu sich nach Hause zurückkehrte, da wurde er dort nur unsäglich reich. Die »Zone« hatte ihm nämlich seinen wirklichen, geheimsten Wunsch erfüllt. Also nicht das, was er sich zu wünschen bemühte. Und da erhängte sich Dikoobras.

Als dann unsere Helden an ihr Ziel gelangen, nachdem sie viel erlebt und viel über sich nachgedacht haben, da können sie sich nicht mehr dazu entschließen, die Grenze dieses Zimmers, zu dem sie sich unter Lebensgefahr aufgemacht hatten, auch wirklich zu überschreiten. Sie sind sich plötzlich bewußt geworden, daß ihr innerer moralischer Zustand letztlich geradezu tragisch unvollkommen war. Sie haben in sich nicht genügend geistige Kräfte gefunden, um an sich selbst zu glauben. Ihre Kraft reichte lediglich dazu, einen Blick in sich selbst zu werfen. Und der ließ sie zutiefst erschrecken!

Als Stalkers Frau in die Stehkneipe kommt, in der die drei eine Pause machen, sehen sich der Schriftsteller und der Wissenschaftler mit einem für sie rätselhaften und unverständlichen Phänomen konfrontiert: Vor ihnen steht eine Frau, der die Lebensweise ihres Mannes und die Geburt eines behinderten Kindes unendlich viel Leid brachten, die ihren Mann aber dennoch hingebungsvoll und selbstlos wie in ihrer frühsten Jugend liebt. Diese Liebe und Ergebenheit ist das letzte Wunder, das dem Unglauben, Zynismus und der Leere der modernen Welt entgegengesetzt werden kann. Und Opfer dieser modernen Welt sind ja schließlich auch der Schriftsteller und der Gelehrte geworden.

Im »Stalker« verspürte ich vielleicht zum erstenmal die Notwendigkeit, jenen wichtigsten, positiven Wert, von dem der

Mensch und seine Seele lebt, klar und unzweideutig herauszuarbeiten.

»Solaris« handelt von Menschen, die sich im Kosmos verirrt haben und nun, ob sie es wollen oder nicht, sich noch ein weiteres Wissen aneignen müssen. Dieses dem Menschen hier gleichsam von außen her auferlegte Erkenntnisstreben ist schon auf seine Art recht dramatisch, weil es von ständiger Unruhe und Entbehrungen, von Schmerz und Enttäuschung begleitet wird, denn die letzte Wahrheit ist unerreichbar. Hinzu kommt noch, daß dem Menschen auch ein Gewissen verliehen wurde, das ihn zu quälen beginnt, wenn sein Handeln in Widerspruch zu den Moralgesetzen gerät. Auch die Existenz des Gewissens ist demnach in einem gewissen Sinne etwas Tragisches.

Selbst im »Spiegel«, der von tiefen, ewigen, nicht nur kurz aufflackernden Gefühlen handelt, verwandeln sich diese Bindungen in ein Unverständnis und Unvermögen seines Helden, der nicht begreifen kann, warum er um dieser Gefühle willen, ebendieser Liebe und Bindung willen, ewig leiden muß. Im »Stalker« spreche ich es offen und konsequent aus, daß die menschliche Liebe jenes Wunder ist, das jedwedem trockenen Theoretisieren über die Hoffnungslosigkeit unserer Welt erfolgreichen Widerstand entgegenzusetzen vermag. Nur haben wir auch die Liebe verlernt...

Im »Stalker« reflektiert der Schriftsteller über die Langeweile des Lebens in einer gesetzmäßigen Welt, in der sogar der Zufall das Resultat einer uns bislang nur noch verborgenen Gesetzmäßigkeit ist.

Vermutlich gefällt es dem Schriftsteller deshalb auch in der »Zone«, wo er auf Unbekanntes stößt, das ihn zu überraschen und zu erstaunen vermag. In Wirklichkeit aber setzt ihn diese einfache Frau in ihrer Treue und ihren menschlichen Werten in Erstaunen. Ordnet sich denn wirklich noch alles der Logik unter? Kann man dann tatsächlich noch alles in seine Bestandteile zerlegen und berechnen?

In »Stalker« und »Solaris« ging es mir also ganz sicher nicht um Science-Fiction. Dennoch gab es in »Solaris« leider noch viel zu viele Sci-Fi-Attribute, die hier vom Eigentlichen ablenkten. Die Weltraumschiffe und -stationen, die Stanislaw Lems Roman vorsah, waren sicher recht interessant gemacht. Doch meiner heutigen Ansicht nach wäre die Idee dieses Filmes erheblich deutlicher herausgekommen, wenn wir auf all das völlig verzichtet hätten.

Die »Science Fiction« bildete im »Stalker« sozusagen nur eine taktische Ausgangssituation, die den für uns zentralen moralischen Konflikt plastischer herauszubringen half. Doch in all dem, was hier mit den Filmhelden geschieht, gibt es keinerlei »Science Fiction«. Der Film wurde so gemacht, daß der Zuschauer das Gefühl haben konnte, alles würde sich heute abspielen und die »Zone« wäre gleich nebenan.

Häufig wurde ich gefragt, was denn die »Zone« nun eigentlich symbolisiere, woran sich dann auch gleich die unsinnigsten Vermutungen anschlossen. Derlei Fragen und Mutmaßungen versetzen mich regelrecht in Verzweiflung und Raserei. In keinem meiner Filme wird etwas symbolisiert. Die »Zone« ist einfach die »Zone«. Sie ist das Leben, durch das der Mensch hindurch muß, wobei er entweder zugrunde geht oder durchhält. Und ob er dies nun durchhält, das hängt allein von seinem Selbstwertgefühl ab, von seiner Fähigkeit, das Wesentliche vom Nebensächlichen zu unterscheiden.

Ich sehe es als meine Pflicht an, Nachdenken zu erregen über das spezifisch Menschliche und Ewige, das in jedem von uns lebt. Doch dieses Ewige und Wesentliche wird von dem Menschen immer wieder ignoriert, obwohl er doch sein Schicksal in den eigenen Händen hält. Er jagt lieber trügerischen Idolen nach. Doch letztendlich bleibt von all dem nur noch jenes ganz einfache Elementarteilchen, mit dem der Mensch in seiner Existenz rechnen kann – die Fähigkeit zur Liebe. Und dieses Elementarteilchen kann in seiner Seele zur lebensentscheidenden Position werden, zu einer Sinngebung seiner Existenz.

Nach »Nostalghia«

Nun liegt also mein erster Film hinter mir, den ich nicht in der Heimat drehte. Immerhin tat ich das noch mit offizieller Erlaubnis der sowjetischen Filmbehörden, was mich seinerzeit nicht sonderlich wunderte, da ich den Film ja für mein Land und wegen meines Landes machte... Dies schien allen klar zu sein, obwohl die weiteren Ereignisse dann noch einmal demonstrierten, wie verhängnisvoll fremd meine Absichten und Filme der sowjetischen Filmadministration blieben.

Ich wollte hier von der russischen Form von Nostalgie erzählen, von jenem für unsere Nation so spezifischen Seelenzustand, der in uns Russen aufkommt, wenn wir weit weg von der Heimat sind. Hierin sah ich, wenn man so will, meine patriotische Pflicht, so wie ich diese selbst empfinde und begreife. Ich wollte von der schicksalhaften Bindung der Russen an ihre nationalen Wurzeln, ihre Vergangenheit und Kultur, an Heimaterde, Freunde und Verwandte sprechen, über jene tiefe Bindung, von der sie ihr ganzes Leben lang nicht loskommen, gleich, wohin sie das Schicksal verschlägt. Die Russen vermögen sich nicht schnell umzuorientieren und neuen Lebensverhältnissen anzupassen. Die gesamte Geschichte der russischen Emigration belegt, daß Russen »schlechte Emigranten« sind, wie man im Westen sagt. Ihre tragische Unfähigkeit zur Assimilierung und ihre linkisch-schwerfälligen Versuche, sich einem fremden Lebensstil anzupassen, sind allgemein bekannt. Wie hätte ich also während der »Nostalghia«-Arbeiten auf die Idee kommen sollen, der Zustand niederdrückend-auswegloser Trauer, der diesen Film durchzieht, könnte das Los meines eigenen Lebens werden? Wie hätte es mir in den Sinn kommen können, daß ich nunmehr selbst bis ans Ende meiner Tage an dieser schweren Krankheit leiden soll?

In Italien drehte ich einen Film, der zutiefst russisch ist. Und zwar in allen seinen Aspekten, in den moralischen und ethischen ebenso wie in den politischen und emotionalen. Ich machte einen Film über einen Russen, der sich in Italien auf einer langen Forschungsreise befindet, über seinen Eindrücke von diesem Land. Allerdings hatte ich dabei keinesfalls vor, auf der Filmleinwand ein übriges Mal die Postkarten-Schönheit eines bereits tausendfach bekannten touristischen Italiens zu zeigen.

Das ist vielmehr ein Film über einen völlig aus dem Gleis

geratenen russischen Menschen, auf den die Eindrücke nur so
niederströmen. Doch tragischerweise kann er sie nicht mit den ihm nahestehenden Menschen teilen, verhängnisvollerweise auch vermag er die neuen Erfahrungen nicht mit der Vergangenheit zu verknüpfen, an der er bis in die letzte Faser seiner Existenz hängt. Ich selbst erlebte Vergleichbares: Als ich für lange Zeit von zu Hause Abschied nahm und mich einer anderen Welt und Kultur gegenübersah, die mich anzogen, da begannen diese mich in einen fast unbewußten, aber hoffnungslosen Reizzustand zu versetzen, so, wie das bei unerwiderter Liebe der Fall ist. Das war wie ein Zeichen der Unmöglichkeit, das Nichterfaßbare zu erfassen, Unvereinbares zu vereinen. Das war wie eine Erinnerung an die Endlichkeit unseres Lebens auf dieser Erde, wie ein warnender Hinweis auf die Begrenztheit und Vorherbestimmtheit unseres Lebens, das von nun an nicht mehr äußeren Umständen, sondern dem eigenen inneren »Tabu« ausgeliefert war.

Mich faszinieren immer wieder jene mittelalterlichen japanischen Künstler, die mit ihrer Arbeit am Hofe eines Feudalherren Anerkennung fanden und eine Schule gründeten, um dann auf dem Höhepunkt ihres Ruhms plötzlich ihr Leben völlig zu ändern und an einem neuen Ort unter fremdem Namen und mit einer anderen Malweise ihr Schaffen fortzusetzen. Bekanntlich vermochten einige von ihnen im Verlauf ihrer physischen Existenz fünf völlig verschiedene Leben zu führen. Alles dies hat meine Einbildungskraft immer wieder stark beschäftigt. Sicher auch gerade deshalb, weil ich absolut unfähig bin, etwas in der Logik meines Lebens, in meinen menschlichen und künstlerischen Affinitäten zu verändern.

Gortschakow, der Held in »Nostalghia«, ist ein Dichter. Er fährt nach Italien, um hier Material über den leibeigenen russischen Komponisten Pavel Sosnowskij[42] zu sammeln, weil er ein Opernlibretto über dessen Leben schreiben will. Sosnowskij war ein real existierender Mensch. Da er musikalische Fähigkeiten zeigte, hatte ihn sein Gutsbesitzer zum Studium nach Italien geschickt, wo er lange blieb und mit großem Erfolg Konzerte gab. Doch da er offensichtlich von der unausbleiblichen russischen Nostalgie heimgesucht wurde, entschloß er sich, nach langen Jahren wieder in das Rußland der Leibeigenschaft zurückzukehren, wo er sich kurz darauf erhängte. Natürlich ist die Geschichte dieses Komponisten nicht zufällig im Film; sie paraphrasiert hier das Schicksal und jenen Zustand Gortschakows, in dem wir ihn antreffen, als er sich besonders schmerzlich als »Außenseiter« empfindet, der nur aus ferner Distanz ein ihm fremdes Leben beobachtet und sich Erinnerungen an die Vergangenheit, an die Gesichter Nahestehender, an Laute und Gerüche des heimatlichen Hauses hingibt.

Als ich zum erstenmal das Material des abgedrehten Films sah, war ich von der Dunkelheit der Bilder überrascht. Das gesamte Material entsprach völlig der Stimmung und dem Seelenzustand, mit dem wir es aufgenommen hatten. Eine solche Aufgabe hatte ich mir aber gar nicht gestellt. Doch es ist für mich sehr symptomatisch, daß die Kamera *unabhängig* von meinen konkret geplanten Absichten vor allem auf meinen inneren Zustand während der Dreharbeiten reagierte. Also auf die quälend lange Trennung von meiner Familie, das Fehlen der gewohnten Lebensbedingungen, die für mich neue Produktionsweise und nicht zuletzt auf die fremde Sprache. Ich war überrascht und erfreut zugleich, weil das jetzt erstmals vor mir über die Leinwand flimmernde Resultat bewies, daß meine Vorstellung, mit filmkünstlerischen Mitteln einen Abdruck der menschlichen Seele, einer einmaligen menschlichen Erfahrung erreichen zu können, keinesfalls nur eine Ausgeburt müßiger Gedanken, sondern unbestreitbare Realität ist.

Äußere Bewegungsabläufe, Intrigen, Ereigniszusammenhänge interessieren mich durchaus nicht, von Film zu Film immer weniger. Am meisten beschäftigt mich die innere Welt des Menschen. So war es für mich auch eine viel natürlichere Sache, einen Reise in das Innere der Psyche meines Helden anzutreten, in die sie nährende Philosophie, in literarische und kulturelle Traditionen, auf denen ihre geistige Grundlage ruht. Natürlich bin ich mir vollkommen klar darüber, daß es vom kommerziellen Standpunkt her erheblich vorteilhafter wäre, in den Film ständige Ortswechsel, immer wieder neue Kameraeffekte, exostische Außen- und »eindrucksvolle« Innenaufnahmen einzubringen. Doch bei dem, womit ich mich beschäftige, würden äußerliche Effekte lediglich eine Entfernung und Verwischung des Ziels bedeuten, auf das sich alle meine Anstrengungen richten. Mich interessiert der Mensch, in dem das Weltall beschlossen liegt. Und um dieser Idee, um dem Sinn des

menschlichen Lebens Ausdruck geben zu können, bedarf es nun
wahrhaftig keines Ereignisstranges.

Vielleicht erübrigt sich der Hinweis, daß meine Auffassung vom Film von Anfang an nichts mit amerikanischen Abenteuerstreifen zu tun hatte. Von »Iwans Kindheit« bis zu »Stalker« bemühte ich mich, äußerlicher Bewegtheit aus dem Weg zu gehen und die Handlung immer mehr auf die klassischen drei Einheiten Ort, Zeit und Raum hin zu konzentrieren. In dieser Hinsicht kommt mir heute sogar die Komposition meines »Andrej Rubljow« viel zu zerrissen und uneinheitlich vor.

Schließlich trachtete ich danach, daß das Drehbuch von »Nostalghia« nichts Überflüssiges und Nebensächliches mehr enthielt, das mich bei meiner Hauptaufgabe hätte stören können, den Zustand eines Menschen wiederzugeben, der in tiefen Widerspruch zur Welt und zu sich selbst gerät, der unfähig ist, ein Gleichgewicht zwischen der Realität und der erwünschten Harmonie zu finden, der also jene Nostalgie erlebt, die nicht nur seiner geographischen Ferne von der Heimat, sondern auch einer globalen Trauer um das ganzheitliche Sein entspringt. Mit dem Drehbuch war ich so lange unzufrieden, bis hier endlich eine bestimmte metaphysische Einheit aufkam.

Italien begegnet Gortschakow im Moment seines tragischen Zerwürfnisses mit der Wirklichkeit, mit dem Leben (womit nicht etwa dessen äußere Umstände gemeint sind), das niemals den Ansprüchen eines Individuums gerecht wird. Dieses Italien zeigt sich ihm nun mit seinen majestätischen, aus dem Nichts auftauchenden Ruinen. Die Trümmer einer allmenschlichen und zugleich fremden Zivilisation sind gleichsam Grabdenkmäler der Vergeblichkeit menschlicher Ambitionen, eine Markierung des verhängnisvollen Weges, auf dem sich die Menschheit verirrt hat. Gortschakow stirbt, weil er unfähig ist, die eigene geistige Krise zu überleben, den auch ihm bewußten Verfall des Zeitkontinuums aufzuhalten.

Im Zusammenhang mit diesem Seelenzustand Gortschakows wird die zunächst ziemlich seltsam anmutende Figur des Italieners Domenico äußerst wichtig. Der verstörte, aus der Gesellschaft ausgestoßene Mensch entdeckt in sich so viel Kräfte und geistiges Niveau, daß er sich der den Menschen vernichtenden Wirklichkeit zu widersetzen vermag. Dieser ehemalige Mathematiklehrer und nunmehrige »Outsider« überwindet sich selbst und entschließt sich, öffentlich über den katastrophalen Zustand unserer Welt zu reden, die Menschen zum Widerstand aufzurufen. In den Augen der sogenannten »normalen« Menschen ist er einfach ein »Verrückter«. Doch seine tief durchlittene Idee gilt nicht etwa einer individuellen, sondern der *allgemeinen* Errettung der Menschen aus dem Wahnsinn und der Erbarmungslosigkeit der modernen Zivilisation.

Mehr oder minder handeln alle meine Filme davon, daß die Menschen nicht einsam und verlassen in einem leeren Weltbau hausen, daß sie vielmehr mit unzähligen Fäden der Vergangenheit und Zukunft verbunden sind. Daß jeder Mensch sein eigenes Schicksal sozusagen mit dem der Welt und der Menschheit verknüpfen kann. Doch diese Hoffnung, dem Leben und Handeln eines jeden Menschen bewußte Bedeutung zu verleihen, erhöht natürlich auch die Verantwortung des Individuums gegenüber dem generellen Lauf des Lebens auf unserem Planeten ganz außerordentlich.

Angesichts der Drohung eines alles vernichtenden Krieges, unglaublicher sozialer Nöte und menschlichen Leids ist es die heilige Pflicht der Menschheit und jedes einzelnen, im Namen der Zukunft zueinander zu finden. Gortschakow schließt sich Domenico an und verspürt eine innere Notwendigkeit, ihn vor der »allgemeinen« Meinung der satten, egoistisch zufriedenen Ignoranten in Schutz zu nehmen, für die er lediglich ein peinlicher »Irrer« ist. Allerdings wird er ihn nicht von seinem unerbittlich selbstgewählten Weg abhalten können.

Gortschakow fasziniert der kindliche Maximalismus dieses Domenico, weil er selbst, wie alle »erwachsenen« Menschen kompromißbereit ist. Domenico entschließt sich zur Selbstverbrennung, um den Menschen mit dieser extremen Aktion seine Selbstlosigkeit zu demonstrieren. Und zwar in der wahnwitzigen Hoffnung, daß sie auf diesen letzten, warnenden Schrei hören werden. Gortschakow ist von dieser Tat, von der inneren Harmonie, ja fast Heiligkeit Domenicos erschüttert. Während er nämlich lediglich über die Unvollkommenheit des Lebens reflektiert, nimmt sich jener das Recht heraus, darauf zu reagieren, entschieden zu handeln. Domenico verspürt eine wirkliche Verantwortung gegenüber dem Leben, als er den Mut zu einer *solchen* Tat aufbringt. Vor diesem Hintergrund erweist sich Gortschakow nur als ein Spießer, den das Bewußtsein eigener Inkonsequen quält. Wenn man so sagen darf, ihn erfreut dieser Tod, weil er hier die Tiefe durchlebter Leiden entdeckt.

Ich erwähnte bereits, daß es mich bei der ersten Materialsichtung überraschte, wie hier mein eigener Zustand während der »Nostalghia«-Dreharbeiten herauskam, die tiefe, mich immer mehr erschöpfende Trauer über die Ferne der Heimat und der vertrauten Menschen, die einst jeden Moment meines Lebens prägten. Dieses verhängnisvoll bindende Gefühl der Abhängigkeit von der eigenen Vergangenheit, diese immer unerträglichere Krankheit heißt Nostalgie ... Dennoch möchte ich den Leser vor einer Identifizierung des Autors mit seinem lyrischen Helden warnen. Natürlich wird man in seinem Schaffen unmittelbar eigene Lebenserfahrungen verwerten, da einem ja leider gar keine anderen zur Verfügung stehen, doch eine Übernahme eigener Lebensstimmungen und -sujets erlaubt meist noch keine Identifizierung des Künstlers mit dem, was er tut. Mag sein, daß das manchen enttäuscht. Aber die lyrische Erfahrung eines Autors deckt sich nur höchst selten mit dessen alltäglichen Handlungsweisen.

Die Poesie eines Autors, das Ergebnis seines Erlebens der ihn umgebenden Wirklichkeit, vermag sich über die Wirklichkeit zu erheben, in Streit, ja sogar in einen unversöhnlichen Konflikt mit ihr geraten. Besonders wichtig und in jedem Fall paradox ist es, daß sie alles das nicht nur mit der »äußeren«, sondern auch mit der inneren Wirklichkeit des Autors tut. Viele Literaturwissenschaftler vertreten zum Beispiel die Meinung, daß Dostojewskij seine eigenen Abgründe entdeckte, daß die Heiligen und die Unholde seiner Romane gleichsam ihn selbst darstellen. In Wirklichkeit aber ist Dostojewskij keiner einzigen dieser Gestalten ähnlich, jeder der Charaktere ist eine Summe seiner Lebenseindrücke und -reflexionen, doch kein einziger von ihnen verkörpert ihn selbst, die Gesamtheit seiner Individualität.

In »Nostalghia« kam es mir darauf an, mein Thema des »schwachen« Menschen fortzusetzen, der von seinen äußeren Merkmalen her kein Kämpfer, für mich aber dennoch ein Sieger in diesem Leben ist. Bereits Stalker hält einen Monolog, in dem er die Schwäche als den einzigen wirklichen Wert und die Hoffnung des Lebens verteidigt. Ich finde immer wieder Gefallen an Menschen, die sich der pragmatischen Wirklichkeit nicht anzupassen vermögen. Mit Ausnahme vielleicht des Iwan gibt es in meinen Filmen keine Helden, doch es sind immer Menschen, deren Stärke aus ihrer geistigen Überzeugung und der Tatsache herrührt, daß sie Verantwortung für andere auf sich nehmen (was natürlich auch für Iwan gilt). Solche Menschen erinnern überhaupt sehr häufig an Kinder mit einem Pathos von Erwachsenen, weil ihre Haltungen für den »gesunden Menschenverstand« ausgesprochen unrealistisch und selbstvergessen sind.

Der Mönch Rubljow betrachtete die Welt mit hilflosen Kinderaugen und predigte, daß man sich dem Bösen nicht widersetzen und den Nächsten lieben solle. Obwohl er dann Zeuge der wohl schlimmsten Grausamkeiten dieser Welt wurde und bitterste Enttäuschungen erleben mußte, fand er doch wieder zu dem einzigen Wert menschlichen Lebens zurück – zur Güte und zur allesverzeihenden, demütigen Liebe, die Menschen einander schenken können. Chris Kelvin, der in »Solaris zunächst wie ein schlichter Spießer wirkt, verbirgt in seiner Seele jene tatsächlichen menschlichen »Tabus«, die einfach nicht zulassen, daß man die Stimme seines Gewissens überhört und die Bürde der Verantwortung für eigenes wie fremdes Leben abwirft. Der Held des »Spiegels« ist ein schwacher Egoist, der seinen Nächsten keine selbstlose, auf nichts abzielende Liebe zu geben vermag. Seine einzige Rechtfertigung sind die seelischen Erschütterungen, die er am Ende seines Lebens durchmachen muß, um seine nichteingelöste Schuld gegenüber dem Leben zu erkennen. Der seltsame, leicht in Hysterie verfallende Stalker ist nicht zu korrumpieren und wagt es, der vom Geschwür eines allgegenwärtigen Pragmatismus befallenen Welt die Stimme seiner überzeugten Spiritualität entgegenzusetzen.

Ähnlich wie Stalker erdenkt sich auch Domenico eine eigene Philosophie. Um nur ja nicht dem allgemeinen Zynismus, der Jagd nach persönlichen materiellen Vorteilen anheimzufallen, wählt er einen eigenen, qualvollen Weg und unternimmt mit dem Beispiel seines Opfertodes noch einmal einen Versuch, die verrückt gewordene Menschheit auf ihrem Weg in den eigenen Untergang aufzuhalten. Das Wichtigste, was ein Mensch besitzt, ist sein ewig unruhiges Gewissen, das ihn einfach nicht in aller Gemütsruhe ein fettes Stück von diesem Leben verzehren läßt. In Gortschakows Charakter wollte ich noch einmal diesen besonderen, den besten Teilen der russischen Intelligenz schon traditionell eigenen Seelenzustand hervorheben, der verantwortungsbewußt, fremd aller Selbstzufriedenheit, voller Mitleid für die Unglücklichen der Welt ist und aufrichtig nach dem Glauben, der Güte und dem Idealen sucht.

Am Menschen interessiert mich vor allem die Bereitschaft, Höherem zu dienen, seine Ablehnung, ja Unfähigkeit, sich mit der gewöhnlichen Spießbürger-»Moral« abzufinden. Mich interessiert ein Mensch, der den Sinn seiner Existenz im Kampf gegen das Böse sieht und so im Laufe seines Lebens zumindest eine geistig ein klein wenig höhere Stufe erklimmt. Denn die einzige Alternative zur geistigen Vervollkommnung ist ein Weg in die geistige Degradierung, zu der unsere Alltagsexistenz und der Anpassungsprozeß an dieses Leben geradezu einzuladen scheinen.

Der Held meines nächsten Filmes »Die Opferung« wird ebenfalls ein schwacher Mensch im ganz gewöhnlichen Sinne des Wortes sein. Er ist kein Held, aber ein denkender, aufrichtiger Mensch, der sich für seine höchsten Ideale zu opfern vermag. Als es die Situation erfordert, weicht er der Verantwortung nicht aus, versucht nicht etwa, sie anderen aufzubürden. Er riskiert dabei das Unverständnis seiner Nächsten, handelt aber dennoch nicht nur entschieden, sondern geradezu voller zerstörerischer Verzweiflung. Obwohl er weiß, daß er sich damit den Ruf eines Wahnsinnigen zuziehen kann, überschreitet er die Schwelle »zulässigen« und »normalen« menschlichen Verhaltens, um seine Zugehörigkeit zum Ganzen spüren zu können, zum Schicksal der Welt, wenn man so will. Bei all dem erfüllt er lediglich gehorsam die Mission seines Herzens, ist also gar nicht Herr, sondern nur Diener seines Schicksals. Seine Anstrengungen wird möglicherweise niemand bemerken, doch gerade auf ihnen basiert die Harmonie unserer Welt.

Menschliche Schwäche interessiert mich als Gegenstück zur äußeren Expansion der Persönlichkeit, zum aggressiven Verhalten gegenüber anderen wie dem Leben insgesamt und schließlich zum Wunsch, aus Selbstbehauptungsgründen andere Menschen den eigenen Absichten gefügig zu machen. Mich fasziniert also gerade jene menschliche Energie, die sich materialistischer Routine entgegenstemmt. Hierauf werden sich auch die Konzepte meiner nächsten Filme immer wieder konzentrieren.

Unter diesem Gesichtspunkt interessiert mich auch Shakespeares »Hamlet«,[43] den ich in naher Zukunft zu verfilmen hoffe. Dieses ganz außerordentliche Drama behandelt die ewige Problematik des spirituell höherstehenden Menschen, der sich gezwungenermaßen auf eine niedrige, schmutzige Wirklichkeit einlassen muß. Das ist gerade so, als würde man einen Menschen nötigen, in seiner eigenen Vergangenheit zu leben. Hamlets Tragödie liegt für mich nicht in seinem physischen Ende, sondern in der Tatsache, daß er noch kurz vor seinem Tod die eigenen spirituellen Prinzipien aufgeben und ein ganz gewöhnlicher Mörder werden mußte. Danach ist der Tod für ihn letztlich nur noch eine Erlösung, ohne die ihm nichts als der Selbstmord geblieben wäre.

Bei der Arbeit an meinem nächsten Film werde ich mich bemühen, noch entschiedener zu wahrhaftigen und überzeugenden Einstellungen vorzudringen. Dabei werde ich von den unmittelbaren Eindrücken der Außendrehorte ausgehen, in deren charakteristische Merkmale sich ja auch die Folgen der einwirkenden Zeit einschreiben. Naturalismus ist eine Existenzform der Natur im Film. Je naturalistischer die Natur in die Einstellung einfließt, um so würdevoller wird das dabei entstehende Bild sein: Die Beseelung der Natur entspringt im Film einer naturalistischen Wahrscheinlichkeit.

In der letzten Zeit hatte ich viele Gelegenheiten, mit meinen Zuschauern zu sprechen. Dabei bemerkte ich immer wieder ihre Skepsis gegenüber meinen Beteuerungen, daß es in meinen Filmen keinerlei Symbole und Metaphern gibt. Besonders häufig, ja geradezu leidenschaftlich werde ich beispielsweise nach der Bedeutung des Regens gefragt. Warum der in jedem Film vorkomme. Und weshalb hier immer wieder Wind, Feuer und Wasser auftauchen. Derlei Fragen bringen mich regelrecht in Verwirrung.

Man kann davon reden, daß Regenfälle charakteristisch für jene Natur sind, in der ich aufwuchs: In Rußland gibt es lange wehmütig stimmende Regenfälle. Man kann auch sagen, daß ich nicht etwa die großen Städte, sondern die Natur liebe, und mich immer phantastisch fühlte, wenn ich weit weg von den Errungenschaften der modernen Zivilisation in meinem russi schen Bauernhaus lebte, von dem es bis Moskau noch dreihundert Kilometer sind. Regen, Feuer, Wasser, Schnee, Tau und Felder sind Teile des materiellen Milieus, in dem wir leben, eine Wahrheit des Lebens, wenn man so will. Deshalb mutet es mich auch so seltsam an, wenn ich höre, daß Menschen die doch keinesfalls unbeteiligt ins Filmbild gebrachte Natur nicht einfach genießen, sondern darin nach irgendeinem verborgenen Sinn suchen. Im Regen kann man natürlich einfach nur schlechtes Wetter sehen, während ich ihn etwa in einer bestimmten Weise als ein ästhetisierendes Milieu benutze, das die entsprechende Filmhandlung prägt. Doch das bedeutet doch um Gottes willen noch lange nicht, daß die Natur in meinen Filmen irgend etwas symbolisieren soll! In kommerziellen Filmen scheint es meist gar kein Wetter zu geben. Dort steht alles im Zeichen hervorragender Licht- und Interieur-Verhältnisse für schnelle Dreharbeiten. Alles läuft hier nach dem Drehbuchsujet ab, und niemand regt sich über die Klischees eines nur so ungefähr reproduzierten Milieus, über die Vernachlässigung von Details und Atmosphäre auf. Wenn dann aber das Kino dem Zuschauer die tatsächliche Welt nahebringt, es ihm ermöglicht, sie in ihrer ganzen Fülle zu betrachten, sie gleichsam zu »riechen«, auf der Haut ihre Feuchtigkeit oder Trockenheit zu spüren, dann stellt sich heraus, daß dieser Zuschauer schon längst die Fähigkeit eingebüßt hat, sich diesem Eindruck einfach emotional, in unmittelbar ästhetischem Sinne hinzugeben. Statt dessen muß er sich ständig einer Kontrolle unterwerfen und prüfend nach dem »Warum«, »Weshalb«, »Weswegen« fragen.

Dabei liegt der eigentliche Grund doch nur darin, daß ich auf der Leinwand meine eigene Idealwelt möglichst vollkommen zeigen will, und zwar so, wie *ich selbst* sie fühle und empfinde. Ich verstecke vor dem Zuschauer keine besonderen Absichten und kokettiere nicht mit ihm. Ich zeige ihm die Welt so, wie sie mir am ausdrucksvollsten und präzisesten erscheint. So, wie sie den nicht greifbaren Sinn unserer Existenz für mich am besten zum Ausdruck bringt.

Zur Präzisierung dessen, was ich hier meine, ein Bergman-Beispiel: In der »Jungfrauenquelle« erschüttert mich immer wieder die Einstellung, in der die bestialisch vergewaltigte Heldin dieses Filmes stirbt: Frühlingssonne scheint durch die

Zweige, durch die hindurch wir auch das Gesicht des vielleicht sterbenden oder auch schon toten Mädchens sehen, das ganz offenkundig schon keinen Schmerz mehr verspürt...

... Alles scheint durchaus verständlich, und dennoch fehlt hier irgend etwas. Dann setzt Schneefall ein, einer dieser ungewöhnlichen Frühlings-Schneefälle... Schneeflocken bleiben in ihren Wimpern hängen und bedecken die Lider... Die Zeit hinterläßt ihre Spur in der Einstellung... Doch wäre es nun etwa angemessen, von der Bedeutung dieser niederfallenden Flocken zu reden? Oder auch nur davon, wie sie gerade durch die Länge und den Rhythmus dieser Einstellung unsere emotionale Wahrnehmung kulminieren lassen? Nein, ganz gewiß nicht! Denn diese Einstellung brachte der Regisseur hier einfach nur, um das Geschehnis genau wiedergeben zu können, um durch die auf den Lidern des Mädchens haftenbleibenden, nicht mehr schmelzenden Flocken zu zeigen, daß es tot ist. Man darf dabei kreativen Willen nicht mit Ideologie verwechseln, weil wir uns sonst die Möglichkeit verstellen würden, Kunst unmittelbar und *seelisch* adäquat zu rezipieren.

Ich muß zugeben, daß die Schlußeinstellung von »Nostalghia«, wo inmitten einer italienischen Kathedrale mein russisches Bauernhaus auftaucht, zumindest teilweise metaphorisch ist. Dieses konstruierte Bild hat etwas leicht Literarisches an sich. Es ist gleichsam ein Modell von Gortschakows innerem Zustand, von seiner Zerrissenheit, die ihn nicht mehr wie bisher weiterleben läßt. Wenn man so will, könnte man natürlich auch das Gegenteil behaupten und davon sprechen, daß dies das Bild einer neuen Einheit ist, die die Hügel der Toscana und das russische Dorf zu einem organischen, untrennbaren Ganzen zusammenschließt, das bei einer Rückkehr nach Rußland von der Realität wieder auseinandergeschlagen werden würde. Und aus diesem Grunde stirbt nun Gortschakow auch in dieser für ihn neuen Welt, wo die Dinge unserer seltsam bedingten irdischen Existenz eine natürliche und organische Einheit bilden, die aus unerfindlichen Gründen irgend jemand ein für alle Mal zerstört hat. Aber ich gestehe, daß diese Einstellung filmisch nicht ganz sauber ist, obwohl ich hoffe, daß sie keinerlei vulgären Symbolismus enthält. Meiner Meinung nach präsentiert die Einstellung etwas ziemlich Komplexes und Mehrdeutiges: Sie drückt auf *bildhafte Weise* das aus, was hier mit Gortschakow geschieht, symbolisiert aber dennoch nicht irgend etwas anderes, das man erst enträtseln muß.

Man könnte mich also in diesem Fall der Inkonsequenz beschuldigen. Aber letztlich ist es doch immer so, daß ein Künstler bestimmte Prinzipien aufstellt, um sie dann auch wieder verletzen zu können. Vermutlich gibt es nur wenige Werke, die der von ihrem Schöpfer verkündeten ästhetischen Doktrin voll entsprechen. In der Regel geraten Kunstwerke in komplizierte Bezüge zu den rein ästhetischen Idealen ihres Autors. Sie beschränken sich nicht auf sie, da die künstlerische Struktur immer reicher als das ihr zugrunde liegende theoretische Schema ist. Und wenn ich nun dieses Buch abschließe, dann frage ich mich auch, ob ich mich durch einen hier selbstgesteckten Rahmen künftig nicht allzusehr festlege.

»Nostalghia« liegt bereits hinter mir. Doch wie hätte ich bei den Arbeiten zu dem Film auf den Gedanken kommen können, daß schon bald eine sehr persönliche und konkrete Nostalgie meine Seele für immer befallen würde?

»Opfer«

Die Idee zu meinem Film »Opfer« stammt noch aus der Zeit vor »Nostalghia« – die ersten Notizen und Entwürfe entstanden, als ich noch in der Sowjetunion lebte. Im Mittelpunkt sollte das Schicksal eines an Krebs erkrankten Mannes, Alexander, stehen, der dadurch, daß er ein Opfer vollbringt, von seinem Leiden geheilt wird. Seit jener frühen, vor Jahren niedergeschriebenen Fassung hat mich der Gedanke des Opfers immer wieder beschäftigt, ja er ist mehr und mehr Teil meiner Existenz geworden, verstärkt noch durch Erfahrungen und Einsichten in den ersten Jahren des Exils, wozu ich freilich anmerken muß, daß meine Überzeugungen sich hier, im Ausland, keineswegs wesentlich verändert haben. Sie entwickelten sich lediglich weiter, wurden bestätigt, vertieften sich. Ähnlich nahm denn auch der Plan zu meinem letzten Film allmählich festere Gestalt an, ohne daß sich die Grundidee wandelte.

Die Frage, was mich am Thema des Opfers – oder der Opferung – so nachdrücklich fasziniere, läßt sich ohne Umschweife beantworten: Mich als religiösen Menschen interessiert vor allem jemand, der fähig ist, sich als Opfer hinzugeben, sei es um eines geistigen Prinzips willen, sei es um sich selbst zu retten, oder aus beiden Motiven zugleich. Ein solcher Schritt setzt selbstverständlich die totale Abkehr von allen vordergründig-egoistischen Belangen voraus, das heißt, der Betreffende handelt in einem existentiellen Zustand jenseits jeder »normalen« Geschehenslogik, er ist der materiellen Welt und ihrer Gesetze enthoben. Dennoch – oder vielleicht gerade deshalb – bewirkt seine Tat spürbare Veränderungen. Der Raum, in dem sich derjenige bewegt, der bereit ist, alles zu opfern, ja sich selbst als Opfer darzubringen, stellt eine Art Gegenbild dar zu unseren empirischen Erfahrungsräumen, ist deshalb aber nicht weniger wirklich.

Es gab Augenblicke, in denen diese Erkenntnis mich Schritt um Schritt der praktischen Verwirklichung des Vorhabens näherbrachte, einen größeren Film über das Opfer-Thema zu drehen. Je bedrückender meine Erfahrungen mit dem Materialismus westlicher Prägung wurden und je mehr ich das Ausmaß des Leidens erkannte, das die Erziehung zum materiellen Denken dem davon betroffenen Teil der Menschheit aufzwingt – jene überall anzutreffenden Psychosen etwa, die nichts weiter sind als Ausdruck der Unfähigkeit des modernen Menschen zu begreifen, weshalb das Leben für ihn jeglichen Reiz verloren hat, weshalb es ihm mehr und mehr wie verdorrt vorkommt, sinnlos und erstickend eng –, desto stärker verspürte ich die Notwendigkeit, den Film in Angriff zu nehmen. Denn einer der Aspekte der Rückkehr des Menschen zu einem normalen, geisterfüllten Leben ist meiner Meinung nach die Einstellung zu sich selbst: Entweder lebt man das Dasein eines von technologischen und sonstigen materiellen Entwicklungen abhängigen, dem vermeintlichen Fortschritt blind ergebenen Konsumenten, oder aber man findet zurück zu geistiger Verantwortlichkeit, die dann allerdings nicht nur für einen selbst zu gelten hätte, sondern auch für andere. Genau hier, im bewußten Schritt in die Verantwortung für die Gesellschaft und für das, was in und mit ihr geschieht, ist das möglich, was wir gemeinhin »Opfer« nennen, die Verwirklichung der christlichen Vorstellung vom Sich-selbst-zum-Opfer-Bringen. Strenggenommen und in letzter Konsequenz bedeutet dies, daß ein Mensch, der zumindest nicht in bescheidenem Maße die Fähigkeit in sich spürt, sich selbst um eines anderen oder einer Sache willen zu opfern, aufgehört hat, Mensch zu sein. Er ist im Begriff, sein Leben gegen die Existenz eines mechanisch funktionierenden Roboters zu tauschen.

Natürlich bin ich mir bewußt, daß der Opfer-Gedanke heute alles andere als beliebt ist – kaum jemanden verlangt danach, sich für einen anderen oder für irgend etwas aufzuopfern. Entscheidend aber bleiben die unerbittlichen Folgen dieses Verhaltens: der Verlust an Individualität zugunsten einer noch ausgeprägteren Egozentrik, als sie ohnehin schon sowohl zahllose zwischenmenschliche Beziehungen wie auch das Verhältnis ganzer Bevölkerungsgruppen im Zusammenleben mit anderen, benachbarten bestimmt, vor allem aber der Verlust auch der letzten noch verbliebenen Möglichkeit, geistigen Entwicklungen statt materiellem »Fortschritt« Raum zu geben und damit wieder eine würdevolle Existenz zu ermöglichen.

Wie sehr die zivilisierte Welt dem Materialismus verfallen ist, mag ein Beispiel verdeutlichen. Hunger läßt sich mühelos mit Geld beheben. Dem gleichen Mechanismus – Geld gegen Ware – gehorcht aber auch, wer sich deprimiert oder verzweifelt einem Psychiater anvertraut: Er zahlt für die Sitzung, er erleichtert seine Seele für Geld und fühlt sich danach womöglich besser, durchaus jenen vergleichbar, die sich »Liebe« in einem Bordell erkaufen, wiewohl sich doch Liebe ebensowenig gegen Geld erwerben läßt wie Seelenfrieden.

Der Form nach ist mein neuer Film eine Parabel: Er berichtet von Ereignissen, die man auf sehr unterschiedliche Weise deuten kann, weil sie Wirklichkeit nicht nur reflektieren, sondern auch von einem ganz bestimmten Sinn erfüllt sind. Das erste Konzept trug den Titel »Die Hexe« und sah, wie gesagt, als Handlungsmittelpunkt die seltsame Heilung eines todkranken Mannes vor, dem sein Hausarzt die volle, schreckliche Wahrheit über sein scheinbar unvermeidlich bevorstehendes Ende eröffnet hat. Der Kranke begreift seine Situation; verzweifelt erkennt er, daß er zum Tode verurteilt ist. Da klingelt es eines Tages an seiner Haustür. Vor ihm steht – Prototyp Ottos, des Postboten im »Opfer« – ein Mann, der ihm die nach herkömmlichem Ermessen absurde Botschaft überbringt, er, Alexander, müsse sich zu einer mit wundersamen magischen Kräften ausgestatteten, als Hexe bekannten Frau begeben und mit ihr schlafen. Der Kranke gehorcht und erfährt dadurch die göttliche Gnade der Heilung, die der Arzt, sein Freund, ihm bald darauf überrascht bestätigt: Er ist völlig genesen. Dann aber erscheint plötzlich jene Frau, die Hexe; sie steht im Regen da, und nun geschieht abermals Unfaßliches. Alexander verläßt ihretwillen sein ansehnliches, schönes Haus, löst sich aus seiner bisherigen Existenz, schlüpft, einem Clochard gleich, in einen abgetragenen Mantel und geht mit der Frau davon.

Das ist, zusammengefaßt, die Geschichte eines Opfers, aber auch einer Rettung. Das heißt, ich hoffe, daß Alexander errettet wurde, daß er, ebenso wie jene Figur in der endgültigen, 1985 in Schweden entstandenen Filmfassung, Heilung in einem viel umfassenderen Sinne erfährt, als dies in der Befreiung von einer Krankheit, wenn auch einer tödlichen, zum Ausdruck kommt, Heilung in diesem Fall durch eine Frau.

Das Merkwürdige ist nun, daß, während sich in meiner Vorstellung die Figuren des Films – richtiger gesagt: des ersten Filmentwurfs – wandelten und die Handlung insgesamt dichter und strukturierter wurde, dieser allmähliche, sich weitgehend unabhängig von äußeren Umständen und festen Vorsätzen vollziehende Prozeß nicht nur ein gewisses Eigenleben gewann, sondern auch in mein persönliches Leben eingriff, es sozusagen zu programmieren begann. Schon bei den Vorarbeiten zu »Nostalghia« wurde ich das Empfinden nicht los, dieser Film projiziere ein Stück meines eigenen Schicksals. Geht man vom Drehbuch aus, dann wollte Gortschakow, die Hauptfigur des Films, ursprünglich nur für eine kurze Zeit in Italien bleiben, doch er erkrankt und stirbt dort, kurz, er verzichtet nicht deshalb darauf, in seine russische Heimat zurückzukehren, weil er nicht zurückkehren will – das Schicksal entscheidet anders für ihn. Auch ich hatte nie daran gedacht, nach Abschluß der Dreharbeiten in Italien zu bleiben. Um so irritierender war denn auch die Erfahrung, daß ich, wie Gortschakow, einer Art höherem Willen zu gehorchen hatte. Verstärkt wurde diese Erfahrung noch durch den Tod Solonizyns, des Hauptdarstellers aller meiner Filme: Er sollte nicht nur die Rolle Gortschakows in »Nostalghia« spielen, sondern auch – das war lange geplant – den Alexander in der »Hexe«. Anatolij Solonizyn starb an derselben Krankheit, die Alexanders Leben wendet, und heute, Jahre später, bin auch ich von ihr befallen.

Was das alles bedeutet? Ich weiß es nicht. Ich kann nur soviel feststellen: Ein poetisches Bild, das ich irgendwann ersinne, wird konkrete, greifbare Wirklichkeit, materialisiert sich und gewinnt, ob ich will oder nicht, Einfluß auf mein Leben. Natürlich ist der Umgang mit einer derart ohne eigenes bewußtes Zutun entstandenen Wirklichkeit, die aber dennoch ihren Ursprung in der Vorstellungswelt desjenigen hat, den sie dann unversehens heimsucht, alles andere als angenehm, im Gegenteil – man empfindet sich als Instrument oder als Spielball, man hört auf, eine Persönlichkeit im autonom-selbstverantwortlichen Sinne zu sein, wird gewissermaßen halbiert, empfindet sich als Medium, verfügt nicht mehr völlig über sich selbst. Wenn das Leben den Ideen, die man entwickelt, buchstäblich auf dem Fuße folgt, gehören diese Ideen nicht mehr einem selber, sie sind nur Botschaften, die man empfängt und weitergibt.

Insofern hat Puschkin recht, der meinte, jeder Dichter, jeder wirkliche Künstler sei wider seinen Willen ein Prophet. Er selbst litt entsetzlich unter dieser vorbestimmten Rolle. Die Fähigkeit, in die Zukunft zu schauen und sie vorhersagen zu können, erschien ihm als die schrecklichste aller Gaben, über die ein Mensch verfügen kann. Abergläubisch achtete er auf Hinweise und Zeichen, denen er jeweils eine schicksalbestimmende Bedeutung zumaß. Es heißt, daß er, als man ihn zur Zeit des Dekabristenaufstands nach Moskau rief, sofort umkehrte, nachdem ein Hase seinen Weg gekreuzt hatte – auf diese Weise entging Puschkin der Hinrichtung. Eines seiner Gedichte handelt von den Qualen der prophetischen Berufung, von der Unentrinnbarkeit des Auftrags, als Künstler auch Prophet zu sein. Als mir die Verse, lange vergessen, im Zusammenhang mit Erfahrungen der letzten Jahre wieder in den Sinn kamen, Wort für Wort, gewannen sie für mich urplötzlich die Bedeutung einer Offenbarung, und mir schien, daß nicht der Dichter allein die Feder geführt hatte, als er sie 1826 niederschrieb:

>>Getrieben von des Geistes Gier,
darbt' ich in Wüsten, als sich neigte
ein sechsflügliger Seraph mir,
wo sich der Weg zum Kreuz verzweigte.
Und seines Fingers Lichtgebild
berührte meine Augen mild:
Und Seheraugen, furchtlos-wahre,
erwachten wie erschreckte Aare,
und in mein Ohr sein Finger drang,
und es erfüllte Schall und Klang:
Und ich vernahm des Himmels Beben,
der Engel sternumwehten Flug,
des Meergetiers verborgnen Zug,
das Tasten erdennaher Reben.
Und er griff tief in meinen Schlund
und riß die Zunge aus dem Mund,
die eitle, sündhafte und bange,
und durch erstarrter Lippen Rand
stieß seine blutbespritzte Hand
den weisen Stachel ein der Schlange.
Und meine Brust sein Schwert durchstob,
und ihr mein bebend Herz entrang er,
und in die offene Wunde schob
er eine Kohle, flammenschwanger.
Ich lag im Wüstensand wie tot,
und Gottes Stimme mir gebot:
>Steh auf, Prophet, und sieh und höre,
verkünde mich von Ort zu Ort.
Und wandernd über Land und Meere,
die Herzen brenn mit deinem Wort.<<<

Im Unterschied zu meinen früheren Filmen ist »Opfer«, auch wenn der poetische Charakter der anderen Arbeiten beibehalten ist, dramatisch viel stärker akzentuiert. In gewissem Sinne könnte man die Anlage der älteren Filme impressionistisch nennen; ihre Episoden sind, von einigen Ausnahmen abgesehen, in durchaus landläufiger Weise aus dem Leben gegriffen: Sie sind authentisch, deshalb auch nachvollziehbar für den Zuschauer. Bei der Vorbereitung des neuen Films dagegen beschränkte ich mich nicht auf die Erarbeitung von episodenhaften Handlungsabläufen nach wirklichen Erfahrungsmustern und den Gesetzen der Dramaturgie. Der Aufbau des Films und seine poetische Aussage greifen weit stärker ineinander über, als dies bei den voraufgegangenen Filmen der Fall ist. Die Struktur des Ganzen ist dadurch komplizierter geworden und trägt selbst den Stempel einer poetisch-parabelhaften Form. Während es in »Nostalghia« so gut wie keine dramatische Entwicklung gibt – die einzigen dramatischen Episoden darin sind der Streit mit Eugenia, die Selbstverbrennung Domenicos und die Schlußszene, der dreimalige Versuch Gortschakows, eine brennende Kerze durch das leere Thermalbecken zu tragen –, treten im »Opfer« die einzelnen Figuren als Charaktere auf, zwischen denen es zu Konflikten kommt, die auf Entladung drängen. Ihre Positionen wechseln, ihre Haltungen verändern sich. Immerhin aber hatte schon Domenico in »Nostalghia« mit Alexander, dem Helden im »Opfer«, die Fähigkeit zu Handlungen gemein, deren Antrieb rein spiritueller Art ist und die Veränderung signalisieren. Beider Handeln trägt alle Merkmale eines Opfers, nur daß dieses Opfer im Falle Domenicos kein sichtbares Resultat bringt.

Anders hingegen mein neuer Film. Alexander, ein Mensch, der im Zustand ewiger Niedergeschlagenheit lebt, Schauspieler einst, bis er der fortwährenden Verstellung müde wird und sein Leben zu ändern beschließt, er, der instinktiv auch die jede Geistigkeit bedrohende Gefahr moderner Technologien spürt, der aller Worte überdrüssig geworden ist und statt dessen das Schweigen sucht, um dann zum Handeln zu finden, dieser Mann läßt den Zuschauer an den Auswirkungen seines Opfers teilhaben, allerdings nicht in jenem vordergründigen Sinne, in dem viele Regisseure heute den Kinobesucher zum bloßen Augenzeugen degradieren. Der parabelhaften Form entsprechend läßt alles, was im »Opfer« geschieht, ohnehin eine ganze Reihe von Deutungen zu. Es gibt mehrere unterschiedliche Lesarten, und dies liegt durchaus in meiner Absicht – ich will keinem eine bestimmte Lösung aufdrängen, habe von dem Ganzen aber natürlich meine eigene Auffassung. Eine auf Eindeutigkeit angelegte Interpretation jedenfalls liefe der inneren Struktur des Films zuwider. Trotzdem wird es sich nicht vermeiden lassen, daß jeder aus seiner Sicht das Geschehen auslegt und komplexe Zusammenhänge in Widersprüche aufzulösen sucht. Religiös veranlagte Menschen etwa mögen im Gebet Alexanders den Grund für das Ausbleiben der atomaren Katastrophe sehen – die Antwort Gottes auf den Anruf eines radikal zur Umkehr Entschlossenen, der alle Brücken hinter sich abbricht, sogar das eigene Haus zerstört und bereit ist, sich von seinem Sohn zu trennen, den er abgöttisch liebt. Zuschauern mit mystisch-übersinnlichen Neigungen erscheint möglicherweise die Begegnung mit der Hexe Maria als zentrale Szene von der sich alles weitere erklärt, während es für andere mit Sicherheit keinen Atomkrieg gegeben hat: Für sie spielte sich alles nur in der kranken Phantasie eines halbverrückten Sonderlings ab, den man – unausbleibliche Konsequenzen seines Verhaltens – ins Irrenhaus steckt, ohne daß die Welt danach noch weiter Notiz von ihm nimmt.

In der Wirklichkeit aber, die der Film schafft, ist am Ende alles anders als zuvor. Die Anfangs- und die Schlußszene, da Wässern des verdorrten Baumes (für mich ein Sinnbild des Glaubens), markieren Punkte, zwischen denen der Ablauf der Ereignisse eine zunehmend stärker werdende Eigendynamik entwickelt. Nicht nur, daß Alexander sich am Ende als der allen anderen Überlegene erweist, auch der Doktor, zu Beginn ein recht primitiver, vor Gesundheit strotzender Naturbursche von einfachem Herkommen, der sich von Alexanders Familie fast zu deren Sklaven machen läßt, hat sich am Schluß so verändert, daß er die in der Familie herrschende vergiftete Atmosphäre mit allen ihren negativen Energien erkennt und sie bei ihrem Namen zu nennen vermag, ja, er versucht, sich ihr endgültig zu entziehen, indem er radikal beschließt, nach Australien auszuwandern. Selbst Adelaide, Alexanders egozentrische Frau, gewinnt durch die Änderung ihres Verhältnisses zu Julia, der Magd, eine neue menschliche Dimension.

Darüber hinaus aber bleibt Adelaide bis zum Ende eine absolut tragische Gestalt, eine Frau, die rings um sich alle Anzeichen von Individualität und Persönlichkeit erstickt und, ohne es eigentlich zu wollen, andere Menschen unterdrückt, so auch ihren Mann. Sie ist kaum fähig, zu reflektieren, leidet unter ihrer Ungeistigkeit, bezieht aus diesem Leid insgeheim aber auch ihre zerstörerischen Kräfte. In gewisser Hinsicht ist sie die Ursache von Alexanders Tragödie. So wenig sie sich im Grunde für andere Menschen interessiert, so sehr folgt sie dem eigenen aggressiven Instinkt der Selbstbestätigung und Selbstbehauptung. Ihr Wahrnehmungsfeld ist zu klein, als daß sie jenseits davon eine andere Welt erkennen könnte, und selbst, wenn sie diese sähe – sie würde sie nicht begreifen.

Die Gegenfigur Adelaides ist die demütig-bescheidene, stets schüchtern und unsicher wirkende Maria, die im Haus Alexanders ihren Dienst als Zugehfrau versieht. Zwischen ihr und dem Hausherrn scheint zunächst keine Annäherung möglich – wie sollte sie auch? Dann aber kommt es zu jener nächtlichen Begegnung, nach der Alexander nicht mehr so weiterleben kann wie zuvor: Angesichts der bevorstehenden Katastrophe erfährt er die Liebe zu dieser einfachen Frau wie ein Geschenk Gottes, das sein ganzes Schicksal rechtfertigt. Das Wunder, dessen er inne wird, verwandelt ihn.

Es war nicht leicht, für jede der acht Rollen des Films den optimalen Darsteller zu finden, ich bin aber überzeugt, daß schließlich doch eine Art Idealbesetzung mit Schauspielern zustande kam, die sich völlig mit den Charakteren der kammerspielähnlichen Handlung identifizierten. Bei den Dreharbeiten gab es keine größeren technischen oder sonstige Schwierigkeiten, mit Ausnahme jener, die am Ende einen Großteil unserer Mühen in Frage stellte, ja sie total zunichte zu machen schien und alle Beteiligten verzweifeln ließ: Als wir die Szene drehten, in der Alexander sein Haus anzündet, versagte die Kamera. Das Haus stand, als das Unglück passierte, bereits in Flammen und brannte vor unseren Augen nieder, ohne daß wir das Feuer aufhalten und diese so ungemein wichtige Szene aufnehmen konnten – vier Monate angestrengter, kostspieliger Arbeit waren umsonst. Daß dann in wenigen Tagen aus Brettern und Balken ein zweites Haus entstand, haargenau dem niedergebrannten gleichend, grenzte an ein Wunder – ein weiterer

Beweis dafür wozu die Menschen fähig sind, wenn sie an etwas glauben –, die unbeschreiblich starke Anspannung aber, unter der wir alle standen, löste sich erst, als wir mit einer unterdessen herbeigeschafften anderen Kamera die Feuerszene dem Drehbuch gemäß vom Anfang bis zum Ende aufgenommen hatten. Überglücklich und wie erlöst fielen wir uns in die Arme. es war ein Moment, in dem ich einmal mehr begriff, wie stark der innere Zusammenhalt unseres Teams war.

Es mag Szenen im »Opfer« geben, Traumsequenzen etwa oder auch jene mit dem dürren, vertrockneten Baum, denen unter bestimmten psychologischen Gesichtspunkten und im Hinblick auf die verschiedenen Auflösungsmöglichkeiten der Parabel eine auch visuell größere Schlüsselrolle zukommt als der, in der Alexander sein vor Gott abgelegtes Gelübde sichtbar erfüllt, indem er sein Haus anzündet. Aber mir lag von Anfang daran, den Zuschauer emotional in dieses scheinbar sinnlos-absurde Handeln eines Menschen einzubeziehen, der alles für Sünde hält, was nicht absolut lebensnotwendig ist. Das Publikum soll unmittelbar teilhaben an dieser vermeintlichen Wahnsinnstat, ja sie in der realen Zeit erleben, gleichsam verzerrt durch das kranke Bewußtsein Alexanders, und so kommt es, daß dies die längste Einstellung meines Films ist, mit sechs Minuten vielleicht die längste der Filmgeschichte überhaupt.

Es ist die Szene, in der das Schweigen Alexannders in die Tat umschlägt. »Am Anfang war das Wort, aber du schweigst, du bist wie ein stummer Stör«, sagt Alexander am Anfang zu seinem Jungen, der nach einer Halsoperation erzwungenermaßen stumm der Legende von dem verdorrten Baum auf dem Berg zuhört, die der Vater ihm auf dem Spaziergang am Meer erzählt. Am Ende legt Alexander, unter dem Eindruck der Nachricht vom drohenden Atomkrieg, selber ein Schweigegelöbnis ab: »… Und ich werde stumm sein, werde mit keinem Menschen mehr irgendwann sprechen, ich entsage allem, was mich an dieses Leben bindet. Hilf, Herr, und ich werde alles tun, was ich zu tun versprach!«

Darin, daß Gott Alexander erhört, daß er ihn beim Wort nimmt, liegt eine ebenso schreckliche wie tröstliche Konsequenz. Schrecklich ist sie insofern, als Alexander in der praktischen Befolgung seines Gelübdes sich aus der Welt, der er bisher angehört hat, endgültig entfernt und damit nicht nur die

Bindung an seine Familie verliert, sondern auch – was zumindest in den Augen der Menschen seiner Umgebung schlimmer
sein mag – jegliche Art von Meßbarkeit an herkömmlichen
sittlichen Normen. Trotzdem, oder gerade deshalb ist Alexander für mich die Gestalt eines Gotterwählten, dazu ausersehen,
die uns bedrohenden, lebenszerstörenden, heillos ins Verderben
führenden Mechanismen des Daseins vor aller Welt zu entlarven und zur Umkehr aufzurufen – der letzten Möglichkeit der
Rettung, die es für die Menschheit gibt.

Gotterwählte, von Gott Berufene sind bis zu einem gewissen
Grade freilich auch die anderen, der Postbote Otto, vielleicht
ein Instrument der göttlichen Vorsehung, der – wie er sagt –
geheimnisvolle, unerklärliche Begebenheiten sammelt, ein
Mann, von dem niemand recht weiß, woher er kommt und wie
er an diesen Ort gelangte, in dem sich ja tatsächlich sehr viel
Unerklärliches ereignet. Dann Alexanders kleiner Sohn, aber
auch Maria, die Hexe – für sie alle ist das Leben voller
unbegreiflicher Wunder, sie bewegen sich in einer imaginären
Welt statt in der sogenannten realen, sind alles andere als
Empiriker oder Pragmatiker. Niemand von ihnen glaubt dem,
was er mit Händen greifen kann, alle vertrauen vielmehr den
Bildern ihrer Vorstellungswelt. Alles, was sie tun, weicht auf
seltsame Weise von normalen Handlungsmustern ab, und sie
verfügen über Gaben, die man im alten Rußland den heiligen
Narren zusprach. Diese Menschen lenkten schon durch ihr
Äußeres als Pilger und zerlumpte Bettler den Blick der in
»geordneten« Verhältnissen Lebenden auf die Existenz jener
von Weissagungen, Heilsopfern und Wundern erfüllten anderen
Welt jenseits aller verstandes- und vernunftmäßigen Regelhaf-
tigkeit. Allein die Kunst hat uns davon noch einen Rest bewahrt.

In dem Maße, in dem sie den Glauben verlor, hat der größte
Teil der zivilisierten Menschheit auch das Verständnis für das
Wunder eingebüßt – man ist heute weithin unfähig, Hoffnungen
zu setzen auf überraschende, jeder Erfahrungslogik widerspre-
chende Wendungen in äußeren Geschehensabläufen oder Wahr-
nehmungs- und Bewußtseinsvorgängen, und noch weniger ist
man bereit, den Einbruch derart unerklärlicher Umprogram-
mierungen in das eigene Leben zuzulassen und ihrer verwan-
delnden Kraft zu vertrauen. Der geistigen Verödung, die mit

diesen Defiziten einhergeht, wäre schon ein gewisser Einhalt geboten, wenn jeder Mensch begriffe, daß er seine Wege nicht beliebig nach eigenem Ermessen gestalten kann, vielmehr in Abhängigkeit vom Schöpfer handeln und sich dessen Willen unterwerfen muß. Tatsache ist aber, daß gegenwärtig die Auseinandersetzung selbst mit schlichten ethisch-moralischen Problemen wenig gefragt ist, auch nicht, schon gar nicht im Film. Vor zehn, fünfzehn Jahren gab es dafür ein größeres, aufnahmebereites Publikum, heute dagegen sind die meisten Filme nur noch Ware, belichtete Zelluloidstreifen, an denen sich verdienen läßt. Nur noch wenige Produzenten und Institutionen sind bereit, den Autorenfilm, den künstlerisch anspruchsvollen Film überhaupt, zu unterstützen und damit wenigstens die Auswüchse jenes zunehmend um sich greifenden Profitdenkens einzudämmen.

Unter diesem Gesichtspunkt läßt sich »Opfer«, wenn auch eher beiläufig, als eine Absage an das um seiner selbst willen betriebene kommerzielle Kino verstehen. Viel wichtiger allerdings erscheint mir der Hinweis, daß mein Film nicht für oder gegen irgendwelche Einzelphänomene der modernen Denk- und Lebensart Stellung nimmt, ich wollte vielmehr deren Fragwürdigkeit insgesamt bloßstellen und an verschüttete Quellen unserer Existenz rühren. Bilder, visuelle Eindrücke vermögen das besser als Worte, gerade in unserer Zeit, in der das Wort seine beschwörende und verzaubernde Dimension verloren, seine einst magische Rolle eingebüßt hat. Worte entarten mehr und mehr zu leerem Geschwätz, sie bedeuten – dies ist Alexanders Erfahrung – nichts mehr. Wir ersticken an Informationen, die wichtigsten Botschaften aber, solche, die unser Leben ändern könnten, erreichen uns nicht.

Ist trotz allem, ist trotz der Aussicht auf die große apokalyptische Stille, von der die Offenbarung spricht, so etwas wie Hoffnung angebracht? Die Antwort darauf gibt vielleicht die alte Legende vom geduldigen, unverdrossenen Wässern eines vertrockneten Baumes, die ich in dem mir bisher wichtigsten Film verarbeitet habe. Weil der Mönch, der entgegen aller Vernunft jahrelang Eimer um Eimer auf den Berg schleppte, konkret und unbeirrt an das Wunderwirken Gottes glaubte, konnte sich ihm eines Tages auch ein solches Wunder offenbaren – die dürren Zweige waren über Nacht ergrünt.

Schlußwort

Dieses Buch entstand im Verlaufe mehrerer Jahre. Deshalb erachte ich es hier für besonders notwendig, eine Summe des bisher Gesagten aus heutiger Sicht zu ziehen.

Zunächst einmal: Dieses Buch ist natürlich nicht so geschlossen, wie das der Fall hätte sein können, wenn es sozusagen »in einem Atemzug« geschrieben worden wäre. Andererseits betrachte ich es als eine Art Tagebuch, das alle Entwicklungsstufen jener Probleme offenlegt, mit denen ich meine Filmarbeit begann und heute fortsetze.

Inzwischen scheint es mir weniger wichtig, über die Kunst an sich beziehungsweise über die Mission der Kinematographie zu reflektieren. Weit wichtiger ist mir jetzt das Leben selbst. Denn ein Künstler, der sich dessen Sinn nicht bewußt wird, vermag kaum etwas wirklich Wesentliches zu formulieren.

Und da ich nun nicht nur meine Aufgaben als Künstler, sondern vor allem als Mensch definieren möchte, muß ich mich hier auch der Frage nach dem Zustand zuwenden, in dem sich unsere Zivilistion heute befindet. Der Frage nach der persönlichen Verantwortung des Individuums gegenüber dem historischen Prozeß, an dem es Anteil nimmt.

Ich habe den Eindruck, daß in unserer Zeit eine historische Etappe zu Ende geht, die im Zeichen von »Großinquisitoren«, Führern und »herausragenden Persönlichkeiten« stand, besessen von der Idee, die Gesellschaft »gerechter« zu gestalten und zielbewußter zu organisieren. Sie bemühten sich, das Bewußtsein der Massen zu lenken, es neuen ideologischen und sozialen Ideen zu verpflichten und im Namen des Glücks für eine Mehrheit des Volkes zur Erneuerung der Organisationsformen des Lebens aufzurufen. Bereits Dostojewskij warnte vor »Großinquisitoren«, die die Verantwortung für das Glück anderer Menschen auf sich nehmen wollten. Und wir erlebten nunmehr wie die Durchsetzung der Interessen einer Klasse oder einer sich auf Menschheitsinteressen und das »Allgemeinwohl« berufenden Gruppe in schreienden Gegensatz zu den Interessen des verhängnisvoll der Gesellschaft entfremdeten Individuums geriet.

Im Grunde erbrachte der ganze Zivilisationsprozeß dem Menschen nur Angebote immer »richtigerer« Wege zur Errettung der Welt und zur Besserung seiner Lage, die in den Köpfen von Ideologen und Politikern ausgebrütet wurden. Um sich der allgemeinen Umwälzungen anpassen zu können, mußten jeweils einige wenige das eigene Denken zurückstecken, um sich nach außen hin den vorgeschlagenen Handlungsdirektiven anpassen zu können. Unter den Bedingungen eines äußerlich dynamischen Handelns im Interesse des »Fortschritts«, der Sicherung der Menschheitszukunft, vergaß der Mensch seine eigentliche Individualität, die in dieser allgemeinen Dynamik verlorenging. Indem der Mensch an die Interessen aller dachte, vergaß er das Interesse an sich selbst. Also das, was Christus in seinem Gebot lehrte: »Du sollst deinen Nächsten lieben wie dich selbst.« Und dies heißt ja wohl, daß man sich dermaßen lieben soll, daß man in sich selbst jenes Überpersönliche, Göttliche zu achten vermag, das besitzegoistische Privatinteressen verbietet und dafür eine nicht berechnende Hingabe und Liebe für den Nächsten ermöglicht. Genau dies setzt aber echtes Selbstwertgefühl voraus. Also das Bewußtsein jener tiefen Wahrheit, daß mein »Ich«, das das Zentrum meines Erdenlebens bildet, objektiven Wert und Bedeutung hat, sofern es nach spiritueller Vollkommenheit strebt und sich vor allem von egozentrischen Ambitionen freimacht. Ein Interesse an sich selbst, also der Kampf um die eigene Seele, setzt große Entschlossenheit und kolossale Anstrengungen voraus. Es ist sehr viel leichter, sich moralisch und ethisch gehenzulassen, als sich auch nur geringfügig von egozentrisch-pragmatischen Interessen freizumachen.

Die Beziehungen der Menschen untereinander gestalten sich dann so, daß sich niemand mehr selbst etwas abverlangt, jedermann sich also von seinen ethischen Anstrengungen lossagt, alle eigenen Ansprüche anderen Menschen, sozusagen der gesamten Menschheit überantwortet. Man erwartet jeweils vom anderen, daß er sich anpaßt und aufopfert, sich am Aufbau der Zukunft beteiligt, während man selbst an diesem Prozeß überhaupt keinen Anteil hat, keinerlei persönliche Verantwortung für das Weltgeschehen übernimmt. Man findet Tausende von Gründen, um sich hiervor drücken zu können, seine selbstsüchtigen Interessen nicht allgemeineren, höheren Aufgaben opfern zu müssen: Niemand hat den Wunsch und den Mut zu einem nüchternen Blick auf sich selbst, zur Verantwortung gegenüber dem eigenen Leben und der eigenen Seele.

Mit anderen Worten: Wir leben in einer Gesellschaft, die das

Ergebnis »allgemeiner« und eben nicht spezifischer Anstrengungen ist. Der Mensch wird zum Werkzeug fremder Ideen und Ambitionen, beziehungsweise von Führern, die ohne Rücksicht auf die Interessen des Einzelmenschen die Energien und Anstrengungen anderer Menschen formieren und benutzen. Das Problem persönlicher Verantwortung scheint gleichsam aufgehoben und einem fälschlichen »Allgemein«-Interesse geopfert zu sein, das dem Menschen das Recht eines verantwortungslosen Verhaltens sich selbst gegenüber einräumt.

Von dem Moment an jedoch, in dem wir irgend jemandem die Lösung unserer Probleme überantworten, vertieft sich auch die Kluft der materiellen und geistigen Entwicklung. Wir leben in einer Welt der Ideen, die andere für uns zurechtgeschnitten haben. Das heißt, wir entwickeln uns entweder nach den Standards dieser Ideen oder entfremden uns diesen immer hoffnungsloser und geraten so in Widerspruch zu ihnen.

Ich glaube, daß der Konflikt zwischen dem Persönlichen und dem Allgemeinen nur durch eine Übereinstimmung des Menschen mit den gesellschaftlichen Tendenzen zu erreichen ist. Doch was bedeutet es, sich für eine allgemeine Sache aufzuopfern? Ist das nicht gerade der tragische Konflikt von Persönlichem und Gesellschaftlichem? Wenn dem Menschen die innere Verantwortung für die Zukunft der Gesellschaft fehlt und er sich berechtigt wähnt, über andere zu verfügen, deren Schicksal seinem Verständnis von ihrer Rolle innerhalb der gesellschaftlichen Entwicklung unterzuordnen, dann spitzt sich das Zerwürfnis zwischen Individuum und Gesellschaft immer mehr zu.

Die Willensfreiheit garantiert die Fähigkeit, gesellschaftliche Phänomene wie auch unsere eigene Position gegenüber anderen Menschen zu bestimmen, eine freie Wahl zwischen Gut und Böse treffen zu können. Doch mit dem Problem der Freiheit kommt das des Gewissens auf. Während alle vom gesellschaftlichen Bewußtsein entwickelten Begriffe evolutionär sind, ist der Begriff Gewissen nicht an historische Prozesse gebunden. Das Gewissen ist dem Menschen immanent, ist ihm a priori eigen. Es untergräbt die Grundlagen der Gesellschaft, die ein Produkt unserer völlig verfehlten Zivilisation ist. Im biologisch-evolutionären Sinne ist die Kategorie des Gewissens geradezu widersinnig. Sie existiert dennoch und begleitet den Menschen während seiner gesamten Entwicklung.

Heute ist allen offenkundig, daß die Aneignung materieller Güter und das Bemühen um geistige Vervollkommung keinesfalls synchron vertiefen. Wir haben eine Zivilisation geschaffen, die die gesamte Menschheit zu vernichten droht. Angesichts einer derart globalen Katastrophe erhebt sich für mich die einzige prinzipiell wichtige Frage nach der persönlichen Verantwortung des Menschen. Die Frage nach seiner Bereitschaft zu einem geistigen Opfer, ohne das jedwedes Fragen nach dem Geistigen überflüssig wird.

Die Opferbereitschaft, von der ich hier spreche, kann natürlich nicht etwas Aufgezwungenes, sondern muß ein freiwilliger, völlig natürlich und selbstverständlich übernommener Dienst am Nächsten sein. Doch worin besteht heutzutage der Sinn der allgemein üblichen zwischenmenschlichen Kommunikation? Meistenteils sicher im Streben, aus dem Mitmenschen größtmöglichste Vorteile für sich selbst herauszuschlagen. Im Wunsch, keinerlei Abstriche gegenüber den eigenen Interessen hinzunehmen. Paradoxerweise kommen wir uns aber immer frustrierter und vereinsamter in dieser Welt vor, wenn wir Menschen erniedrigen, die uns ja ähnlich sind.

Vorläufig sind wir lediglich Zeugen einer sterbenden Geistigkeit. Das rein Materielle hat dagegen schon sein System fest etabliert, ist zur Grundlage unseres Lebens geworden, das an Sklerose erkrankt und von Paralyse bedroht ist. Allen ist klar, daß der materielle Fortschritt den Menschen kein Glück bringt. Dennoch vergrößern wir wie Besessene seine »Errungenschaften«. Auf diese Weise haben wir es dahin gebracht, daß die Gegenwart eigentlich schon mit der Zukunft zusammenfällt, wie es im »Stalker« heißt. Das bedeutet, in der Gegenwart sind bereits alle Voraussetzungen für eine unabwendbare Katastrophe in naher Zukunft gelegt. Wir spüren das alle, sind aber dennoch nicht in der Lage, dem entscheidend Einhalt zu gebieten.

So scheint die Verbindung zwischen dem Handeln des Menschen und seinem Schicksal zutiefst gestört zu sein. Diese tragische Entzweiung bedingt das instabile Selbstgefühl des Menschen in der modernen Welt. Im eigentlichen Sinne ist der Mensch natürlich sehr wohl von seinem Handeln abhängig. Doch da er nun einmal so erzogen wurde, als ob überhaupt nichts von ihm selbst abhinge, als ob er selbst überhaupt keinen

Einfluß auf die Zukunft nehmen könne, wächst in ihm das falsche, ja verhängnisvolle Gefühl, am eigenen Schicksal letztlich völlig unbeteiligt zu sein.

Für mich liegt die einzig wirklich wichtige Aufgabe in einer Wiederherstellung eines Verantwortungsbewußtseins des Menschen gegenüber dem eigenen Schicksal. Der Mensch muß zum Begriff seiner eigenen Seele zurückfinden, zum Leiden an dieser Seele, zum Versuch, sein Handeln in Einklang mit dem eigenen Gewissen zu bringen. Er muß es wieder akzeptieren lernen, daß sein Gewissen keine Ruhe geben kann, wenn der Lauf der Ereignisse in Widerspruch zu dem gerät, was er selbst darüber denkt. Das Leiden an der eigenen Seele läßt den wahren Stand der Dinge erspüren, provoziert Verantwortung und das Bewußtsein eigener Schuld. Dann wird man die eigene Trägheit und Nachlässigkeit auch nicht mehr mit der Ausrede rechtfertigen können, daß man ja doch an den Vorgängen in dieser Welt völlig unschuldig sei, da diese lediglich vom verderblichen Willen anderer bestimmt würden. Die Wiederherstellung der Weltharmonie hängt meiner Überzeugung nach von einer Restaurierung der persönlichen Verantwortung ab.

Marx und Engels bemerkten einmal, daß sich die Geschichte für ihre Weiterentwicklung stets die ärmlichste aller möglichen Varianten heraussuche. Das ist richtig, wenn man dieses Problem nur von der materiellen Seite des Seins betrachtet. Zu einem solchen Schluß muß man gelangen, wenn die Geschichte auch den letzten Funken an Idealismus verloren und die spirituelle Bedeutung der Persönlichkeit aufgehört hat, Einfluß auf den historischen Prozeß zu nehmen. Marx und Engels konstatierten also lediglich die gegebene Situation, ohne deren Ursachen zu analysieren, die darin liegen, daß der Mensch seine Verantwortlichkeit gegenüber den eigenen geistigen Prinzipien vergessen hat. Nachdem der Mensch die Geschichte erst einmal in ein geistloses und entfremdetes System verwandelt hatte, brauchte diese Maschine der Geschichte die Schräubchen menschlicher Leben, um in Gang kommen zu können.

Infolgedessen betrachtet man den Menschen vor allem als ein gesellschaftlich nützliches Wesen, wobei sich die Frage stellt, worin dieser gesellschaftliche Nutzen nun eigentlich liegt. Wenn auf dem gesellschaftlichen Nutzen menschlichen Handelns insistiert wird, dann vergißt man dabei die Belange der Persönlich-

keit. Es kommt hier zu einem unverzeihlichen Fehler, der die
Grundvoraussetzung der Menschheitstragödie bildet.

Zusammen mit dem Problem der Freiheit stellt sich auch das
der Erfahrung und Erziehung. Denn bei ihrem Freiheitskampf
geht es der modernen Menschheit um individuelle Freiheit, das
heißt, um Möglichkeiten, die dem Individuum alles erlauben,
was zu seinem Vorteil ist. Doch dies ist nur eine illusorische
Befreiung, da auf diesem Weg der Menschheit lediglich neue
Enttäuschungen ins Haus stehen. Eine Befreiung der Energien
menschlicher Spiritualität kann nur die Folge einer ungeheue-
ren inneren Arbeit sein, zu der sich das Individuum selbst
entschließen muß. Die Erziehung des Menschen muß von einer
Selbsterziehung abgelöst werden, da er sonst nicht begreifen
wird, was er mit der errungenen Freiheit anfangen kann, wie er
sich gegen ein vulgäres, rein konsumptives Verständnis von ihr
wehren soll.

Die Erfahrung des Westens liefert hierfür ein äußerst reiches
Reflexionsmaterial. Bei allen unbezweifelten demokratischen
Freiheiten des Westens bleibt doch niemandem die schreckliche
geistige Krise seiner »freien« Bürger verborgen. Was ist hier
geschehen? Warum spitzte sich der Konflikt von Individuum
und Gesellschaft im Westen trotz dieser Freiheit der Persönlichkeit so überaus scharf zu? Meiner Meinung nach belegt die
Erfahrung des Westens, daß der Mensch die Güter der Freiheit
überhaupt nicht für ein qualifizierteres Leben nutzen kann,
wenn er sie als etwas Selbstverständliches hinnimmt, wie Wasser aus einer Quelle, für das man keine einzige Kopeke zu
zahlen hat.

Ein wirklich freier Mensch kann nicht in egoistischem Sinne
frei sein. Die Freiheit des Individuums kann auch nicht das
Ergebnis gesellschaftlicher Anstrengungen sein. Unsere Zukunft hängt von niemand anderem als von uns selbst ab. Wir
aber haben uns angewöhnt, alles mit fremder Mühe und fremdem Leid zu begleichen, und ignorieren dabei die einfache
Tatsache, daß doch alles in dieser Welt zusammenhängt und es
schon deshalb keinen Zufall gibt, weil wir Willensfreiheit und
das Recht haben, zwischen Gut und Böse zu entscheiden.

Die Möglichkeiten der eigenen Freiheit werden natürlich vom
Willen der anderen eingeschränkt. Doch es scheint mir wichtig,
darauf hinzuweisen, daß Unfreiheit immer die Folge innerer

Feigheit und Passivität ist, das Resultat fehlender Entschlußkraft zu einer eigenen, der Stimme des Gewissens entsprechenden Willensäußerung.

In Rußland liebt man es, den Schriftsteller Korolenko zu
zitieren, dem zufolge »der Mensch zum Glück wie der Vogel zum
Fliegen geboren« sei. Meiner Meinung nach gibt es nichts, was
dem Wesen der menschlichen Existenz ferner liegt als eine
solche Behauptung. Ich habe überhaupt keine Vorstellung davon, was der Begriff Glück eigentlich bedeuten soll. Zufrieden-
heit? Harmonie? Der Mensch ist doch immer unzufrieden und
strebt schließlich keine Lösung konkreter, machbarer Aufgaben
an, sondern dem Unendlichen zu... Selbst die Kirche vermag
dieses Verlangen des Menschen nach dem Absoluten nicht zu
stillen, da sie leider nur eine hohle Fassade ist, eine Karikatur
der gesellschaftlichen Institutionen, die das praktische Leben
organisieren. Jedenfalls erwies sich die heutige Kirche als unfähig, das materialistisch-technische Übergewicht durch einen
Appell zu geistiger Erweckung wieder auszugleichen.

Im Kontext einer so beschaffenen Situation liegt für mich die
Aufgabe der Kunst darin, die Idee der absoluten Freiheit der
geistig-spirituellen Möglichkeiten des Menschen zum Ausdruck
zu bringen. Meiner Meinung nach war Kunst immer eine Waffe
im Kampf des Menschen gegen die Materie, die seinen Geist zu
verschlingen droht. Es ist ja kein Zufall, daß sich die Kunst
während der fast zweitausendjährigen Existenz des Christen-
tums sehr lange im Banne religiöser Ideen und Aufgabenstel-
lungen entwickelte. Schon durch ihre Existenz allein fördert sie
im disharmonischen Menschen die Idee der Harmonie.

Die Kunst gab dem Idealen Gestalt, sie lieferte somit ein
Beispiel der Ausgeglichenheit ethischer und. materieller Elemente. Sie bewies, daß dieses Gleichgewicht weder bloßer
Mythos noch Ideologie ist, sondern auch in unseren Dimensionen durchaus Realität werden kann. Die Kunst brachte das
Harmoniebedürfnis des Menschen zum Ausdruck, seine Bereitschaft, den Kampf mit sich selbst aufzunehmen, im Innern
seiner Persönlichkeit das ersehnte Gleichgewicht des Materiellen und Geistigen zu etablieren.

Wenn die Kunst nun das Ideale und das Streben nach
Unendlichkeit ausdrückt, dann kann sie auch keinen pragmatisch auswertbaren Zielen dienen, ohne dabei ihre Eigenstän-

digkeit aufs Spiel zu setzen. Das Ideale vergegenwärtigen Dinge, die in der alltäglichen Wirklichkeit nicht vorkommen, zugleich aber für die Sphäre des Geistigen unabdingbar sind. Ein Kunstwerk manifestiert jenes Ideal, das in der Zukunft der gesamten Menschheit eigen werden soll, zunächst aber erst einmal nur wenigen, vor allem den Genies zugänglich ist, die sich die Freiheit herausnehmen, das gängige mit jenem idealen Bewußtsein zu konfrontieren, das in ihrer Kunst verkörpert wird. Aus diesem Grunde ist Kunst schon ihrem Wesen nach aristokratisch und etabliert durch ihre bloße Existenz den Unterschied zweier Potentiale, die mit dem Ziel einer geistig-spirituellen Vervollkommnung der Persönlichkeit die Aufwärtsbewegung geistiger Energie von Niedrigerem zu jeweils Höherem sicherstellen.

Wenn ich hier vom aristokratischen Charakter der Kunst spreche, dann meine ich damit natürlich das Streben der menschlichen Seele nach einer moralischen Rechtfertigung, nach einem Sinn ihrer Existenz, die auf solchem Wege zu größerer Vollkommenheit gelangt. In diesem Sinne befinden wir uns letztlich alle in derselben Situation und haben die gleichen Möglichkeiten, uns einer geistig aristokratischen Elite anzuschließen. Doch der Kern dieses Problems liegt nun ja gerade darin, daß bei weitem nicht alle von dieser Möglichkeit Gebrauch machen wollen. Die Kunst aber macht dem Menschen weiterhin immer neue Angebote, im Kontext des von ihr ausgedrückten Ideals sich selbst zu überprüfen.

Doch noch einmal zurück zu Korolenko, der den Sinn menschlicher Existenz als das Recht auf Glück definierte. Das bringt mir das Buch Hiob in Erinnerung, in dem Eliphas sagt: »Denn nicht aus dem Erdenstaube wächst das Unheil, und das Leid sproßt nicht aus der Ackererde hervor, sondern der Mensch erzeugt das Leid, wie die Kinder der Flamme (d. h. die Feuerfunken) einen hohen Flug zu nehmen pflegen.« (Hiob 5, 6 ff.) Das Leiden rührt von der Unzufriedenheit her, von dem Konflikt zwischen dem Ideal und jenem Zustandsniveau, auf dem man sich gerade jeweils befindet. Erheblich wichtiger als ein »Glücks«-Empfinden ist es, seine Seele im Kampf für eine wahrhaft göttliche Freiheit zu stärken.

Die Kunst bekräftigt jenes Beste, zu dem ein Mensch fähig ist – also Hoffnung, Glauben, Liebe, Schönheit, Andacht oder das,

was man sich erträumt und erhofft. Wenn sich ein Nicht-
schwimmer ins Wasser stürzt, dann beginnt sein Körper, also
nicht etwa er selbst, instinktive Bewegungen zu seiner Rettung
zu machen. Auch die Kunst ist so etwas wie ein ins Wasser
geworfener Menschenkörper – sie existiert als ein Instinkt, der
die Menschheit im geistigen Sinne nicht ertrinken lassen will.
Im Künstler manifestiert sich der geistige Instinkt der Menschheit.

Was ist überhaupt Kunst? Das Gute oder das Böse? Kommt
sie von Gott oder vom Teufel? Aus der Kraft des Menschen oder
aus seiner Schwachheit? Ist sie vielleicht ein Unterpfand für
menschliche Gemeinschaft und ein Bild sozialer Harmonie?
Besteht darin etwa ihre Funktion? Sie ist so etwas wie eine
Liebeserklärung. Wie ein Eingeständnis der eigenen Abhängigkeit von anderen Menschen. Sie ist ein Bekenntnis. Ein unbe-
wußter Akt, der aber den eigentlichen Sinn des Lebens widerspiegelt – die Liebe und das Opfer.

Doch wenn wir nun einen Blick zurückwerfen, dann erkennen
wir, daß der Weg der Menschheit voller historischer Kataklys-
men und Katastrophen ist. Dann entdecken wir die Ruinen
zerstörter Zivilisationen. Was ist mit diesen Zivilisationen geschehen? Warum gingen ihnen der Atem, der Lebenswille und
die moralischen Kräfte aus? Kaum jemand wird wohl wirklich
annehmen wollen, daß all dies nur auf rein materiellen Mangel
zurückzuführen ist. Mir kommt eine derartige Vorstellung jedenfalls ausgesprochen barbarisch vor. Zugleich bin ich fest
überzeugt, daß wir heute wieder am Rande der Zerstörung
einer Zivilisation stehen, weil wir die geistig-spirituelle Seite des
historischen Prozesses völlig ignorieren. Weil wir uns nicht
eingestehen wollen, daß unser unverzeihlich, sündhafter und
hoffnungsloser Materialismus so unendlich viel Unglück über
die Menschheit gebracht hat. Das heißt, wir halten uns für
Wissenschaftler und spalten dann zum Zwecke einer größeren
Überzeugungskraft unserer sogenannten wissenschaftlichen
Absichten den unteilbaren Menschheitsprozeß in zwei Teile,
um dann eine einzige seiner Triebfedern zur alleinigen Ursache
von allem zu machen.

Auf solche Weise versuchen wir nicht nur die Fehler der
Vergangenheit zu rechtfertigen, sondern gleich auch noch unsere Zukunft zu projizieren. Vielleicht zeigt sich in solchen

Verirrungen nur die Geduld der Geschichte, die immer noch darauf wartet, daß der Mensch doch einmal die richtige Wahl trifft, bei der sie dann nicht wieder in einer Sackgasse endet, bis sie den gescheiterten Versuch mit einem neuen, erfolgreicheren aufhebt. Insofern ist der verbreiteten Auffassung zuzustimmen, daß aus der Geschichte niemand etwas lernt und die Menschheit deren Erfahrung einfach zu ignorieren pflegt.

Mit anderen Worten: Jede Zivilisations-Katastrophe signalisiert die Verfehlungen einer Zivilisation. Und wenn der Mensch seinen Weg noch einmal von vorn beginnen muß, dann zeigt dies, daß sein bisheriger nicht im Zeichen geistig-spiritueller Vervollkommnung stand.

Wie gern möchte man sich zuweilen ausruhen, sich irgendeiner anderen Auffassung vom Sinn der menschlichen Existenz zuwenden. Der Osten war der ewigen Wahrheit stets näher als der Westen, die westliche Zivilisation aber hat den Osten mit ihren materiellen Lebensansprüchen verschlungen. Man vergleiche nur einmal östliche und westliche Musik.

Der Westen schreit: Hier, das bin ich! Schaut auf mich! Hört, wie ich zu leiden und zu lieben verstehe! Wie unglücklich und glücklich ich sein kann! Ich! Ich! Ich!!! Der Osten sagt kein einziges Wort über sich selbst! Er verliert sich völlig in Gott, in der Natur, in der Zeit, und er findet sich selbst in allem wieder. Er vermag alles in sich selbst zu entdecken. Taoistische Musik – China, sechshundert Jahre vor Christi Geburt.

Doch warum siegte dann nicht diese majestätische Idee? Warum ging sie vielmehr zugrunde? Und wieso erreichte uns die aus ihr entwickelte Zivilisation nicht in Form eines bestimmten vollendeten historischen Prozesses? Offensichtlich kollidierten diese Ideen mit der sie umgebenden materiellen Welt.

Ebenso wie das Individuum mit der Gesellschaft kollidierte auch diese Zivilisation mit einer anderen. Doch sie ging nicht nur daran zugrunde, sondern auch an ihrer Konfrontation mit der materiellen Welt, mit dem »Fortschritt« und der Technologie. Die Ideen der östlichen Zivilisation sind ein Resultat, das Salz vom Salz der Erde, aus ihnen quillt echtes Wissen. Kampf aber ist nach dieser östlichen Logik Sünde.

Das Wesen der Sache liegt darin, daß wir in einer Welt der Vorstellungen leben, die wir selber schaffen. Wir hängen von deren Unvollkommenheiten ab, aber wir könnten natürlich auch von ihren Vorzügen und Werten abhängen.

Und zu guter Letzt im Vertrauen: Die Menschheit hat außer dem künstlerischen Bild nichts uneigennützig erfunden, und vielleicht besteht tatsächlich der Sinn der menschlichen Existenz in der Erschaffung von Werken der Kunst, im künstlerischen Akt, der zweckfrei und uneigennützig ist. Vielleicht zeigt sich gerade darin, daß wir nach Gottes Ebenbild erschaffen wurden.

Nachwort

Hans-Joachim Schlegel
Im Banne von »Nostalghia«
Andrej Tarkowskijs »Versiegelte Zeit«

Hierzulande, wo slawische, insbesondere auch russische Kunst und Kultur vielfach auf Ignoranz und Rezeptionsbarrieren unterschiedlichster Art stoßen, ist gegenwärtig ein überraschendes Phänomen auszumachen: »Zerkalo« (»Der Spiegel«), »Stalker« und »Nostalghia«, aber auch »Iwans Kindheit«, »Andrej Rubljow« und »Solaris« – Filme des auch seinem Selbstverständnis nach geradezu programmatisch russischen Regisseurs Andrej Tarkowskij – werden derzeit ausgesprochen »kultisch« rezipiert. Sie füllen bereits erstaunlich lange die »Artkinos« immer wieder mit Enthusiasten, die von ungeahnt neuen Filmerlebnissen berichten, von einer Faszination »dunkel-schöner« Filmbilder voller traumlogisch-assoziativer Ambivalenz.

Man versucht das überraschend Neue und Fremde dieser Erlebnisse durch Hinweise auf eine meditative Kamera zu erklären, die immer wieder unerwartete Raumperspektiven entdeckt und die Grenzen von »Innen« und »Außen«, von »Traum« und »Wirklichkeit« aufhebt. Man verweist auf die noch im Detail subjektiv sensible Farb-, Licht- und Tondramaturgie dieser Filme und auf ihre endlich von abbildrealistischen Sujetbindungen befreite Erzählweise. Doch vor allem scheint deren letztlich unerklärliche Ambivalenz, eine romantische, ja fast mystisch-metaphysische Vieldeutigkeit zu bannen. Und zwar nicht so sehr, weil damit ein Feld für unendlich wuchernde intellektuelle Spekulationen, für ambitiöse Metaphern- und Symboldeutungen gegeben ist. Die deutlich kultische Rezeption der Tarkowskij-Filme belegt vor allem auch, daß die mystisch-romantische Vieldeutigkeit der Tarkowskijschen Filmbilder einer markanten Stimmung und Tendenz unserer Zeit hier und heute zu entsprechen scheint – einer noch vagen, ungeklärten Sehnsucht, die Abschied von brüchig gewordenem Fortschrittsglauben, von den Versprechungen aufklärerischer Utopien nimmt.

Eine solche eher kontemplative, sich versenkende Rezeption
entspricht auch Tarkowskijs eigenen Ambitionen. Nicht umsonst
beginnt »Die versiegelte Zeit« mit ausgesprochen aggresiver
Skepsis gegen eine »kalte«, rational-analytisch verfahrende
Filmkritik und -wissenschaft, der das Pathos subjektiver, letztlich nicht zu dechiffrierender Erlebnisse entgegengehalten wird.

In diesem Sinne will und soll nun das vorliegende Buch auch
gar keine in sich logisch und systematisch geschlossene Ästhetik
und Poetik des Films liefern. Seine widersprüchlichen und
repetiv-insistierenden Züge, sicher auch seine eher improvisierte
Stilistik gehen deshalb nicht allein auf das Konto einer unaus-
geglichenen, sehr unterschiedliche Entwicklungsphasen doku-
menzierenden Entstehungsgeschichte.* All dies scheint zumindest ebensosehr das Resultat einer bewußten, ja programmatischen Distanz zu den Versuchen von Kollegen und Landsleuten
zu sein, in Eisensteins, Pudowkins oder Romms Tradition grundsätzlich theoretische Objektivierungen eigener filmischer Erfahrung zu formulieren. Jedenfalls tendiert Andrej Tarkowskij in
seiner »Versiegelten Zeit« eher zu emotional-assoziativ argu-
mentierenden Diskursen, zu subjektiv bekenntnishaften Aussagen, die auch Rückgriffe auf Positionen und Stichwörter jenes
romatischen Idealismus nicht scheuen, denen bei uns gemachte
historische Erfahrungen eher mit skeptischen Berührungsängs-
ten begegnen. Doch der unter ganz anderen Verhältnissen
aufgewachsene Andrej Tarkowskij kann damit offenkundig
erheblich unbekümmerter umgehen. Etwa, wenn er die Kunst
als einen »Ausdruck des Idealen, des Strebens nach Unendlichkeit« definiert und den Künstler als potentionellen »Vermittler
ewiger Wahrheit« vorstellt. Wenn er in einer »von Natur aus
aristokratischen« Kunst, die »in der menschlichen Seele Glaube,
Liebe, Hoffnung, Schönheit und Andacht bestärken« soll, den
letzten Rettungsanker einer hoffnungslos in die Katastrophe
steuernde Zivilisation sieht.

Nach Brecht und Eisenstein, Benjamin und Adorno sind das

* »Die versiegelte Zeit« entstand in der Form, für die sich Andrej Tarkowskij
noch vor seinem Entschluß, nicht mehr nach Moskau zurückzukehren, ent-
schied, in den Jahren 1976 bis 1984. Ein erheblicher Teil der Texte, die auf
Interviews mit der Filmkritikerin Olga Surkowa basieren, erschien bereits in der
Moskauer Filmzeitschrift »Iskusstwo kino« und wurde nachträglich redigiert
und ergänzt.

geradezu unglaublich fremde Töne, die auch hier und heute wie eine konservative Provokation, wie ein nostalgisches Echo aus vormoderner Zeit klingen. Und es stammt ausgerechnet von einem Regisseur, der dort aufwuchs, wo Filmkunst und -theorie im Zeichen eines leidenschaftlichen Kampfes gegen symbolistischen Irrationalismus und gesellschaftsabgewandten Subjektivismus begannen. Wo eine von Futurismus und Konstruktivismus, von frühsemiotischem Zeichenbewußtsein, dialektischem Materialismus und technizistischem Fortschrittsglauben inspirierte Avantgarde eine aufklärerische und gesellschaftlich operative Kunst zu etablieren versuchte.

Doch Andrej Tarkowskij wendet sich nicht nur gegen links-avantgardistische Konzepte im Sinne des Eisensteinschen Montage-Denkens und einer »intellektuellen Kinematographie der Begriffe«, die etwa zum Mißvergnügen damaliger Filmverwalter die *Methode* des Marxschen »Kapitals« »verfilmen« wollte. Nein, sein polemisch subjektiver Kontrapunkt wendet sich gegen die gesamte, weltweite »Moderne«, gegen die Kunst des 20. Jahrhunderts, in der Tarkowskij den Ausdruck einer heillos in die Irre gegangenen Zivilisation sieht. Das zielt auch gegen Salvador Dalí und die »Aktionskunst« beispielsweise und ist eine grundsätzliche Ablehnung »experimenteller« Kunst und jedweder »Avantgarde«. Nicht zuletzt auch der theoretischen Avantgarde, die ein analytisch exaktes, ein strukturalistisches und funktionales Interesse für das »Kunstwerk im Zeitalter seiner technischen Reproduzierbarkeit« einleitete.

»Die versiegelte Zeit« konfrontiert also mit einem irritierenden Paradox: Ausgerechnet ein Regisseur, dessen überaus starke Imaginationskraft als etwas zutiefst Innovatives erlebt wird, präsentiert sich hier als ein erklärter Gegner avantgardistischer Experimente. Ist das nun lediglich ein Widerspruch zwischen Tarkowskijs Programm und Praxis, beziehungsweise ein Ergebnis polemischer Überspitzung? Oder gilt es ein Mißverständnis hiesiger intellektuell-cineastischer Rezeption zu revidieren? Wirken vielleicht Tarkowskijs Filme gerade deshalb so innovativ, weil sie eine radikale Alternative zu einer bereits klassizistisch erstarrten Avantgarde, zu Automatisierung abstrakten, kopflastigen Experimentierens bilden? Weil sie eben doch einer post-brechtianischen, einer nach-adornitischen Stimmung entsprechen? Einer neuen Sehnsucht nach alten Mythen? Nach einer

neuen Anti-Aufklärung? Daß »Die versiegelte Zeit« diese Frage
und wohl auch ein intensiveres Sehen der Tarkowskij-Filme
provoziert, dokumentiert jenseits aller Einzelwerte den wichtigen Wert dieses Buches für eine aktuelle Debatte.

Die Avantgarde des 20. Jahrhunderts lehnt Andrej Tarkowskij
deshalb ab, weil sie »in dem Moment aufkam, als die Kunst
allmählich ihre Spiritualität verlor«. Damit ist das entscheidende
Stichwort einer Kultur- und Zivilisationskritik gegeben, die die
gesamte Argumentation dieses Buches bestimmt und dabei
aufschlußreiche Bezüge erkennen läßt: Obwohl Tarkowskij ein
bewußt autonomes und subjektives Künstlertum vertritt, kommt
er doch nicht von Leo Tolstoj, dem Autor seiner Jugendlektüre,
los und insistiert immer wieder mit geradezu rigorosem Moralis-
mus auf der »Verantwortung des Künstlers«. Dostojewskijs
metaphysisch-religiöse Seinsfragen werden in Erinnerung gebracht. Seine Parabel vom »Großinquisitor« und nicht zuletzt
auch dessen slawophiles Pathos, das etwa am Schluß der »Versiegelten Zeit« eine Verurteilung des »westlichen« Verrats der
»Spiritualität« an materialistischen Konsumegoismus inspiriert.

Vor allem aber wird insgesamt eine Nähe zur Kunst und zum
Denken der russischen Neoromatik, insbesondere zum russischen Symbolismus und den aus diesem Ambiente stammenden
Religionsphilosophen des vorrevolutionären Rußlands deutlich:
Wenn Tarkowskij im Kunstwerk eine letztlich rationaler Analyse
unzugängliche Schöpfung sieht, etwas »fast Religiöses«, einen
Gralskelch »absoluter Wahrheit« sieht, dann steht er etwa in
unmittelbarer Nähe des zitierten mystischen Symbolisten Wjatscheslaw Iwanow, für den künstlerisches Schaffen »Theurgie«
war, die auf eine »Katharsis der menschlichen Seele« hinzielt.
Überhaupt enthält die Poetik und Ästhetik des russischen Symbolismus eine Fülle von Hinweisen, die für ein besseres Verständnis der Tarkowskijschen Kunst überaus hilfreich sind. Das ist
übrigens ein Zusammenhang, der keinesfalls im Widerspruch zu
Tarkowskijs vehementer Abwehr spekulativer »Symbol«-Deu-
tungen steht. Denn gerade die russischen Symbolisten wehrten
sich gegen eine banalisierende Symbolaufklärung. Das Wort und
das Bild waren für sie Träger einer letztlich nicht rationalisierba-
ren »dynamischen Energie«: »... der abstrakte Begriff *beendet* den
Prozeß der Eroberung der Natur für den Menschen«, schreibt
etwa der Symbolist Andrej Belyi in seiner »Magie der Wörter«,

wo es an anderer Stelle auch heißt, daß wir »nicht durch den *Sinn*, sondern durch den *Klang* des Wortes gefesselt werden«.

Und genau in diesem Sinne wendet sich Andrej Tarkowskij auch gegen eine analytisch-abstrakte Auseinandersetzung mit seinen Filmen, in die man sich kontemplativ »wie in den Anblick einer Landschaft, in das Hören einer Musik« versenken sollte: Kinoerlebnis als Eintauchen in eine filmisch »fixierte«, »versiegelte Zeit«, zu deren Realität auch immer die innere Zeit der Träume und Erinnerungen gehört. Gemeint ist damit eine zutiefst individuelle »Suche nach der verlorenen Zeit«, die auch nach mehrfacher Film-»Lektüre« nicht abgeschlossen sein wird, da die Vieldeutigkeit der zutiefst individuellen Filmbilder sich immer wieder einer Dechiffrierung entzieht.

Zwar ist nun das Spektrum persönlich und national differenzierter Filmhandschriften im sowjetischen Kino erheblich breiter als allgemein angenommen. Doch Tarkowskijs kompromißlos autonomes Künstlertum mußte unter den gegebenen Zuständen seines Heimatlandes geradezu zwangsläufig mit denen kollidieren, die die sowjetische Filmproduktion ideologisch und ökonomisch planen und verwalten. Zugleich ist sich dieser programmatisch apolitische Regisseur aber auch der generell »zwiespältigen Lage des zwischen Kunst und industriell-kommerzieller Produktion angesiedelten Kinos« sehr wohl bewußt. Und so macht er sich in der »Versiegelten Zeit« auch keinerlei Illusionen über die neuen Konflikte, die ihm auch jetzt im »Westen« bevorstehen. Sein kompromißloses Künstlertum, für das »die kommerzielle Geburt des Kinos« ganz schlicht ein »Sündenfall« ist, wird nunmehr von den erbarmungslosen Rentabilitätsgesetzen einer privatwirtschaftlichen Filmindustrie bedroht.

So wird Andrej Tarkowskij auch weiterhin in der fremden »Zone« des Niemandslandes seine Suche nach der Spiritualität fortsetzen. Künstler im Banne jener »Nostalghia« sein, die für ihn nicht nur die Krankheit des »Heimatverlustes«, sondern auch ein »lähmender Atem verlorener Hoffnungen und verlorenen Glaubens« im grundsätzlichen, existentiellen, ja zivilisatorischen Sinne ist.

Anmerkungen

1 *Goskino:* Staatskomitee für Filmwesen beim Ministerrat der UdSSR, höchstes Entscheidungs- und Verwaltungsgremium im Range eines Ministeriums.
Filmverband: Sojuz kinematografistow SSSR = Verband der Filmschaffenden der UdSSR.

2 *»Iskusstwo kino«* (»Filmkunst«), führende theoretische Monatszeitschrift, herausgegeben von Goskino und Filmverband, 1931 gegründet. Hier wurden auch zahlreiche Texte der »Versiegelten Zeit« erstpubliziert.

3 *Inokentij Smoktunowskij* (*1925), populärer sowjetischer Theater- und Filmschauspieler, der im Film 1956 bei A. Tarkowskijs Lehrer Michail Romm debütierte. Im »Spiegel« liest er die Texte des »Erzählers«.

4 *Arsenij Tarkowskij* (*1905), russisch-sowjetischer Lyriker und Übersetzer. Vater von Andrej Tarkowskij, der in seinen Filmen wiederholt aus dessen Gedichten zitiert.

5 *»Sowjetskij ekran«* (»Sowjetfilm«), illustrierte Filmzeitschrift für das »breitere Publikum«, herausgegeben von Goskino und Filmverband, gegründet 1929.

6 *VGIK:* Staatliches Allunionsinstitut für Kinematographie, älteste Filmhochschule der Welt (gegründet 1919), an der in fünf Fakultäten in- und ausländische Fachleute für Film und Fernsehen ausgebildet werden.

7 Es handelt sich um den 1960 in der Regieklasse von Michail Romm entstandenen Kurzspielfilm *»Katok i skripka«* (»Straßenwalze und Geige«).

8 *Wladimir Bogomolow* (*1924), russisch-sowjetischer Prosaschriftsteller, dessen Erzählung »Iwan« 1958 erschien.

9 *Aleksandr Grin* (1880–1932), russischer Prosaschriftsteller, Dichter und Publizist. Zog vor der Revolution als Fischer, Matrose, Goldgräber und Eisenbahnarbeiter durch ganz Rußland, wurde von der zaristischen Geheimpolizei verfolgt, lebte auch in der Zeit des Bürgerkriegs in bitterster Armut, bis sich Maxim Gorkij für ihn einsetzte.

10 *Michail Prischwin* (1873–1954), russischer Prosaschriftsteller, Dichter und Publizist, der sich vor allem Naturbeschreibungen widmete.

11 *Osip Mandelstam* (1891–1938), russischer Dichter, Hauptvertreter des Akmeismus.
Alexander Dowshenko (1894–1956), ukrainisch-sowjetischer Filmregisseur, dessen frühe naturlyrisch-avantgardistischen Filme Tarkowskij überaus schätzt.
Kenji Mizoguchi (1898–1956), japanischer Filmregisseur, Maler, Schauspieler und Journalist, der mit meditativ langen Einstellungen und zahlreichen Überblendungen besonders die aufopfernde Liebesfähigkeit der Frau behandelt.

12 *Effendi Kapijev* (1909–1944), dagestanisch-sowjetischer Prosaschriftsteller und Übersetzer, dessen Tagebücher 1956 posthum erschienen.

13 *Nikolaj Burljajew* (*1946), sowjetischer Filmschauspieler und -regisseur, spielte die Titelrolle in »Iwans Kindheit« und den Glockengießerjungen Boriska in »Andrej Rubljow«.

14 *Alexander Alexandrowitsch Blok* (1880–1921), russischer Dichter. Einer der bedeutendsten Vertreter des russischen Symbolismus.

15 *Vittore Carpaccio* (1455–1526), italienischer Maler der Frührenaissance.

16 *Wassilij Shukowskij* (1783–1852), vorromantischer russischer Dichter und Übersetzer.

17 *Dmitrij Mereshkowskij* (1866–1941), russischer Kritiker, Essayist, Romanschriftsteller und Dichter. Vertreter des russischen Neoromantizismus, Organisator eines religionsphilosophischen Salons und der Zeitschrift »Nowyj putj«; emigrierte 1920 nach Paris.

18 Zitat aus *Fjodor Dostojewskijs* Roman »Die Dämonen«, erschienen 1871/72.

19 Zitat aus *Marcel Prousts* siebenteiligem Romanzyklus *»A la recherche du temps perdu«* (»Auf der Suche nach der verlorenen Zeit«, erschienen 1913–27).

20 *Auguste Lumière* (1862–1954) und sein Bruder Louis waren französische Erfinder und Filmpioniere. Zu den bekanntesten Streifen ihres »Cinematographen« gehörte *»L'Arrivée d'un train engaré«* (zwischen 1895–97).

21 *Sergej M. Eisenstein,* Schriften 3, hrsg. von Hans-Joachim Schlegel, München 1975, S. 228ff (»Zum Prinzip einer Filmkunst jenseits der Einstellung«).

22 *Friedrich Gorenstein,* russischer Schriftsteller und Drehbuchautor (u. a. »Solaris«), lebt heute in West-Berlin.

23 *Pawel A. Florenskij* in: »Trudy po znakowym sistemam«, Bd. III, Tartu 1967, S. 384–392. Ein weiterer wichtiger Beitrag zu dieser Problematik: B. V. Rauschenbach, »Prostranstwennye postroenija w drewnerusskoj shiwopisi« (»Raumstrukturen in der altrussischen Malerei«), Moskau 1975.

24 *Leon Battista Alberti* (1404–72), italienischer Architekt und Kunsttheoretiker der Frührenaissance.

25 *»Tschapajew«* (1934), klassischer Revolutionsfilm der »Brüder« Georgij und Sergej Wassiljew, gilt als Auftakt zum »sozialistischen Realismus«.

26 *Michail Romm* (1901–71), sowjetischer Filmregisseur. Schüler Eisensteins und Lehrer Tarkowskijs, der in seiner Meisterklasse ein Regiestudium absolvierte.

27 *Wjatscheslaw Iwanowitsch Iwanow* (1866–1949). Dichter und Theoretiker eines metaphysisch orientierten Symbolismus.

28 *Leo Tolstois* Novelle *»Der Tod des Iwan Iljitsch«* erschien 1886, deutsch in der Übersetzung von Johannes von Guenther, Frankfurt/Main 1958.

29 Die Rede ist von *Akira Kurosawas* japanischer »Macbeth«-Adaption »Das Schloß im Spinnenwald«, 1957.

30 *Akakij Akakiewitsch Baschmatschkin* ist die grotesk-tragische Hauptfigur in Gogols Novelle »Der Mantel«, 1842; *Ewgenij Onegin* der Titelheld von Alexander Puschkins gleichnamigem Versroman, der 1825–33 erschien.

31 Die Rede ist von der Hauptfigur in Fjodor Dostojewskijs Roman »Schuld und Sühne«, 1866.

32 *Pascal Aubier* (*1942), französischer Regisseur mit experimentellen Neigungen, arbeitete u. a. als Regieassistent bei Jean-Luc Godard und Miklós Janscó, deren Methode er dann ironisierte.

33 Indirekte Polemik vor allem gegen Sergej Eisensteins Konzept einer »intellektuellen Kinematographie der Begriffe«.

34 *Iwan Bunin* (1870–1953), einer der profiliertesten Erzähler des russischen Symbolismus, erhielt 1933 in der Emigration den Nobelpreis.

35 Zitat aus Marcel Prousts Romanzyklus *»A la recherche du temps perdu«.* In Swanns Welt, Frankfurt/M. 1961, S. 268 ff.

36 *Wassilij Schukschin* (1929–74), russisch-sowjetischer Filmregisseur, -schauspieler und Schriftsteller, absolvierte gemeinsam mit Tarkowkij die Regieklasse von Michail Romm (1960). – Die Textstelle bezieht sich auch auf:
Sergej Gerasimow (*1906), sowjetischer Filmregisseur, -schauspieler und -pädagoge. Begann in Kosintzew/Traubergs »Fabrik des exzentrischen Schauspielers« (FEKS) und gilt heute als der klassischste Vertreter des sozialistisch-realistischen Films.

37 *Otar Ioseliani,* georgischer Filmregisseur, zu seinen bekanntesten Filmen gehören »Es war einmal eine Singdrossel«, »Pastorale« und der im Westen gedrehte Film »Die Günstlinge des Mondes«.

38 *Jakow Alexandrowitsch Protasanow* (1881–1945), bereits vor der Revolution einer der bekanntesten Filmregisseure (satanisch-erotische Filme im Stil der russischen »Décadence« und realistische Klassiker-Adaptionen wie »Vater Sergij«). Er emigrierte zunächst nach Berlin und Paris, kehrte aber 1923 wieder nach Moskau zurück, wo er »Publikumsfilme« drehte, die von den Linksavantgardisten angegriffen wurden.

39 *»La Passion de Jeanne d'Arc«* (1927), Stummfilm des dänischen Regisseurs Carl Theodor Dreyer (1889–1968), der trotz großen Kritikerlobs ein wirtschaftliches Fiasko für Filmemacher und Produzenten bedeutete.

40 *Dmitrij Karamasow:* Figur aus Fjodor Dostojewskijs »Brüder Karamasow«, 1879/80.

41 *Nikolaj Gumiljow* (1886–1921), russischer Dichter, Prosaschriftsteller, Kritiker, Essayist und Übersetzer. Begann als Symbolist und gründete dann 1912 die akmäistische Dichtergruppe.

42 *Pavel Sosnowskij = Maximilian Beresowskij* (1745–77), ukrainischer Komponist, Mitglied der Bolonsker philharmonischen Chorkonzerte, Autor der Oper »Demofont« (1773), arbeitete lange in Italien.

43 In Moskau inszenierte Tarkowskij Shakespeares *»Hamlet«* als Theaterregisseur.

Nach seiner spektakulären Flucht über den Himalaja nach Tibet lebte Heinrich Harrer als einziger Europäer am tibetischen Königshof und wurde zum persönlichen Freund des Dalai Lama. Übersetzungen in mehr als vierzig Sprachen und Auflagen in Millionenhöhen ließen seine Erinnerungen zu einem Weltbestseller werden.

Heinrich Harrer

Sieben Jahre in Tibet
Mein Leben am Hofe des
Dalai Lama

Mit zahlreichen Abbildungen

Econ ULLSTEIN List

Wer war Anne Frank? Wie
verbrachte sie ihre Kindheit?
Wie war es möglich, daß sie,
fast noch ein Kind, jenes
Zeugnis von Menschlichkeit und
Toleranz verfaßte, für das sie
berühmt wurde? Melissa Müller
ist diesen Fragen nachgegangen
und hat mit ihrer Entdeckung
der fünf geheimgehaltenen
Tagebuchseiten das Bild der
Anne Frank um wesentliche
Facetten erweitert.

»Die bisher gründlichste
Biographie der Anne Frank.«
FAZ

»Eine ausführliche und
fesselnde Biographie, die ein
Leben würdigt, das wir
eigentlich zu kennen glaubten.«
Newsweek

»Eine erzählerisch starke und
souveräne Verknüpfung
biographischer und
historischer Details.«
Times

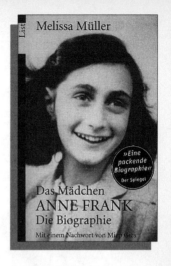

Melissa Müller
Das Mädchen Anne Frank
Die Biographie

Econ | **Ullstein** | List